Die schönste Geschichte der Tiere

Pascal Picq
Jean-Pierre Digard
Boris Cyrulnik
Karine Lou Matignon

Die schönste Geschichte der Tiere

Von den Geheimnissen
des Lebens

Aus dem Französischen von
Friedel Schröder
und Marita Kluxen-Schröder

Gustav Lübbe Verlag

Der Gustav Lübbe Verlag ist ein Imprint
der Verlagsgruppe Lübbe

Übersetzung aus dem Französischen von
Friedel Schröder und Marita Kluxen-Schröder
Titel der französischen Originalausgabe:
La plus belle histoire des animaux
Für die Originalausgabe:
Copyright © 2000 by Editions du Seuil

Für die deutschsprachige Ausgabe:
Copyright © 2001 by Verlagsgruppe
Lübbe GmbH & Co. KG, Bergisch Gladbach

Textredaktion: Eva Döring
Schutzumschlag: Guido Klütsch unter Verwendung
einer Illustration von Tina Koch, Alfeld

Satz: Dörlemann Satz, Lemförde
Gesetzt aus der Diotima von Linotype
Druck und Einband: GGP Media, Pößneck

Printed in Germany
ISBN 3-7857-2072-6

Sie finden uns im Internet unter:
http://www.luebbe.de

1   3   5   4   2

Inhalt

Prolog

Schon lange vor uns wurden die Tiere im Schoß des Meeres geboren. Sie haben sich mit ihrer Umwelt auseinander gesetzt, sind ihren biologischen Gesetzen gefolgt und haben sich in einer außerordentlichen Vielfalt entwickelt. Als Insekten eroberten sie den Himmel. Andere bewegten sich ganz vorsichtig an den Flussufern und am Rand der Lagunen entlang und besiedelten den Rest der Welt und die unterschiedlichsten Milieus. Sie haben sie verändert, wieder verlassen und sie im Laufe der Jahrtausende mit Hilfe der wunderbaren Kraft des Lebens, der geologischen Umwälzungen und Klimaveränderungen aufs Neue erobert.

Wenn man die Geschichte der Tiere erzählen will, muss man die Zeit raffen und sich auf die Suche nach dem Ursprung der Arten begeben, von der Entstehung der ersten mikroskopisch kleinen Lebewesen, die im Urozean lebten, bis hin zur wunderbaren Vielfalt des Tierreichs, wie wir es heute kennen. Wenn man die Geschichte der Tiere zurückverfolgen will, muss man sich zwangsläufig auch mit der Geschichte des Menschen befassen. Denn wenn die Tiere ein eigenes Leben, eine eigene Vergangenheit und eine eigene Geschichte haben, müssen diese auch mit der abenteuerlichen Entwicklung des Menschen in Verbindung gebracht werden, die es ohne die Tiere nicht gegeben hätte. Die Begegnung hatte für den Menschen entscheidende Bedeutung: Sie hat zur Entstehung der ersten Zivilisationen beigetragen, und sie hat die menschliche Fantasie in allen Kulturen und bei allen Völkern nachhaltig beeinflusst.

Die Beobachtung der Tiere hat dem Menschen geholfen, die Geheimnisse der Welt zu verstehen und den eigenen Platz darin zu finden. Aber was wissen wir wirklich über die Tiere? Wie sind sie entstanden und unter welchen Bedingungen haben sie sich weiterentwickelt? Wie haben sie sich durch den Menschen zähmen und schließlich domestizieren lassen? In welcher Vorstellungswelt leben sie? Wie sind die Beziehungen, die wir noch heute zu ihnen haben, und wie sieht die Zukunft dieses Zusammenlebens aus, auf dessen Grundlage sich unsere jetzige Zivilisation entwickelt hat? Auf welche Weise gefährdet das moderne Leben diese wichtige Verbindung?

Drei international anerkannte Wissenschaftler erzählen uns jeweils ein Kapitel dieser erstaunlichen Geschichte an der Nahtstelle zwischen den Naturwissenschaften und den Geisteswissenschaften. Alle drei Forscher haben das besondere Talent, ihre Gedanken spannend und allgemein verständlich darzustellen. Sie erklären uns das wunderbare Universum der Tiere, zeichnen die großen Etappen ihrer Evolution und Begegnung mit den Menschen nach und zeigen uns in anschaulicher Weise, welches Erbe wir mit ihnen teilen.

IM ERSTEN AKT erfahren wir etwas über die Geburt des ersten Tieres. Wir untersuchen, auf welche Weise die Fortbewegung in ihrer primitivsten Form die Tiere in die Lage versetzte, sich von den Pflanzen abzuheben. Dieses Erfolgsrezept der Evolution hat es den Tieren ermöglicht, ständig neue, günstigere Lebensräume zu erobern, Räubern zu entkommen und ihre Individualität zu entwickeln.

Wir werden die vielen Möglichkeiten kennen lernen, die die Evolution angeboten hat, und wir werden zeigen, wie die Natur damit umgegangen ist: Wie aus den Flossen Füße wurden, wie aus den ersten Reptilien die Dinosaurier, die Vögel und letztendlich die Säugetiere entstanden sind. Wie lief dieser Prozess ab? Wozu dienten soziale Gruppen und welche Bedeutung hatte die Sexualität? Warum hat die Erfindung des Eies die Zukunft der Tiere und damit zwangsläufig auch unsere eigene revolutioniert?

PASCAL PICQ, Paläontologe und Anthropologe, ist immer wieder erstaunt festzustellen, in wie vielfältiger Weise und an wie vielen Punkten sich die Anatomie von Menschen und Tieren gleicht. Seiner Meinung nach ist der Mensch nicht das einzige denkende Säugetier, sondern das einzige, das glaubt, es sei kein Tier.

Die wissenschaftlichen Arbeiten dieses Evolutionsforschers lenken den Blick auf die Anpassungsleistungen der Vorfahren des Menschen. Um deren Leben rekonstruieren zu können, hat Pascal Picq sich auf die Reise ins Universum der Tiere begeben, indem er zunächst dem Weg in die theoretische Physik folgte. Er ließ sich von der Welt des subatomaren Bereichs faszinieren, in der die Dinge keiner starren Ordnung unterliegen. Doch dann erlebte er den Schock einer Begegnung der anderen Art: Der Australopithecus Lucy ist im Jahre 1974 dank eines gewissen Yves Coppens für die Menschen wieder auferstanden (*Die schönste Geschichte der Welt*, Gustav Lübbe Verlag 1998). Gleich beim ersten Versuch stieß Pascal Picq sozusagen auf ein freies Elektron der Paläontologie und entdeckte den außergewöhnlichen Reichtum der Welt der Affen.

IM ZWEITEN TEIL berichten wir, wie die Menschen –
die seit jeher die Natur beherrschen wollten –, von
ihrer intellektuellen Neugier getrieben, die Tiere
domestiziert und damit massiv in deren Geschichte eingegriffen haben. Nachdem die Tiere zunächst
die Abfälle gefressen hatten, die in den menschlichen Siedlungen angefallen waren, und die Felder
geplündert hatten, wurden sie sehr bald von den
Menschen beobachtet, dann gefangen und seit der
Jungsteinzeit in der Nähe der Siedlungen gehalten.
Von der Zeit an haben die Menschen alle Arten, die
sich eigneten, in unterschiedlichem Grad domestiziert und dabei mit dem Wolf angefangen. Dieser
Prozess, der zu einer Zunahme der Bevölkerung geführt hat, trug außerdem zur Entstehung der sozialen Unterschiede, zum Aufblühen der Wirtschaft,
der Politik, ja sogar der militärischen Aktivitäten
bei.

Wir sehen, wie sich der Status der Tiere in Abhängigkeit von vielen unterschiedlichen Praktiken
der Menschen ständig weiterentwickelt hat. Und
das Gleiche gilt für die Gefühle, die wir Menschen
den Tieren entgegenbringen. Das geht so weit, dass
wir die Tiere, mit denen wir zusammenleben und
die mitunter unsere Familie ersetzen, vermenschlichen. Dabei sparen wir die anderen, die uns als
Nahrung dienen, geflissentlich aus. Warum diese
Spaltung? Glauben wir, wenn wir die einen umsor-
gen, fiele es uns leichter, die anderen zu schlachten
und zu verzehren? Eine weitere wichtige Frage: Ist
das genetisch manipulierte Tier von heute ein Symbol für die Zukunft der Züchtung und der Domestikation? Der Fortschritt der Wissenschaft und
noch allgemeiner die Veränderungen, die die modernen Zeiten im Hinblick auf das Verhältnis zwi-

schen Mensch und Tier mit sich brachten, beunruhigen uns inzwischen alle.

JEAN-PIERRE DIGARD ist ein bekannter Anthropologe und Experte für die Domestikation der Tiere.
Er ist außerdem Ethnologe und wird wegen seiner
direkten Art allgemein geschätzt. Bevor er sich endgültig der Ethnologie zuwandte, wollte er Lehrer der
Naturwissenschaften und später Veterinärmediziner werden. Das Studium der Menschen läuft bei
ihm daher über die Verbindung zu den Tieren.
Dann entdeckte er seine Faszination für den Orient, kam im Iran in Kontakt mit berittenen Viehhir-
ten, die als Nomaden lebten, und beschloss, sich
dort seine Sporen auf dem Gebiet der Ethnologie
zu verdienen. Da die islamische Revolution und der
Krieg zwischen dem Irak und dem Iran ihn vorübergehend von den einzelnen Nomadenstäm-
men abgeschnitten hatten, verlegte er seine For-
schungen über die Beziehungen zwischen Mensch
und Tier in die westliche Welt. Jean-Pierre Digard
stellte darüber hinaus auf der Grundlage von histo-
rischen und vergleichenden Untersuchungen Über-
legungen über die Domestikation an. Er begreift sie
als einen Prozess, der nicht nur die Beherrschung,
sondern auch das Kennenlernen der Tiere durch
den Menschen zum Ziel hat.

DER DRITTE TEIL beschäftigt sich damit, wie die Tiere
die Fantasie des Menschen von Anbeginn an beflü-
gelten und es ihm so ermöglichten, seinen Vorstellungen, seiner Religiosität, seinen verborgenen Seiten und seiner Einsamkeit Ausdruck zu verleihen.
Die Tiere wurden vergöttert, dann wieder verteufelt: Ob sie verwöhnt oder gequält wurden, hing
immer von dem Bild ab, das wir uns von ihnen

machten. Obwohl man sich im Laufe der Jahrhunderte immer wieder gefragt hat, wo die Grenze zwischen Mensch und Tier verläuft, was den einen
und was die anderen ausmacht, haben wir nie wissen wollen, was die Tiere wirklich sind. Lange Zeit
wurde ihre Geschichte nur unter dem Einfluss unserer emotionalen und kulturellen Vorurteile geschrieben.

Revolutionäre Entdeckung: Vor kurzem ist es
uns gelungen, einen Zugang zur geistigen Welt der
Tiere zu gewinnen. Man hat entdeckt, dass jedes
Lebewesen, vom Regenwurm bis zum größten Säugetier, eine arteigene Intelligenz besitzt, und dass
jedes Tier einmalig ist. Erstaunt stellen wir fest,
dass sich das Denken, das bis zu diesem Zeitpunkt
den Menschen vorbehalten schien, im Ansatz schon
bei den wirbellosen Tieren findet. Kreativität, das
Gefühl für Schönheit, das so genannte Bewusstsein, die Fähigkeit zu leiden, sich zu versöhnen,
Furcht zu zeigen, Lust zu erleben, in einer sozialen
Gruppe einen Sündenbock zu finden oder mit anderen Arten zu kommunizieren, all das gibt es auch
in der Tierwelt. Die Vorstellung, dass wir eines Tages die Sprache der Tiere verstehen und mit ihnen
kommunizieren könnten, ist deshalb vielleicht gar
nicht so abwegig. Das Projekt erscheint zumindest
nicht unrealistisch.

BORIS CYRULNIK ist einer der Pioniere der französischen Verhaltensforschung. Er ist außerdem Psychiater, Psychoanalytiker und Psychologe. Schon
als Kind hatte er beim Spazierengehen immer ein
Buch über Tierpsychologie in der Tasche. Er staunte
über die unglaubliche Organisation eines Ameisenhaufens, interessierte sich für alles in der Natur
und legte sich mit den Erwachsenen an, die dog-

matische Ansichten vertraten. In den sechziger Jahren entdeckte er während seines Medizinstudiums eine völlig neue Disziplin: die Ethologie oder Verhaltensforschung. Boris Cyrulnik ist absolut davon überzeugt, dass das Studium des Verhaltensrepertoires der verschiedenen Tierarten dazu beitragen kann, die Welt der Menschen zu entschlüsseln. Die Beobachtung der Tiere hat ihm gezeigt, auf welche Weise Sprache und symbolische Gedanken die Menschen dazu befähigen, miteinander umzugehen. Das Ganze entwickelt sich also zu einem echten wissenschaftlichen Abenteuer. Der inzwischen international anerkannte Querdenker und Wissenschaftler stellt in diesem Zusammenhang ein paar verblüffende Fragen aus der Welt der Tiere.

Die Wissenschaft und ihre modernsten Disziplinen, die Entdeckungen der letzten Jahre, die in den Labors und dank der wagemutigen Expeditionen auch in der freien Natur gemacht worden sind, zwingen uns, die Tiere mit anderen Augen zu sehen. Verblüfft und etwas beunruhigt müssen wir feststellen, dass wir letzten Endes bisher blind waren oder aber bestimmte Dinge nicht wissen wollten. Das lässt sich in etwa damit vergleichen, dass sich die westliche Welt erst nach langer Zeit bereit gefunden hat, die Scham über ihre »tierische« Herkunft wie eine Verpackung abzulegen. Aber es hat immer schon traditionelle Völker gegeben, die die Tiere intuitiv verstanden, die eine Vorstellung von der Einheit alles Lebendigen und von dem sensiblen Gleichgewicht hatten, das die Menschen mit den Tieren verbindet.

Die Geschichte der Tiere wirft auch Fragen nach unseren Wurzeln auf und versucht, Verständnis für die Welt zu wecken, die wir gemeinsam bewohnen. Theorien werden aufgestellt, weiterentwickelt, führen zu neuen Visionen und Veränderungen. Darüber hinaus schärfen sie unseren Blick auf die Vergangenheit und lassen diese in einem neuen Licht erscheinen. Wenn also der Beweis erbracht ist, dass die Tiere keine bloßen Maschinen sind, und dass wir nicht die Auserwählten sind, für die wir uns halten – dürfen wir sie dann noch weiter ausbeuten? Werden wir in den kommenden Jahren und Jahrhunderten, die vor uns liegen, andere Formen des Zusammenlebens finden, ohne deshalb das Tier mit dem Menschen zu verwechseln? Wird unsere menschliche Zivilisation angesichts des Aussterbens vieler wilder und domestizierter Tierarten sich ihrer Verantwortung bewusster? Das sind die wichtigen Fragen, die wir uns stellen müssen.

Wenn wir die Tiere kennen lernen wollen, müssen wir uns zwangsläufig selbst hinterfragen, unseren Ursprung, unsere Zukunft, wir müssen unseren Platz in der Natur mit größerer Bescheidenheit neu entdecken. Wir dürfen nie vergessen, dass wir schließlich die letzten Vertreter der Evolutionslinie der Hominiden sind. Die Geschichte der Tiere ist aber noch lange nicht abgeschlossen.

KARINE LOU MATIGNON

Erster Akt

Die Morgenröte der Arten

1. Szene: Landgang

*Unser Planet ist das Ergebnis einer erstaunlichen Evolution,
die sich über mehrere Milliarden Jahre erstreckt hat. Die ersten
pflanzlichen Organismen schaffen die Voraussetzungen für die
Entstehung der Tierwelt. Die Entwicklung verläuft geradezu
explosionsartig. Hunderte von Arten tauchen in der Tiefe
der Ozeane, in den Lagunen und in den Sümpfen auf. Die
Eroberung der Erde durch die Tiere hat begonnen.*

DIE ZELLEN EMANZIPIEREN SICH

– KARINE LOU MATIGNON: *Die Erde ist ungefähr 4,5 Milliarden Jahre alt. Zu Anfang war sie nur eine flüssige Masse,
die sich im Laufe einer Milliarde Jahre verfestigt hat. Und zu
dieser Zeit beginnt auch die Geschichte des Lebens. Die ersten
organischen Moleküle, die sich nach und nach miteinander
verbinden, tauchen im Wasser auf, das damals noch den ganzen Planeten bedeckt. Sie beziehen ihre Energie aus Zucker, der
Sonne und später aus den Gasen der Umgebung. Wurde das
Leben außerhalb des Wassers dadurch möglich, dass diese Organismen Sauerstoff an die Umgebung abgaben?*
    – PASCAL PICQ: Die ersten primitiven Mikroorga-
nismen bestanden aus einer einzigen Zelle und lebten völlig ohne Sauerstoff. Es waren so genannte
anaerobe Bakterien, Einzeller ohne Zellkern. Man
nennt sie auch Prokaryota. Diese Lebewesen, die
man mit bloßem Auge nicht erkennen kann, waren
die ersten Lebensformen, die auf der Erde erschienen. Es gibt sie übrigens auch heute noch in allen
Breiten und in den unterschiedlichsten Klimazo-

nen, von den Polarregionen über die Mägen der Kühe bis hin zu unseren eigenen Eingeweiden. Sie ernähren sich von fermentierten Zuckern, die sie in Kohlendioxid umwandeln. Dann entwickelten sich andere Lebensformen: Zellen, die in der Lage sind, Chlorophyll zu synthetisieren und die Sonnenenergie zu nutzen (das Prinzip der Fotosynthese). Bei diesem Prozess wird Sauerstoff als Abfallprodukt an die Atmosphäre und die Ozeane abgegeben.

– *Die erste große Umweltverschmutzung?*

– Ja, aber dadurch konnte sich auch die Ozonschicht entwickeln, die die Erde umgibt und sie wie ein Filter vor den schädlichen ultravioletten Strahlen der Sonne schützt, die die Zellen zerstören. Das Leben, das vorher nur im Wasser möglich war, konnte sich nun auch auf dem Festland ausdehnen und sich in seiner ganzen Vielfalt entwickeln.

– *Aber zuerst spielte sich doch alles im Wasser ab.*

– So ist es. Etwa zwei Milliarden Jahre lang beschränkte sich das Leben auf Bakterien und Algen. Auf diese Mikroorganismen folgten andere Einzeller: eine einzelne Zelle, deren Kern die Erbanlagen in sich einschloss. Von jetzt an ist sie von einer undurchdringlichen Membran umgeben, die eine Schutzschicht zwischen der lebendigen Materie und der Umgebung darstellt. Diese Einzeller nennt man auch Eukaryota. Damit solche Zellen entstehen konnten, bedurfte es einer Veränderung der Umwelt, also mehr natürlicher Brennstoffe, vor allem des im Wasser enthaltenen Sauerstoffs. Daraus ergab sich, dass der Energiestoffwechsel dieser Zellen immer größere Bedeutung gewann.

Die Kalorienversorgung hat sich durch die Aufnahme von Nährstoffen wie der Glukose verbessert. Das ist ein Zucker, dessen Verbrennung die für

jede Bewegung notwendige Energie liefert. Es ist so,
als hätten die Zellen tief im Innern ihres Organismus eine Fabrik gebaut, die der Bewegung dient.

 – *Es ist also die Fortbewegung, die es in ihrer primitivsten
Form den Tieren ermöglichte, sich von den Pflanzen abzuheben?*

 – Man kann sagen, dass die Mobilität ein erfolg-
reiches Prinzip der tierischen Evolution war. Es ist
eine Überlebensstrategie, mit der die Tiere immer
wieder neue, günstigere Lebensräume aufsuchen,
ihren natürlichen Feinden entkommen und soziale
Systeme entwickeln konnten. Die Pflanzen sind dagegen den Bedingungen ihres jeweiligen Standortes
ausgeliefert. Das soll jedoch nicht heißen, dass sie
keine interessanten Überlebensstrategien entwickelt hätten. Während die Tiere sich zu ihrer Wei-
terentwicklung sehr bald der Pflanzen als Energie-
quelle bedienten, benutzten die Pflanzen ihrerseits
auch sehr schnell die Tiere, um sich fortzupflanzen
und die Art zu erhalten.

 – *Weiß man, wann genau sich die Tierwelt endgültig von
der Pflanzenwelt abgesetzt hat?*

 – Man glaubt, dass diese Trennung vor etwa 1 Milliarde und 600 Millionen Jahren stattgefunden hat,
in einer Zeit also, die die Geologen das Präkam-
brium nennen. Als die Forscher die Spuren des
Lebens dieser Epoche untersuchten, die in den Se-
dimentgesteinen in Südafrika, Grönland und Australien gefunden worden waren, stellten sie fest,
dass die ältesten Schichten ausschließlich Formen
von Algen und primitiven Bakterien enthielten. Man
weiß jedoch nicht, ob diese Eukaryota nach und
nach entstanden oder ganz plötzlich aufgetaucht
sind.

DOPPELTE IDENTITÄT

– Gibt es viele solcher Überreste der ersten Tiere?

– Tatsächlich findet man nur noch wenige tierische Fossilien in Felsen, die älter als 600 Millionen Jahre sind. Die ältesten wurden in den Schichten des australischen Ediacara-Hügellandes gefunden. Sie sind ungefähr 600 Millionen Jahre alt und die ersten Vielzeller, die wir kennen.

– Warum gibt es nur so wenige Fossilien?

– Weil die Erde seit dieser Zeit so viele geologische und klimatische Umwälzungen durchgemacht hat: Vulkanausbrüche, Erdbeben, Eiszeiten... All das ging zu Lasten des Erhalts der Versteinerungen. Hinzu kommt, dass die Kontinente, die sich auf der Kruste unseres Planeten befinden, erst langsam an die Oberfläche der Ozeane gedriftet sind. Sie haben sich gespalten oder sind gegeneinander gestoßen. Nur wenige, in der Mitte der Kontinente liegende Teile waren nicht an diesem Prozess beteiligt. Das erklärt, warum die sehr alten Sedimente so selten sind. Auf der anderen Seite haben diese Umwälzungen beträchtlichen Einfluss auf die Entwicklung des Lebens ausgeübt, sie sind mit für die Entstehung und die Verbreitung der Arten verantwortlich.

– Gab es keine Übergangsformen zwischen den Pflanzen und den Tieren, die sich je nach den Bedingungen ihrer Umwelt entweder wie Pflanzen oder wie Tiere verhielten? Denn dort könnte doch letzten Endes der Ursprung der Trennung dieser beiden Welten liegen?

– Das ist möglich. So gibt es beispielsweise heute noch eine einzellige Alge, die Euglena, die genau wie eine Pflanze Chlorophyll besitzt, wodurch sie mit Hilfe der Sonnenenergie organische Moleküle bilden kann. Gleichzeitig ist sie jedoch auch in der Lage, sich mit Geißeln – wobei nur eine einzige sichtbar ist – fortzubewegen, um wie die Tiere Beute zu machen und diese zu fressen, falls es an Licht mangelt. Die Trennung findet am ehesten in der Gruppe der Nesseltiere (Cnidarien) statt. Dazu zählen ganz einfache Organismen wie die Korallen, die Seeanemonen oder die Quallen. Die Korallen können sich nicht bewegen, die Tentakel der Seeanemonen und die Quallen dagegen wohl. Bei diesen Organismen gibt es weder Organe noch ein Atmungssystem oder Blut. Alles wird mit Hilfe der Diffusion bewerkstelligt.

– *Das heißt?*

– Jede einzelne Zelle nimmt ihre Nahrung und ihren Sauerstoff direkt aus der Umgebung auf. Die Quallen nehmen Nahrungsteilchen aus dem Wasser auf und scheiden die Abfallstoffe wieder ins Wasser aus. Eine einzige Körperöffnung dient gleichzeitig der Nahrungsaufnahme und der Ausscheidung. Ihr Körper wird aus zwei Zelllamellen gebildet, zwischen denen sich eine gallertartige Schicht befindet. Die Spezialisierung dieses Gewebes ermöglicht es den Quallen zu verdauen, sich fortzupflanzen, sich fortzubewegen und ihre Bewegungen zu koordinieren.

– *Womit lassen sich die ersten Tiere vergleichen?*

– Mit den Würmern. Ihr Körper, der an das Weiße eines Hühnereis erinnert, besteht aus Segmenten, die längs der Körperachse aneinander gereiht sind. Sie können sich kriechend oder mit Hilfe von vibrierenden Zilien, also wimpernförmigen Zellfortsätzen, wie die Wimpertierchen fortbewegen. Das ist die einfachste Form tierischen Verhaltens. Solche Organismen besitzen keine Nerven,

kein Gehirn, keinen sensorischen Apparat. Aber sie
können Nahrung aufnehmen, besitzen einen Mund
und ein Ausscheidungsorgan, ziehen sich zusammen, wenn man sie berührt, wenden sich von Dingen ab, die sie nicht verzehren können, reagieren
auf Tageslicht, Erschütterungen und Temperatur-
schwankungen. Und dann entstanden andere
Würmer, die einen Kopf und einen Schwanz hatten.

   – *Was ist denn eigentlich genau ein Tier? Gibt es dafür we-*
nigstens eine gute Definition?

   – Etymologisch wird ein Tier als ein beseeltes
Lebewesen definiert, das in der Lage ist, zu fühlen
und sich willkürlich zu bewegen. Beispiel: die
Schwämme, die Quallen, so genannte Flustrel-
larien (Gattung der Moostierchen), die den Algen
ähneln, oder die Korallen, die aus einer Ansammlung von Einzeltieren bestehen, deren Skelett sich
aus Kohlenstoff und Kalzium zusammensetzt. Das
Great Barrier Reef vor der Küste Australiens, das
sogar vom Mond aus zu sehen ist und von einem
Satelliten fotografiert wurde, sieht aus wie eine
riesige Menge von Steinen, ist aber nichts anderes als eine große Ansammlung von lebenden
Tieren.

   – *Gibt es nicht auch Fleisch fressende Pflanzen, die, um*
sich Nahrung zu verschaffen, eine Strategie entwickelt haben,
die an die der Tiere erinnert?

   – Gewiss, aber allein das macht diese Pflanzen
noch nicht zu Tieren, auch wenn die Grenzen
manchmal ziemlich nah beieinander liegen. Aber
das ist immer das Problem mit den großen Klassi-
fizierungen. Vor kurzem hat man in einem Pilz Kol-
lagen entdeckt. Nun weiß man aber, dass es sich
dabei um ein Protein handelt, das zum Aufbau der
Knochen, der Haut und der Muskeln benötigt wird.

Daraus lässt sich ableiten, dass die Pilze in gewisser Weise enger mit den Tieren als mit den Pflanzen verwandt sind.

– *Aber der Pilz ist trotzdem kein Tier?*

– Nein, das stimmt. Aber er ist auch keine Pflanze, denn er besitzt kein Chlorophyll, er ist ein Mittelding… Das Tierreich hat seine Wurzeln bei den Würmern.

DER BAUPLAN

– *Es ist kaum zu glauben, dass die Würmer die Vorläufer der Tiere sein sollen, die wir heute kennen.*

– Und diese Würmer sind auch nicht von heute auf morgen entstanden. Es hat über eine Milliarde Jahre gedauert, bevor aus den Eukaryota, also den Zellen mit einem Kern, Vielzeller entstanden sind, und man weiß noch immer nicht genau, wie sie sich entwickelt haben. Unsere Eukaryota haben den Weg für die geschlechtliche Fortpflanzung bereitet und sind der Ursprung der Zusammenarbeit unter den Zellen. Sie haben Zellverbände gebildet, die sich miteinander verbanden und auf diese Weise Organismen schufen, die bedeutend größer waren als sie selbst. Und diese Organismen wiederum haben dann differenzierte Organe entwickelt, die bestimmte Funktionen wie Atmung, Verdauung, Fortpflanzung oder Ausscheidung übernahmen. All das hat sich zu Beginn des Kambrium offenbar explosionsartig entwickelt, so als ob das Leben nicht länger hätte warten können.

– *Wie die Fusion einer großen Menge von elementaren Zellen, die einen Superorganismus schafft, der von der Effizienz jeder einzelnen Komponente profitiert?*

– Genau so ist es. Ich würde das Ganze jedoch eher als »Organisation« bezeichnen und nicht als »Fusion«. Von diesem Augenblick an beruht die Diversifikation der Tierwelt auf einer ständigen Wechselwirkung zwischen den internen Faktoren der Evolution (also der genetischen Entwicklung, die den persönlichen Charakter eines jeden Individuums bestimmt) und den externen Faktoren der Evolution (ökologische Katastrophen, Kontinentalverschiebungen, Klimaveränderungen, der Konkurrenzkampf der Arten um die vorhandenen Ressourcen usw). Diese Zwänge bilden die Grundlage der entscheidenden Baupläne.

– *Meinen Sie mit dieser Bezeichnung den Bauplan eines jeden Organismus?*

– Ja. Man muss sich den Bauplan der Cnidarien (Nesseltiere wie Quallen und Korallen) vor Augen führen, die keinen Kopf besitzen. Und dann tauchen die Baupläne der Seeigel und der Seesterne auf sowie die der größten Zahl der Tiere, die einen »Kopf« und einen »Schwanz« haben. Von diesem Zeitpunkt an konnten sich die Tiere bewegen und ihre Bewegungen selbst bestimmen.

– *Die ganze außergewöhnliche Vielfalt der gegenwärtigen Tierwelt geht somit auf einige wenige elementare Baupläne zurück?*

– Ja. Die gesamte Vielfalt der Tierwelt, das heißt, gegenwärtig zwei bis drei Millionen Arten.

– *Und diese Vielfalt ist auf die geschlechtliche Fortpflanzung zurückzuführen?*

– Die Sexualität hat tatsächlich die Möglichkeit einer genetischen Vielfalt, gleichzeitig aber auch der Fixierung und Kontrolle dieser Vielfalt geschaffen. Und durch diese Selektion kommt es zur Evolution der Arten.

– *Nach welchen Regeln findet diese natürliche Selektion statt?*

– Es gibt keine böse Fee, die sich in der Natur versteckt, um alles Lebendige umzubringen. Jede Art braucht Nahrung und Energie. Und diese Vorräte sind begrenzt. Es kommt also zu dem kritischen Augenblick, in dem Konkurrenz entsteht, und zwar auf drei Ebenen: zwischen den Individuen ein und derselben Art, zwischen Populationen der gleichen Art und natürlich zwischen Gemeinschaften verschiedener Arten.

– *Und welche Ebene ist die schlimmste?*

– Zwischen den Individuen einer Art, denn sie suchen zwangsläufig die gleichen Ressourcen. Und da sich nun einmal jedes Individuum vom anderen unterscheidet, geht jedes mit anderen Vor- oder Nachteilen in diese Auseinandersetzung. Einige überleben. Und wenn ihre positiven Wesensmerkmale erblich, das heißt, von einer Generation auf die andere übertragbar sind, vermehren sie sich im Innern der Population. Das nennt man dann Evolution.

– *Das Überleben der Tüchtigsten?*

– Die Tiere, die im richtigen Augenblick am richtigen Ort sind und den anderen in bestimmten Aspekten überlegen sind. Es kommt jedoch vor, dass geologische oder klimatische Katastrophen eine Art aussterben lassen, die bis zu diesem Augenblick nur Vorteile hatte. Dann können andere, die vorher nur eine nebensächliche Rolle gespielt haben, deren Platz einnehmen und sich ihrerseits weiterentwickeln.

DIE GLIEDERFÜSSER

– *Lange Zeit hatten die Tiere ja einen weichen Körper. Ab wann ändert sich das?*

– Wir befinden uns jetzt im Kambrium, einer Epoche, in der die Evolution buchstäblich explodiert ist und in der es eine erstaunliche Vielfalt von außergewöhnlichen Tieren gegeben hat: Alle großen Tiergruppen und wohlgemerkt bereits die elementaren Baupläne der gegenwärtigen Tiere sind in dieser Zeit entstanden, das heißt vor etwa 540 Millionen Jahren. Die wichtigste Fauna ist die von Burgess, einer Fundstätte im Osten Kanadas (Britisch-Kolumbien). Dort hat man im Schieferton Versteinerungen verschiedener wirbelloser Tierarten gefunden, von denen die meisten einen Panzer haben. Etwa 60 Prozent der Versteinerungen des Kambrium waren so genannte »Trilobiten«, die zu den Schalentieren zählen und den heutigen Molukkenkrebsen ähneln. Sie verschwanden vor etwa 230 Millionen Jahren, wie auch 96 Prozent der anderen Arten. Aber zunächst hat sich das Leben rasant entwickelt, denn die Küstengewässer waren reich an Nahrung und Mineralen, und das Wasser schützte vor dem Sonnenlicht. Schalen, Stacheln, Panzer und Schilde bilden sich. Sie bestehen alle aus Kalziumkarbonat, -silikat und -phosphat. Unsere Knochen und Zähne sind nichts anderes als Variationen dieser Minerale. Wie man sieht, erweist sich die Genialität des Lebens darin, dass es gleichzeitig knauserig und großzügig ist und so mit wenig Aufwand Wunder vollbringt.

– *Wodurch wurde bei diesen Tieren die Bildung des Panzers ausgelöst?*

– Man glaubt, dass die Panzer als Reaktion auf

das Auftauchen der ersten Raubtiere entstanden
und als Schutz dienen sollten. Die Trilobiten sind
so genannte »Arthropoden«, eine Gruppe, zu der
auch die Insekten und die Schalentiere gehören. Interessant ist, dass mit dem Auftreten dieser äußeren starren Skelette, also der Exoskelette, die Entstehung der Gelenkglieder einherging und damit
eine neue Art der Fortbewegung erfunden wurde.

  – *Was bedeutet »Arthropode«?*

  – Auf Deutsch Gliederfüßer. Diese Tiere besitzen
hoch entwickelte Organe: Verdauungssystem, Blut-
kreislauf, Herz, Gehirn und ein sehr differenziertes
Nervensystem sowie eine Menge weiterer Organe
und Sinneshaare. In dem Maße, in dem die Arten
ihre Fortbewegung verbessern, entwickeln sich
auch das Gehirn und das Nervensystem.

DIE ERSTEN FISCHE

  – *Wie lässt sich die plötzliche Entstehung dieser außergewöhnlichen Vielfalt der Tiere erklären?*

  – Das Leben ist auf Gedeih und Verderb zur
Evolution verdammt. Leben heißt sich reproduzieren. Wenn ein neuer Bauplan erst einmal erscheint,
kommt es zu einer raschen Ausbreitung, das heißt
zu einer geradezu unwahrscheinlichen Vielfalt der
Formen. Und darauf folgt eine Phase der Selektion.

  – *Der Bauplan schlägt vor und die Umweltbedingungen
disponieren?*

  – Genau so ist es.

  – *Verfolgen wir die Geschichte weiter…*

  – 120 Millionen Jahre nach dem ersten Erscheinen der wirbellosen Vielzeller spielt sich alles noch
im Wasser ab. Die ersten Fische, Wirbeltiere, tau-

chen auf (Vögel und Säugetiere sind deren ent-
fernte Nachfahren).

   – *Wodurch unterscheiden sie sich von den wirbellosen
Tieren?*

   – Durch das Vorhandensein einer Art biegsamer
und segmentierter Achse, die sich in der Regel vom
Schädel bis zum hinteren Körperende erstreckt
und »Rückensaite« oder »Achsenstab« (Chorda dorsalis) genannt wird. Diese elastische Achse ist die
Vorläuferin der primitiven Wirbelsäule. Bei den
Wirbeltieren befindet sich das Rückenmark im Innern der Wirbel, während bei den Chorda-Tieren
das Neuralrohr auf der Rückenseite liegt. Der Verdauungstrakt liegt darunter. Vorne befindet sich
das Gehirn. In der Evolution der Lebewesen ist das
eine sehr wichtige Etappe, denn das innen liegende
Skelett wird es später den großen Tieren erlauben,
auf dem Festland zu leben.

   – *Ähnelten diese ersten Wirbelfische den Fischen, die wir
heute kennen?*

   – Nein. Die heutigen Fische sind in keiner Weise
repräsentativ für die Gruppe ihrer Vorfahren. Die
ersten, etwa 530 Millionen Jahre alten Versteinerungen von »Fischen« fand man in Südchina. Diese
kleinen Knorpelfische ernährten sich von Plankton.
Fragmente der äußeren Schutzpanzer wurden später in Gesteinsschichten gefunden und sind 460 bis
480 Millionen Jahre alt. Die Fische der damaligen
Zeit besaßen ein knöchernes Skelett und lebten
in der Nähe von Flussmündungen im Meer, dort,
wo es viele organische Abfälle gab. Zu dieser Zeit
lebten in den Flüssen und Meeren Agnathen, das
waren kieferlose Raubfische. Sie hatten einen läng-
lichen, zylinderförmigen Körper, der sich schlän-
gelnd fortbewegte, besaßen weder Zähne noch

Flossen, und ihr Kopf war durch eine Art Knochen-
panzer geschützt. Sie erinnern ein wenig an das
heutige Neunauge. 150 Millionen Jahre nach ihrem
Auftreten diversifizierten sich diese Fische, bestimmte Linien verschwanden, ohne Nachfahren
zu hinterlassen. Dann tauchten die ersten Knochenfische mit Kiefern auf, einige von ihnen sind
bis zu zwei Meter lang.

DIE AKTIVEN SCHWIMMBEWEGUNGEN

– *Und gab es auch hier keine Übergangsformen?*
– Wenn man zum Ursprung dieser Wirbeltiere
zurückgeht, findet man tatsächlich ein Wesen, das
die Form einer Nacktschnecke mit Stacheln besitzt
und das sich Pikaïa nennt. Das ist zurzeit der einzige Vertreter des Stamms der Wirbeltiere, der eine
Muskulatur und eine flexible Rückensaite (Chorda
dorsalis) besitzt, aus der sich später die Wirbelsäule
entwickeln wird, die auch unsere eigene Linie
kennzeichnet. Beim Menschen findet man in den
Bandscheiben zwischen den einzelnen Wirbelkör-
pern noch Überreste dieser ursprünglichen Saite.
– *Und dieser neue Apparat verändert die Fortbewegung?*
– Sicher. Vorher bewegten sich die Tiere durch
Schläge ihrer Geißeln oder Wimpern fort, sie veränderten den inneren Druck oder bewegten die
Füße wie Ruder wie zum Beispiel die Krebse. Oder
sie stießen Wasser aus, um einen Rückstoß zu erzeugen. Die Quallen machen das so, nur ist es bei
ihnen wenig effizient. Bei dem Pikaïa war es nur
noch ein kleiner Schritt zum aktiven Schwimmen,
obwohl dieses Tier die Hälfte seiner Zeit im Schlick
oder im Morast verbrachte.

– *Warum?*

– Weil dort damals die wichtigste Nahrung zu finden war. Deshalb war es bedeutend vernünftiger, dort zu bleiben, statt die Meere zu durchstreifen.

– *Fassen wir zusammen: Die Arthropoden besitzen ein starres äußeres Skelett. Die anderen Tiergruppen entwickeln eine knorpelige Wirbelsäule, die in Segmente aufgeteilt ist, die als Befestigungspunkte für die Muskeln dienen. Knorpelfische entstehen, das sind die Haie und Rochen. Und dann kommen die Knochenfische. Wie geht es dann weiter?*

– Vor 400 bis 350 Millionen Jahren diversifizieren sich auch die Knochenfische, verteilen sich in den Urozeanen und es kommt zu einer fantastischen Formenvielfalt. Die Fische, ob nun mobil oder nicht, leben entweder direkt unter der Wasseroberfläche oder in der Tiefe des Meeres. Und die Evolution »arbeitet« an der Entwicklung des Gehirns, des Nervensystems und des Wahrnehmungsapparates. Vor allem der Geruchssinn entwickelt sich und ermöglicht es den Lebewesen, mit der Zeit immer sensibler auf die Umweltbedingungen zu reagieren. Unter diesen Fischen befindet sich auch eine ganz besondere Gruppe, die Crossopterygii (Quastenflosser). Die Anatomie ihrer Schädelknochen weist auf das Vorhandensein von inneren Nasenlöchern hin, die den Luftstrom durchlassen: Sie besitzen also die Möglichkeit, Luft zu atmen. Und was noch überraschender ist, sie haben fleischige Brustflossen, die nicht nur völlig anders aussehen als die der anderen Fische, sondern auch eine Kette von knöchernen Gelenken besitzen.

– *Sind diese Stümpfe die Vorläufer der Füße der ersten Land-wirbeltiere?*

– Es handelt sich dabei tatsächlich um die Vor-stufe eines Fußes, der in Form und Aussehen einem Paddel ähnelt. Verschiedene Linien derselben Gruppe werden auch diese besonderen Anlagen zeigen, sich weiterentwickeln und dann ausster-ben. Allerdings nicht vollständig, denn es gibt heu-te noch eine Art aus dieser Gruppe, den berühmten Coalacanthe (Komoren-Quastenflosser, Latimeria chalumnae), der vor 60 Jahren vor den Komoren entdeckt wurde. Er ist 1,50 Meter lang und hat eine metallisch blaue Farbe. Bis zu diesem Zeitpunkt hatte man geglaubt, er sei bereits vor 65 Millionen Jahren ausgestorben. Marjorie Courtenay-Latimer, die Mitarbeiterin eines Londoner Museums, hat ihn bei einem Fischhändler entdeckt, ihn präpariert und dann eine Zeichnung an J. L. B. Smith, Spezialist für Fische an der Universität von Grahamstown/Süd-afrika, geschickt. Seit 1952 hat man vor den Komoren über 200 dieser Fische gefangen, kürzlich auch vor der Küste Indiens, die meisten in einer Tiefe von 100 bis 300 Metern.

– *Seit 65 Millionen Jahren hat sich dieser Coalacanthe of-fenbar nicht weiterentwickelt, genauso wenig wie die Quallen und die Bakterien.*

– Das stimmt nicht. Alles entwickelt sich weiter, auch wenn es bei bestimmten Gruppen nicht so aussieht. Die Tiere, die man »lebende Fossile« nennt, veränderten sich zwar im Hinblick auf ihre Form nur wenig. Man weiß jedoch, dass ihr Ge-nom, also die Grundlage ihrer Erbanlagen, sich sehr wohl verändert hat.

– *Das beweist also, dass keine Art in ihrem Ursprungszustand fixiert bleibt?*

– Genau. In der Geschichte der Tiere, die wir hier erzählen, haben wir uns dafür entschieden, vor allem die Etappen der großen Neuerungen zu behandeln. Aber auch die Bakterien entwickeln sich weiter, genau wie die Arthropoden, also die Gliederfüßer oder die Quallen.

– *Gibt es auf dem Weg von der Bakterie zum Menschen eine Art Gesetzmäßigkeit, die jeweils zu einer höheren Komplexität führt?*

– Der Glaube, es gäbe in der Evolution ein Streben nach Komplexität, ist ein Irrtum, dem man nicht erliegen sollte. Das Gegenteil ist richtig: Das Leben strebt nach Vereinfachung. Den Beweis liefern unsere Vorfahren, die Fische des Devon, die dreimal so viel Schädelknochen besaßen wie wir. Da hat doch inzwischen eine Vereinfachung stattgefunden.

– *Sie meinen also, die Menschen seien ein bedeutend einfacheres Tier als die Fische von damals.*

– Die Schönheit der Evolution besteht nicht darin, dass sie immer wieder Elemente hinzufügt oder die Komplexität steigert, sondern dass sie Systeme schafft, die auf einer einfachen Grundlage so gut wie möglich funktionieren. In den Definitionen der Evolution stößt man immer wieder auf die alten Dämonen des christlichen Denkens und der westlichen Philosophie, die uns glauben machen wollen, dass der Mensch die Krone der Schöpfung sei, obwohl er sich in Wirklichkeit nur an der Spitze seiner eigenen Linie befindet. Der Mensch ist komplex und in seinem Denken einmalig, was jedoch seinen Bauplan anbetrifft, ist er von einer geradezu verblüffenden Banalität und Einfachheit.

DER FISCH IN UNS

– *Aber wir unterscheiden uns trotzdem erheblich von den anderen Arten.*

– Die Tiere scheinen weit voneinander entfernt zu sein, auch wenn sie nach dem gleichen Körperschema aufgebaut sind. Die äußere Form verändert sich, aber die Schemata der inneren Organisation bleiben ihrer gemeinsamen Vergangenheit treu. So sind zum Beispiel die Speiche (einer der beiden Unterarmknochen), der Oberarmknochen und die Handwurzelknochen beim Menschen die gleichen wie bei der Fledermaus oder dem Delfin. Die einzelnen Glieder aller Wirbeltiere sind ähnlich angelegt, nur ihre Form und ihre Größe haben sich an die jeweiligen Lebensbedingungen angepasst.

– *Mit anderen Worten, wir alle haben in uns etwas von unseren Vorfahren, den Fischen?*

– Genau. Darüber hinaus zeigen alle Tiere im Laufe ihrer embryonalen Entwicklung Spuren ihrer Urgeschichte. Diesen Gedanken entwickelte im 19. Jahrhundert ein Naturwissenschaftler namens Ernst von Baer. So ist zum Beispiel die Kiefergrube (Fossa canina) etwas, das uns vom Skelett unserer Vorfahren, der Fische, geblieben ist. Wenn man Embryos der verschiedenen Wirbeltiere vergleicht, erkennt man, dass die ersten Entwicklungsstadien identisch sind: Alle, der Mensch eingeschlossen, haben in ihrer Embryonalentwicklung einen großen Kopf, ein Herz mit zwei Kammern, einen Schwanz und Kiemenspalten, die heute bei den Säugetieren den Gehörgang bilden. Die Geschichte der Evolution unserer Hände und Füße mit fünf Fingern und fünf Zehen beginnt vor 370 Millionen Jahren bei den Vierbeinern mit einer überraschen-

den Etappe der Evolution der Wirbeltiere: Es ist der
Übergang von den Flossen zu den Gliedmaßen.
Alle Wirbeltiere, auch wir Menschen, stammen von
den Fischen ab, die vier paddelähnliche Flossen
hatten.

— *Warum ausgerechnet fünf Finger und fünf Zehen?*

— Die Fische, die solche Glieder hatten, besaßen
fünf, sechs, sieben, ja sogar acht Fingerknochen.
Doch nur der Bauplan, der fünf Finger vorsah,
setzte sich durch. Man weiß nicht warum. Aber der
Plan hat sich tief in den genetischen Anlagen der
Wirbeltiere verankert.

— *Alle Wirbeltiere haben einen Fortsatz, den Schwanz.*
Hatte er beim Wechsel vom Wasser aufs Land eine entschei-
dende Bedeutung?

— Wenn der Schwanz, woran man allerdings
zweifelt, seinen Ursprung im Wasser hat, um dort
gleichzeitig als eine Art Ruder und als Antrieb zu
dienen, verändert er sich später, wenn die Amphibien ihre ersten Schritte auf dem festen Land aus-
probieren. Und diese Veränderungen hören nicht
auf, je nachdem wie sich die späteren Entwicklungslinien der Tiere spezialisieren. Heutzutage gibt
es so viele Arten von Schwänzen, wie es Tierarten
gibt. Bestimmte Schwänze dienen zur Kommunikation innerhalb der Gruppe, andere zum Fliegen-
Verjagen, zur Verführung, zur Kontrolle des Gleichgewichts, zur Entdeckung von Vibrationen der Erde
oder zum Speichern von Energiereserven, wie im
Falle des Bibers. Es ist also eine Struktur, die zahlreiche physiologische, sexuelle, soziale oder Stoff-
wechselfunktionen hat ...

— *Wie haben es die ersten Wirbeltiere, die eine Schwanz-*
flosse besaßen, denn geschafft, aus dem Wasser an Land zu
gehen?

– Manche Wissenschaftler glauben, dass es
mehrere »Landgänge« gegeben hat. Tatsächlich ist
es so, dass die Fluktuationen der Kontinentalmeere
derart ausgeprägt waren, dass sich bestimmte Fische beim Rückgang des Wassers plötzlich zwangsläufig in einer Pfütze wiederfanden. Sie »paddel-
ten« dann mit ihrer Schwanzflosse von Pfütze zu
Pfütze.

– Und atmeten dabei Luft?

– Ja. Das ist eine Besonderheit, die sich, wie
man herausgefunden hat, unabhängig von der Entwicklung der Füße herausbildete. Diese Fische besaßen Nasenlöcher, die mit primitiven Lungen verbunden waren. Sie sind aus einer Modifikation des
ursprünglichen Verdauungstrakts hervorgegangen,
die es ihnen ermöglichte, auch außerhalb des Wassers zu atmen.

Dieses Verhalten findet sich auch heute noch bei
bestimmten Fischen: bei den so genannten Lun-
genfischen, den Dipnoi, was so viel wie »Doppel-
atmer« bedeutet. Man hat sie 1938 in Australien,
Südamerika und in den Tropen Afrikas entdeckt.
Im Wasser leben sie wie die Fische, und wenn das
Wasser bei einer großen Dürreperiode verschwindet, graben sie sich einen Bau, um der Austrocknung zu entgehen. Dann atmen sie durch ihre Lungen, und zwar durch ein kleines Luftloch, das sie
mit der Oberfläche verbindet. In solchen Zeiten
greifen sie auf ihre Energiereserven zurück. Vor
etwa 350 Millionen Jahren haben diese Tiere die
Erde besiedelt. Heute gibt es nur noch sechs Arten
von ihnen.

RIESENINSEKTEN

– *Wie sieht die Erde zu der Zeit aus, als diese Fische auf-tauchen?*

– Sie besteht aus einem einzigen großen Urkon-tinent, den man auch Pangäa nennt, Kontinent des alten roten Sandsteins. Vor etwa 430 Millionen Jah-ren haben die Pflanzen begonnen, das Festland zu erobern, und zwar auf einer Mineralschicht. Damals sind auch die Fische entstanden. 50 Millionen Jahre später entwickeln sich riesige Pflanzen, weil sie mit-einander um die Sonnenenergie konkurrieren, dann folgen die Insekten und andere Gliederfüßer.

– *Sind die Insekten auch so riesig?*

– Die ersten Versteinerungen, die etwa 380 Mil-lionen Jahre alt sind, zeigen uns, dass es sich um kleine, flügellose Insekten handelte, die in der Erde gegraben haben. Das warme, regnerische Klima im Karbon und die Entwicklung der belaubten Pflan-zen mit einem Stiel begünstigten dann aber die Ent-stehung einer Vielfalt von Insekten. Die Möglich-keit, einen neuen Lebensraum zu bevölkern, öffnet die Tür für alle möglichen Spielarten. Das ist das goldene Zeitalter der Rieseninsekten, der Libellen mit einer Spannweite von 1,20 Metern, der Spinnen mit einem Durchmesser von einem Meter, der 60 Zentimeter langen Skorpione, aber zugleich auch der Eintagsfliegen, der Blattläuse, der Zikaden, der Heuschrecken, der Pillendreher, der Mücken, der Fliegen und der Wanzen ...

– *Warum waren einige dieser Insekten so groß?*

– Weil es noch keine Räuber gab. Wenn sich ein Bauplan erst einmal durchgesetzt hat, gehört die Welt denjenigen, die in der Mehrzahl sind. »Wer zu-erst kommt, mahlt zuerst.«

– *Erklärt das auch die große Vielfalt?*

– Sie haben es verstanden, sich an alle ökologischen Nischen anzupassen. Der Beweis: Heute, 350 Millionen Jahre nach ihrem Erscheinen, repräsentieren sie immer noch 80 Prozent des Tierreichs. Man hat etwa 1,5 Millionen Arten gezählt und schätzt, dass man noch drei oder vier Millionen weitere entdecken wird.

– *Wo kommen sie her?*

– Sie stammen alle aus dem Meer. Die Krustentiere, die Insekten und die Arachnida, also die Spinnen und die Skorpione, gehören alle zu einem Zweig der Arthropoden, zu den bekannten Gliederfüßern. Das starre äußere Skelett unserer Krustentiere war für die Insekten lebenswichtig, denn so waren sie, sobald sie sich an der Luft aufhielten, gegen die Austrocknung durch Sonneneinstrahlung und Wind geschützt. Da sie keine Lungen hatten, atmeten sie direkt durch die Haut.

– *Und wie sind sie zu den Flügeln gekommen?*

– Das ist auch wieder so ein genetischer Trick, der zugleich einfach und wunderbar ist. Eine Mutation kann die Fühler in Füße verwandeln. Genauso ist es mit den Flügeln der Insekten und den Gliedmaßen der Vierbeiner. Ein Gen, das mutiert, macht es möglich, dass aus den vier Flügeln eines Schmetterlings die zwei Flügel einer Fliege werden.

– *Woher weiß man das alles?*

– Zu der klassischen Paläontologie und den Untersuchungen der Fossilien gesellen sich heute die Entwicklungsgenetik und die Evolutionsbiologie, die die Art und Weise untersuchen, in der sich die Organismen im Laufe der Generationen verändern. Und daher wissen wir heute, dass das Facettenauge der Insekten und die Linse des Auges der Wirbeltiere nach demselben genetischen Plan konstruiert sind und vom gleichen Prototyp abstammen. Die Entwicklung des Auges ist universell, sie reicht von den Plattwürmern über die Insekten bis zu den großen Säugetieren, zu denen auch der Mensch zählt.

DIE ERFINDUNG DES EIES

– *Mit all diesen Insekten als Proviant breiten sich nun die Amphibien mit ihren vier Füßen auf dem Festland aus. Alle Bedingungen sind mithin gegeben, dass sich die Wirbeltiere auf den Weg machen, die Erde zu erobern. Aber wie wird sich das abspielen?*

– Die vierbeinigen Amphibien sind immer noch vom Wasser abhängig. Erst wenn sie sich von der Wasserwelt unabhängig gemacht haben, wird sich eine größere Revolution auf dem Gebiet der Fortpflanzung ereignen. Bis zu diesem Zeitpunkt werden die Eier im Wasser abgelegt und dort vom Sperma des Männchens befruchtet. Die Larven schlüpfen und verwandeln sich unter dem Einfluss eines Hormons, das von den Genen bereitgestellt wird, die das Schema der Entwicklung der verschiedenen Körperzellen festlegen. Auf diese Weise können sich eine Kaulquappe oder die Fischbrut in nur wenigen Wochen verwandeln: Die Kiemen der Kaulquappe weichen einem Lungenpaar, der Schwanz verschwindet und sie bekommt Füße. All das ist zwar fantastisch, aber es zwingt die Amphibien immer noch, in der Nähe des Wassers zu leben. Ungefähr vor 330 Millionen Jahren haben einige von ihnen die Tümpel verlassen und ihre Eier mitgenommen.

– *Wie haben sie das denn gemacht?*

– Zum ersten Mal wird jetzt das Ei im Innern des Körpers des Weibchens befruchtet. Es wird gelegt, hat jetzt eine Schale und enthält Fruchtwasser, in dem sich das Junge entwickeln kann und sowohl vor den Elementen als auch vor Unterernährung geschützt ist. Eine Blase enthält den Dotter, von dem sich der Embryo ernährt. Eine weitere, der so genannte Harnsack, nimmt die Ausscheidungen auf. Eine dritte Blase ermöglicht die Diffusion von Sauerstoff und eine vierte, das Amnion (die Schafhaut), schützt den Embryo vor Erschütterungen.

– *Das ist allerdings eine Revolution.*

– Das kann man wohl sagen. Sie versetzt die Wirbeltiere in die Lage, die Nabelschnur zu durchtrennen, die sie bis zu diesem Zeitpunkt ans Wasser gebunden hat. Jetzt können sie das feste Land besiedeln. Eine weitere Neuheit: Die an Feuchtigkeit gewöhnten Amphibien, die sehr empfindlich gegen Austrocknung waren, legen sich eine widerstandsfähigere Haut zu. Die Reptilien, die erst später auftauchen, lösen dann das Problem der Austrocknung, indem sie eine Schutzschicht aus Hornschuppen entwickeln. Noch später entstehen hieraus die Federn der Vögel, auch das ist wieder ein erstaunlicher Trick der Genetik.

– *Die Reptilien stammen also von diesen Amphibien ab?*

– Ja. Reptilien gibt es seit etwa 350 Millionen Jahren. Das hat die Amphibien jedoch nicht daran gehindert, sich in einer großen Vielfalt weiterzuentwickeln, zu den Tausenden Arten von Salamandern, Fröschen und Kröten. Unter den Amphibien tauchen auch die Schildkröten und die Schlangen auf, die damals noch Füße hatten, die sie jedoch im Laufe der Zeit wieder verloren.

– *Aus welchem Grund?*

– Weil sie sie nicht mehr brauchten. Im Gegensatz zu dem, was man lange Zeit geglaubt hat, entsteht ein Organ nicht aus dem Bedarf heraus. Das Fehlen einer Funktion dagegen führt zu einer Rückbildung der Form, wobei jedoch mitunter Reste übrig bleiben. So ist das Steißbein des Menschen ein Überrest des Schwanzes anderer Säugetiere. Der Wurmfortsatz des Blinddarms, der uns Ärger macht, wenn er sich entzündet, ist ein Überrest des Caecums, also des Dickdarmsacks, der den Pflanzenfressern zur Verdauung der Zellulose diente. Genauso stammen die Hufe des Pferdes von einem seiner Vorfahren ab, der fünf Zehen hatte. Heute existiert davon nur noch eine Mittelzehe, die unter dem Huf und den Resten der ursprünglichen Knochen eingeschlossen ist. Die Beweise für das Wirken der Evolution sind also unübersehbar.

ZUSÄTZLICHE HEIZUNG

– *Kommt es auch bei den Reptilien zu einer Diversifikation?*
– Aber gewiss. Reptilien sind Kaltblüter, das heißt, ihre Körpertemperatur hängt von der Temperatur der Umgebung ab, mit allen Konsequenzen, die sich daraus ergeben. Zwei Gruppen von Reptilien haben es geschafft, dieses Problem zu lösen: Zu der einen Gruppe gehören die Dinosaurier und die Vögel, zu der anderen die Säugetier-Reptilien, die nach der Zeit vor 320 Millionen Jahren Scharen von Pflanzen oder Fleisch fressenden Säugetieren hervorbringen. Und alle entwickeln ein perfektes System der inneren Thermoregulation, die Homöothermie (Warmblütigkeit). Dieses System versetzt sie in die Lage, ihre Körpertemperatur

konstant zu halten. Sie besitzen zu diesem Zweck
im Gehirn ein Kontrollzentrum, das mit sensorischen Zellen verbunden ist. Diese registrieren die
kleinste Veränderung der Außentemperatur. Später
schützen Fell und Federn – durch die Luftschicht,
die sie einfangen – die Tiere vor Kälte und Hitze und
sorgen dafür, dass sie möglichst wenig Flüssigkeit
verlieren. Im Laufe der Zeit wird jede Art ihre
eigene Technik entwickeln, um ihren Stoffwechsel
optimal zu regulieren. Wenn zum Beispiel der Sie-
benschläfer, das Murmeltier und der Bär in den
Winterschlaf gehen, senken sie ihre Körpertemperatur und ihren Energiebedarf. Elefanten wedeln
mit ihren großen Ohren, in denen sich extrem viele
Blutgefäße befinden, und können so überschüssige
Hitze abgeben. Menschen und Pferde schwitzen
aus diesem Grund.

    – *Die Möglichkeit der Regulierung der Körperwärme hat
die Lebewesen immer unabhängiger von ihrer Umwelt gemacht?*

    – Genau. Mit der Homöothermie ändert sich
der Lebensrhythmus. Die Fähigkeit, bei jeder Veränderung der Außentemperatur eine konstante
Körpertemperatur zu halten, erlaubt es den Lebewesen, ständig aktiv zu sein. Und sie begünstigt
darüber hinaus die Anpassung an die unterschiedlichsten Umweltbedingungen und das Einüben
anderer Verhaltensweisen, sodass nicht nur der In-
stinkt, sondern auch das Lernen und die Erfahrungen eine immer größere Rolle spielen.

    – *Sie haben gesagt, dass bestimmte Säugetiere Fleischfres-
ser geworden sind, die anderen Pflanzenfresser. Wieso hat die
Evolution diese unterschiedlichen Ernährungsweisen eingeführt?*

    – Tiere müssen sich von anderen Organismen

ernähren. Die Natur ist zwar verschwenderisch, aber sie ist andererseits auch wieder sparsam: Nichts geht verloren. Das Lebendige wird getötet, gefressen und ständig wieder verwertet. Zwischen der Ernährungsweise und der Anatomie der Tiere besteht eine enge Verbindung. So wie es tausendundeine Art des Stoffwechsels gibt, gibt es auch genauso viele Ernährungsweisen, wie Tierarten und ökologische Lebensräume existieren. Die drei großen Klassen umfassen die Herbivoren, also die Pflanzenfresser, die Carnivoren, die Fleischfresser, und die Omnivoren, die Allesfresser. Man könnte jedoch auch noch die Fructivoren, die sich überwiegend von Früchten ernähren, und die Insectivoren, die hauptsächlich Insekten fressen, erwähnen. Dann gibt es noch Aasfresser und, nicht zu vergessen, die Parasiten, die sich auf Kosten anderer ernähren. Der abwechslungsreiche Speisezettel der Allesfresser versetzt sie in die Lage, sich an alle möglichen Situationen und Veränderungen der Umwelt anzupassen.

– *Ist das ein großer Vorteil?*

– Gleichzeitig aber auch lästig, denn die Vielfalt zwingt diese Tiere zur ständigen Suche, und das ist auch eine Form der Abhängigkeit.

– *Je größer man ist, umso mehr Futter muss man suchen?*

– Das ist nicht unbedingt so. Ein großes Tier frisst zwar absolut gesehen mehr, aber im Verhältnis weniger als ein kleines Tier. Die Pflanzenfresser verbringen ihre ganze Zeit mit Fressen, denn die Pflanzen haben einen geringeren Nährwert. Die Fleischfresser, wie zum Beispiel der Wolf oder der Löwe, können bei einer einzigen Mahlzeit über zehn Kilo Fleisch vertilgen, die sie dann im Laufe mehrerer Tage verdauen. Die Glukose, die sie mit

dem Blut ihres Beute-Tieres aufnehmen, versorgt
sie mit dem Zucker, dessen Kalorien zum Laufen
und Jagen unerlässlich sind. Die großen Tiere, die
häufig sehr langsam in ihren Bewegungen sind,
brauchen weniger Nahrung als die kleinen. Der Kolibri, der nur ein paar Gramm wiegt, fällt nachts in
eine Art Lethargie, um seine Energien zu sparen,
und frisst während des Tages mehr als die Hälfte
seines Körpergewichts. Eine Spitzmaus muss tagtäglich so viel fressen, wie sie wiegt, weil sie sonst
verhungert. Ein Elefant dagegen, der zwischen drei
und acht Tonnen wiegt, nimmt täglich nur fünf bis
zehn Prozent seines Körpergewichts auf, das sind
im Durchschnitt etwa 150 Kilo pflanzliche Nahrung
in der Trockenzeit.

    – *Stellt Größe im Tierreich einen Vorteil dar?*

    – Je größer ein Tier ist, umso geringer ist die Be-
deutung des Wärmeverlusts. Es ist also so gesehen
ein Vorteil, weil sich Energie sparsamer einsetzen
und Wärme besser speichern lässt. Außerdem können große Tiere einen größeren Teil der zur Verfügung stehenden ökologischen Nischen besetzen
und sich besser mit ihren natürlichen Feinden auseinander setzen. Je größer man ist, umso weniger
Energie benötigt man für die Fortbewegung, und
man hat auch eine größere Chance alt zu werden.
Ein Elefant kann 70 Jahre alt werden, während eine
Biene nach einem Sommer, in dem sie mehrere
Hundert Kilometer zurückgelegt hat, völlig verbraucht ist. Trotzdem bringt die Größe auch Nach-
teile mit sich.

    – *Welche denn?*

    – Je länger die Lebenserwartung eines Tieres ist,
umso langsamer vollzieht sich seine Geschlechts-
reife, und auch die Aufzucht der Jungen dauert län-

ger. Das heißt, dass sich diese Tiere bedeutend langsamer fortpflanzen als die kleineren Arten. Die Evolution »bemüht« sich um Vielfalt, also um die Zahl und die Unterschiedlichkeit der Tierarten. Eine einschneidende Veränderung der Umweltbedingungen kann Tiere, deren Population nicht sehr dicht ist, das Leben kosten. Die kleinen Tiere können sich dagegen anpassen, denn sie haben keine Schwierigkeiten, ihre Population wieder auf den alten Stand zu bringen.

 – *War das bei den Dinosauriern der Fall?*

 – In gewisser Weise ja …

2. Szene: Die Zeit der Riesen

*Nachdem die Insekten den Himmel erobert haben, tauchen
auf der Erde seltsame Drachen auf. 150 Millionen Jahre
lang werden sie die Herrscher des Planeten sein.*

DINOSAURIER-DYNASTIEN

– *Woher stammt das Wort »Dinosaurier«?*

– Es kommt aus dem Griechischen und ist aus
zwei Wörtern zusammengesetzt: »δεινός« (deinos),
was so viel wie »schrecklich«, und »σαυρος« (sau-
ros), was »Eidechse« bedeutet. Wir verdanken diesen Namen einem englischen Mediziner und Paläontologen namens Richard Owen, der 1842 auf die
Idee gekommen war, eine Anzahl von Fossilien, die
Gidéon Mantell im Jahre 1825 entdeckt hatte, unter
diesem Begriff zusammenzufassen.

– *Wann begann die Herrschaft dieser berühmten Echsen?*

– Im Trias, also vor ungefähr 245 Millionen Jahren, sie erreichte im Jura ihren Höhepunkt und en-
dete in der Kreidezeit vor etwa 65 Millionen Jahren.
Vom Jura an teilte sich das Festland in zwei Teile:
Auf der südlichen Halbkugel befand sich das Gondwana, das aus Südamerika, Afrika, Australien und
der Antarktis bestand, auf der Nordhalbkugel Lau-
rasia, das sich aus Nordamerika, Europa und Asien
zusammensetzte. Norden und Süden waren durch
das Meer Tethys voneinander getrennt. In diesem
absolut unglaublichen Universum beherrschten
die Dinosaurier 150 Millionen Jahre lang alle irdi-

schen Ökosysteme. Diese Periode ist durch ein
warmes Klima auf dem gesamten Festland gekenn-
zeichnet, es gab kein Eis an den Polen. Das Anstei-
gen des Wasserspiegels führte zu einer Ausweitung
der kontinentalen Meere. Die Aufteilung des Gond-
wanalandes führte zur Entstehung riesiger Küsten-
meere, die reich an Plankton waren. Die Erde war
zu dieser Zeit ein riesiges feuchtwarmes Vivarium.

– *Also ein Paradies für Reptilien?*

– Genau. Die Vegetation bestand zum größten
Teil noch aus Farn, der gestürzten Königin der Ur-
zeit. Die so genannten Gymnospermen entwickeln
sich, also die Nacktsamer, bei denen das Samen-
korn nicht von einer Frucht umgeben ist. Sie ähneln weniger den heutigen Kiefern oder Fichten,
sondern mehr den Palmen. Am ehesten lässt sich
die Vegetation mit der der heutigen Everglades in
Florida vergleichen. Jetzt fehlen nur noch die Dinosaurier.

– *Im Laufe der Zeit hat es also mehrere Dinosaurier-Dynastien gegeben?*

– So ist es, und zwar mehrere große Gruppen
mit einer erstaunlichen Vielfalt: Es gab damals
600 Dinosaurierarten. Ihre Größe reichte von ganz
klein, kaum größer als ein Huhn, bis zum Pflanzen
fressenden Diplodocus, der 26 Meter lang war und
bis zu 50 Tonnen wog. Dazwischen gab es noch den
unübersehbaren und fürchterlichen Tyrannosaurus
Rex, den »König der Tyrannen-Echsen«, der 15 Meter lang und 6 Meter hoch war. In seinem Maul trug
er 20 Zentimeter lange, dolchähnliche Zähne.

– *Weiß man, wie diese riesigen Tiere gelebt haben? Besaßen sie zum Beispiel so etwas wie Familiensinn?*

– Zunächst einmal waren sie Warmblüter, das
heißt, sie konnten ihre Körpertemperatur konstant

halten. Vor allem die größten unter ihnen besaßen jedoch noch keinen so perfekten Stoffwechsel wie beispielsweise die Vögel oder die Säugetiere. Zumindest müssen sie bereits ein Regelsystem gehabt haben, über das wir allerdings bis heute noch nichts wissen. Die Dinosaurier legten Eier. Die meisten Überreste entdeckte man in Südfrankreich, in Spanien und in der Mongolei. Diese Fundstätten stammen aus der Kreidezeit. Bestimmte Dinosaurier müssen genauso gebrütet haben wie die heutigen Vögel. Ihre Nester bestanden zum größten Teil aus einer dicken Pflanzenschicht.

– *Wozu dienten diese Pflanzen?*

– Die darin ablaufenden Gärungsprozesse erzeugten zweifellos das für die Eier notwendige feuchtwarme Milieu. Man kann davon ausgehen, dass die Dinosaurier genau wie ihre Nachfahren, die Vögel, über komplizierte Methoden der Aufzucht ihrer Jungen verfügten. Das setzte ein starkes Engagement der Eltern und daher möglicherweise sogar eine Art monogame Beziehung voraus, denn schließlich sind auch 90 Prozent der Vögel monogam. Die Paare bleiben so lange zusammen, bis die Jungen flügge sind und sich selbst ernähren können. Die Eltern müssen umso mehr auf die Jungen aufpassen, als sie nach dem Schlüpfen besonders anfällig und hilflos sind. So können zum Beispiel auch die Krokodile ihre Jungen notfalls forttragen, sie beschützen oder ihnen helfen, sobald sie aus dem Ei geschlüpft sind. Und sie gehen bei alldem mit unendlicher Vorsicht zu Werke.

– *Was fraßen denn die jungen Dinosaurier?*

– Man weiß nicht genau, ob die Eltern Nahrung ausgewürgt haben oder ob die Jungen schon in der Lage waren, sich außerhalb des Nestes selbst zu versorgen. Man fragt sich auch, wie sie so groß werden konnten. Wie war es möglich, dass aus solchen kleinen, zerbrechlichen Dinosaurierbabys – manche wogen gerade einmal 200 Gramm – derart riesige Wesen werden konnten, wo doch die Mütter, Pflanzen- oder Fleischfresser, nicht einmal in der Lage waren, sie zu stillen, um ihnen auf diese Weise die für ihre Entwicklung wichtigen Nährstoffe zukommen zu lassen. Der Wal versorgt sein Junges zum Beispiel täglich mit etwa einer Tonne Milch. (Der Eiweißgehalt dieser Milch ist zweimal so groß wie der der Milch der auf dem Land lebenden Säugetiere, und das ist auch der Grund, warum ein Waljunges täglich etwa 100 Kilo zunimmt.) Und wie haben die Dinosaurier das gemacht? Man weiß es nicht so genau. Man nimmt an, dass die Jungen beim Heranwachsen in verschiedenen ökologischen Nischen gelebt haben.

– *Woher weiß man etwas über den Alltag der Dinosaurier?*

– Die Paläobiologie, die sich unter anderem mit dem Leben der Dinosaurier beschäftigt, ist noch eine sehr junge Wissenschaft. Die Deutungen erscheinen mitunter ziemlich gewagt, aber man macht Fortschritte. Anhand der versteinerten Skelette können die Paläontologen Schlüsse auf das Verhalten der Tiere ziehen. So können zum Beispiel Bissspuren an den Knochen oder Abnutzungserscheinungen an den Zähnen Schlüsse auf die Ernährungsweise zulassen und versteinerte Fäkalien wertvolle Hinweise liefern. Man hat so festgestellt, dass die meisten Dinosaurier ziemlich gesellig gewesen sein müssen und wohl in mehr oder weniger organisierten Gruppen lebten. Trittspuren zeigen, dass sie in Gruppen von einem Ort zum anderen zogen. Man weiß allerdings nicht, ob es sich dabei um vorübergehende oder feste Gemeinschaften handelte.

– *Was weiß man noch über ihre Lebensweise?*

– Bissspuren deuten auf Konflikte hin: womöglich Kämpfe um die Weibchen, um den Rangplatz in der Gruppe oder einfache Streitereien zum Beispiel um die Beute. Aber man weiß es noch nicht genau. Die Analyse ihrer Skelette und ihrer Fußabdrücke vermittelt uns dagegen eine Vorstellung davon, wie schnell sie laufen konnten. Sie waren offenbar sehr aktiv und beweglich, obwohl man allgemein das Gegenteil angenommen hatte. So weiß man zum Beispiel, dass der Tyrannosaurus Rex eine Geschwindigkeit von 47 km/h erreichte, was 10 km/h über der Geschwindigkeit eines anderen Zweibeiners, des Menschen, liegt. Wenn ich mir das so vor Augen führe, befürchte ich jedoch, dass wir von einem Extrem ins andere fallen: Wir nehmen vielleicht ein bisschen voreilig Abschied von unserer gegenwärtigen Vorstellung von den schwerfälligen, trägen Reptilien und vergleichen sie stattdessen mit heute lebenden Säugetieren.

TÖDLICHE METEORITEN

– *Zur Ursache ihres Aussterbens existieren mindestens 60 widersprüchliche Theorien. Und es herrscht wohl noch immer keine Klarheit darüber. Wie ist denn der letzte Stand?*

– Vor 65 Millionen Jahren, am Ende der Kreidezeit, sind die Dinosaurier ausgestorben. Wie? Die Geschichte ist tatsächlich noch nicht geklärt. Sagen wir einmal, dass die beiden Hypothesen, die am seriösesten erscheinen, entweder von einem Meteoriteneinschlag oder von Vulkanausbrüchen ausgehen. Im ersten Fall glaubt man, dass ein riesiger Meteorit auf der Erde eingeschlagen ist. Manche denken, dass der Krater von Chicxulub in Mexiko, der einen Durchmesser von fast 200 Kilometern hat und 65 Millionen Jahre alt ist, der Beweis für den Einschlag sein könnte. Der Aufprall könnte eine riesige Staubwolke emporgeschleudert haben, die die Sonne verdeckte und die Temperatur auf unter null Grad sinken ließ. Die Abkühlung und der Mangel an Licht könnten in der Folge zu einer Verlangsamung der Fotosynthese und damit zum Tod der Pflanzen geführt haben. Dadurch könnte die gesamte Nahrungskette aus dem Gleichgewicht geraten sein, was wiederum den Tod der meisten Pflanzenfresser und damit auch der Fleischfresser, die sich von ihnen ernährten, bedeutet hätte.

– *Was lässt denn abgesehen von dem Krater noch darauf schließen, dass es sich um einen Meteoriteneinschlag gehandelt hat?*

– Man hat Spuren eines bestimmten Metalls gefunden, des Iridiums, das man in stärkeren Konzentrationen nur in Gesteinsbrocken findet, die aus dem Weltraum stammen. Darüber hinaus entdeckte man Gesteinsveränderungen, die nur durch die Wirkung eines immensen Aufpralls und durch sehr hohen Druck entstanden sein können. Man muss allerdings berücksichtigen, dass Iridium zwar in der Erdkruste so gut wie nicht vorkommt, wohl aber in den tieferen Schichten. Eine Magma-Eruption nach größeren Vulkanausbrüchen hätte das Metall ebenfalls an die Erdoberfläche geschleudert haben können.

– *Das wäre die zweite Möglichkeit?*

– Ja. Man hat in Deccan, im Nordwesten Indiens, Spuren von riesigen, bis zu vier Kilometer tiefen Lavaströmen entdeckt (das entspricht etwa zwei Millionen Kubikmetern Lava!). Es handelt sich dabei ursprünglich um Vulkaneruptionen von unvorstellbarer Intensität, deren Aktivität sich über 700 000 Jahre erstreckt haben dürfte. Die Staubwolken und der enorme Ausstoß an Kohlendioxid haben das Weltklima verändert, den Regen und die Ozeane sauer werden lassen und die Fotosynthese zunichte gemacht. Angesichts dieses finsteren Höllenszenarios sind der Meteorit und seine Auswirkungen nicht mehr als ein Staubkorn. Der Ausbruch des Perbuatan auf der Insel Krakatau in Indonesien im Jahre 1883 löste im Vergleich dazu eine Flutwelle aus, die um die ganze Welt ging. Die Abkühlung, die als Folge des Ascheregens eintrat, führte im nächsten Jahr in Neuengland zu einer großen Hungersnot. Im Jahre 1991 hat der Ausbruch des Pinatubo auf den Philippinen zu einer vorübergehenden Absenkung der Mitteltemperatur um zwei Grad geführt.

– *Sind die Dinosaurier plötzlich oder eher nach und nach ausgestorben?*

– Im Vergleich zur Evolution geschah es plötzlich, aber nach unserem Zeitverständnis eher allmählich. Die Dinosaurier befanden sich ohnehin bereits auf dem absteigenden Ast. Damals hatte der Klimawandel zu einer Veränderung der Vegetation geführt. In der nördlichen Hemisphäre wurde es vor 70 Millionen Jahren kälter, was die Ausbreitung der Pflanzen, die wir heute kennen, begünstigte: Blütenpflanzen, Bedecktsamer (Angiospermen), machten je nach Ort fast 90 Prozent der Vegetation aus. Dadurch wurde die Umwelt eine andere, als die großen Reptilien sie bis zu die-

sem Zeitpunkt gewohnt waren. Der Niedergang
der Dinosaurier muss auch in diesem Zusammenhang gesehen werden.

– *Heißt das, dass die kosmische oder geologische Katastrophe ihnen nur den Gnadenstoß versetzt hat?*

– So ist es. Es war ein Zusammentreffen verschiedener Ursachen, zwischen denen kein Zusammenhang bestand.

– *Aber es sind doch nur die Dinosaurier ausgestorben...*

– Keineswegs. Viele Tiere sind gleichzeitig mit
ihnen verschwunden: Wasserreptilien, Flugechsen
und andere Wassertiere, insgesamt 75 Prozent der
Tier- und Pflanzenarten dieser Epoche. Abgesehen
davon sind die Dinosaurier nicht völlig verschwunden, die Krokodile, die Schildkröten und die Vögel
haben überlebt, ganz zu schweigen von den Säugetieren.

– *War das das einzige massive Aussterben in der Geschichte des Lebens?*

– Absolut nicht. Es gab auf der Erde sogar viele
solcher einschneidenden Ereignisse. So etwas kommt
immer wieder vor. Vor 240 Millionen Jahren sind
95 Prozent aller lebenden Arten, die damals die Bio-
sphäre bewohnten, verschwunden. Seit Beginn des
Paläozoikum hat es sieben solcher Perioden gegeben, in denen jeweils ein Aussterben in großem
Ausmaß stattgefunden hat.

DER TRIUMPH DER SÄUGETIERE

– *Welche Auswirkungen hatten diese Perioden auf die Evolution?*

– Im Allgemeinen haben sie sich stimulierend
ausgewirkt: Die Lebensformen, die überlebt hatten,

haben sich in großer Vielfalt entwickelt, um die gebotenen Möglichkeiten ausnutzen zu können. Sie besetzten die frei gewordenen ökologischen Nischen und schufen neue.

– *Das Ende der Dinosaurier gibt also den Säugetieren und den Vögeln eine Chance?*

– Während der Herrschaft der Dinosaurier, also in der Zeit vor 245 bis 65 Millionen Jahren, haben sich die großen Linien der Säugetiere bereits etabliert. Es hat ein paar Millionen Jahre gedauert, bis sie die Dinosaurier ersetzt hatten. Das ist im Vergleich zur geologischen Zeit sehr schnell.

– *Woher kamen die Säugetiere?*

– Die Geschichte der Säugetiere beginnt eigentlich am Ende des Paläozoikum, also vor etwa 320 Millionen Jahren. Die gesamte Welt hat sich damals, wie wir bereits gesehen haben, in zwei Teile geteilt. Im Süden, also in Gondwana, entwickelt sich ein kühles bis gemäßigtes Klima, und eine Gruppe der Reptilien passt sich an diese neuen Bedingungen an.

– *Sind das Reptilien oder Säugetiere?*

– Reptiliensäuger, das heißt, dass sie Merkmale der Säugetiere besaßen.

– *Müssen sie sich den anderen Reptilien unterordnen?*

– Keineswegs. Sie beherrschen die anderen. Vor 280 bis 200 Millionen Jahren gibt es eine Vielzahl sehr großer Reptiliensäuger, die man »Cynodontia«, »mit Hundezähnen«, nennt.

– *Aber warum verschwinden sie dann im Jura, um letzten Endes in großer Zahl zu Beginn des Mesozoikum wieder auftauchen?*

– Die Dinosaurier und die anderen Reptilien stellen in der Geschichte der Säugetiere ein wichtiges Intermezzo dar, und das hängt ganz einfach mit

dem feuchtwarmen Klima zusammen, das für die
Reptilien günstig ist.

— *Wann erscheinen denn nun die ersten »richtigen« Säugetiere?*

— Vor ungefähr 180 Millionen Jahren. Sie sind
Warmblüter und sie besitzen ein Fell, das sich besonders für das Leben in dem wechselhaften Klima
eignet. Sie können in ihrem Leib ein oder mehrere
Embryonen austragen. Nach der Geburt bleiben die
Jungen zunächst bei der Mutter, die sie mit ihrer
Milch säugt. Die Kleinen nutzen diese Abhängigkeit,
um durch Nachahmung das ihrer Art angemessene
Verhalten zu erlernen. Die Säugetiere, die zur Zeit
der Dinosaurier auftauchen, sind sehr klein, kaum
größer als eine Ratte. Sie verhalten sich sehr unauf-
fällig und verlassen ihren Bau nur bei Nacht. Das
erlaubt ihnen, mit den Dinosauriern in Koexistenz
zu leben.

— *Seltsam, dass sie so klein waren…*

— Das stimmt, und es ist sogar in den Evolu-
tionslinien ein seltener Fall. Jedenfalls sind sie
sehr lebhaft. Ihre Gangart und ihre Reflexe bei der
Nahrungssuche werden immer schneller. Die Sinnesorgane werden mit der Zeit immer sensibler.
Die Nahrung wird schneller resorbiert, weil diese
Tiere kauen und zu diesem Zweck ein spezielles
Gebiss entwickelt haben. Die Säugetiere besitzen
seit dieser Zeit nur noch zwei Gebisse. Die Milch-
zähne und die endgültigen Zähne des Erwachsenen: Schneidezähne zum Abbeißen und Backen-
zähne zum Kauen und Zermahlen der Nahrung.
Bei den Reptilien sind alle Zähne gleich und ko-
nisch geformt, sie haben keine Wurzeln und er-
neuern sich immer wieder.

— *Die übliche Frage: Gibt es ein Zwischenstadium zwi-*

*schen den Reptilien, die Eier legen, und den Säugetieren, die
lebende Junge zur Welt bringen und sie mit ihrer Milch ernähren?*

– Zweifellos, und zwar ein Tier, das dem australischen Schnabeltier entspricht. Das ist ein Eier le-
gendes Säugetier, das seine Jungen säugt, ohne jedoch Brustwarzen zu haben. Die Milch wird durch
die Haut abgesondert, und die Jungen lecken am
Fell der Mutter. Es besitzt außerdem einen Enten-
schnabel, einen Biberschwanz und Schwimmfüße.
Die Männchen verfügen über einen Giftsporn am
Hinterfuß, es ist also eines der wenigen giftigen
Säugetiere. Die Evolution hat die Plazentatiere, die
fortan den Planeten beherrschen, bevorzugt. In Australien findet man auch Beuteltiere, deren Junge
sich in einer Tasche am Bauch der Mutter entwickeln.

– *Warum findet man diese Beuteltiere vor allem in Australien?*

– In der Kreidezeit vor 75 Millionen Jahren haben sich die Beuteltiere in Südamerika, in Nordamerika, in der Antarktis und in Australien angesie-
delt. Da sich dieser letzte Kontinent vor 45 Millionen
Jahren von den anderen abtrennte, gab es dort ausschließlich Beuteltiere und kein einziges Plazenta-
tier.

– *Als die Kontinente sich voneinander trennten, änderten
sich auch die damaligen Meeresströmungen und das Klima.
Haben sich die Arten an diese neuen Bedingungen angepasst?*

– Einige sind verschwunden, andere haben
überlebt, indem sie sich weiterentwickelten. In der
Epoche, in der Australien und die Beuteltiere von
den anderen Kontinenten getrennt wurden, hat
sich der Südpol, an dem bis zu dieser Zeit ein mil-
des Klima herrschte, extrem abgekühlt. Der größte

Teil der Fische ist daraufhin verschwunden. Nur eine Linie, die Nototnenioidae, die sich an die Kälte angepasst haben, indem sie in ihrem Innern eine Art Frostschutz produzierten, hat überlebt. Jede Art überlebt eben so gut sie kann.

DIE ERSTEN VERRÜCKTEN FLIEGER

– *Während sich die Säugetiere auf dem Land entwickeln, spielt sich noch eine andere Eroberung ab: die des Himmels ...*

– Ja. 150 Millionen Jahre nach den Insekten erfinden auch die Reptilien das Fliegen, so zum Beispiel die Flugsaurier (Pterosauria), von denen einige eine Spannweite von 15 Metern erreichen. Sie besitzen zwar keine Federn, dafür aber Häute, die sich wie bei den Fledermäusen zwischen den Fingern spannen. 50 Millionen Jahre nach dem Auftauchen dieser fliegenden Reptilien, die sozusagen Segelflieger waren, erscheinen die ersten Vögel. Etwas später taucht dann das einzige fliegende Säugetier auf: die Fledermaus. Sie ist auch als Chiroptera oder Fledertier bekannt, und es gibt davon heute knapp 1000 Arten.

– *Stammen die Vögel von den fliegenden Reptilien ab?*

– Nein, sie gehen auf eine Gruppe von Fleisch fressenden Zweibeinern zurück, zu denen auch der furchterregende Tyrannosaurus mit den messerscharfen Zähnen gehörte. Die Vorfahren der Vögel waren kleine, sehr lebhafte Tiere, die mit der Zeit ein Federkleid ausbildeten. Die ältesten Spuren weisen auf den Archaeopteryx hin, einen Vogel, der 1861 von Arbeitern in einem bayrischen Steinbruch entdeckt wurde. Der Ton, der den Vogel konserviert hat, stammt aus dem Jura, das heißt, er ist 150 Millionen Jahre alt. Der Archaeopteryx war etwas größer als eine Taube, hatte einen Schwanz wie eine Echse, der jedoch mit Federn bedeckt war, ein Gebiss und Klauen an den Flügelkanten, was auf seinen Ursprung als Reptil hinweist.

— *Ein seltsamer Vogel!*

— Das kann man wohl sagen. Die Schuppen, die auch heute noch die Füße der Vögel bedecken, weisen auf die enge Verwandtschaft zwischen ihnen und den Reptilien hin. Der Archaeopteryx diente lange Zeit als einer der schlüssigsten Beweise für die Existenz dieser engen Verbindung. Dann hat man vor kurzem in China und in der Mongolei Versteinerungen gefiederter Dinosaurier gefunden, deren Größe von der eines Adlers bis zu einer zwei Meter großen Art reichte. Hier ist man wieder einmal mit einem Schema der Evolution konfrontiert, das nicht linear verläuft, sondern eher an ein Mosaik erinnert: Einige Fossilien besitzen Vogelflügel und Dinosaurierschwänze, andere dagegen haben einen verkürzten, gefiederten Schwanz.

— *Sind die älter als der Archaeopteryx?*

— Ja, ungefähr 200 Millionen Jahre. Man muss sich eine Gruppe von laufenden Dinosauriern vorstellen, deren Glieder und Schwanz mit Federn bedeckt sind, so den berühmten Oviraptor (eine Strauß-Echse) und den Archeoreptor, furchterregende Räuber, die Echsen und Säugetiere jagten. Einige von ihnen konnten mit Sicherheit besser fliegen als der Archaeopteryx.

— *Warum haben die Vögel überhaupt mit dem Fliegen begonnen?*

— Zunächst einmal hat ihnen das Fliegen die Möglichkeit gegeben, sich vor Räubern in Sicherheit zu bringen und andere Territorien zu erobern.

Bevor unser heutiger Wanderfalke zum Beispiel Spitzengeschwindigkeiten von 360 km/h erreichen konnte, musste erst einmal ein langer Prozess ablaufen, der letzten Endes zum Fliegen führte. Man geht davon aus, dass die kleinen Saurier zunächst versuchten, so schnell wie möglich zu laufen.

– *Und die Federn? Warum sind die entstanden?*

– Sie haben sich modifiziert und dabei spezialisiert. Natürlich bekamen die Schwungfedern, also die Federn der Flügel und des Schwanzes, eine Bedeutung, weil sie beim Fliegen zum Steuern und zum Ausgleichen der Luftströmungen, bei der Landung zum Bremsen und natürlich beim Start gebraucht wurden. Einer anderen Hypothese zufolge sollten sie als Schutz vor der Kälte dienen, vor allem bei den Jungen. Stellen Sie sich einmal einen jungen, mit Daunen bedeckten Tyrannosaurus Rex vor: Ein solches Küken hätte einem Angst gemacht. Es ist aber auch möglich und wahrscheinlich, dass die Federn einen bestimmten Zweck bei der Balz des Männchens erfüllten. Die Liebe verleiht ja bekanntlich Flügel. Man kann sich auch vorstellen, dass die Federn der Einschüchterung dienen sollten, man sträubte sie, um den anderen zu beeindrucken.

– *Die Federn sind also modifizierte Schuppen der Reptilien.*

– So ist es. Sie bestehen aus dem gleichen Keratin wie das Fell, die Hufe, die Nägel oder die Klauen. Diese Substanz besteht ihrerseits aus einem der Hauptanteile des Eiweiß, dem Cystein. Es ist jedoch unmöglich, dass ein Tier eine derart große Menge dieser Substanz, wie sie zur Bildung des Federkleides benötigt wurde, auf Kosten des restlichen Körpers entwickelt. Nur durch eine entsprechende

Nahrung, die diese Substanz im Überfluss enthält, konnte das ausgeglichen werden.

– *Und wo finden wir diese wunderbare Substanz?*

– Echsen, Eier, Säugetiere und Insekten sind die Lieferanten, und es gab sie damals im Überfluss. Der kleine Saurier musste allerdings sehr schnell laufen, um sie fangen zu können…

– *… sodass er sich eines Tages in die Lüfte erhob?*

– Ungefähr so muss es gewesen sein. Man findet das für die Bewegungsenergie notwendige Fett überdies nur bei den Insekten und nicht bei den Pflanzen, denn das Fliegen kostet bedeutend mehr Energie als jede andere Aktivität. Stellen Sie sich einmal vor, wie viel Energie eine Seeschwalbe, die Entfernungen von über 20000 Kilometern zurücklegt, verbraucht. Oder denken Sie an die Leistung eines Kolibris, der kaum größer ist als eine Hummel, pro Sekunde aber 50 Flügelschläge macht und 100 km/h schnell fliegen kann. Oder nehmen wir den Albatros, dessen Flügel eine Spannweite von über drei Metern haben und der erst eine ziemlich lange Strecke laufen muss, um überhaupt abheben zu können. Da mussten die Vogel-Dinosaurier erst einmal hinkommen, bevor sie ihre ökologischen Nischen in den Bäumen erobern konnten.

ALS DIE WALE NOCH HUNDE WAREN

– *Die Evolution musste sich schon etwas einfallen lassen, nicht wahr?*

– Die Natur hört nicht auf, alles Mögliche auszuprobieren. Zunächst einmal waren die Lungen der Vögel in der Lage, den Gasaustausch bedeutend besser zu bewerkstelligen als die der Säugetiere.

Und dann bekommen sie auch noch hohle Knochen. Das Mark wurde irgendwie durch eine Art Luftsäcke ersetzt. Das Ergebnis war eine bessere Sauerstoffzufuhr und ein geringeres Gewicht, was die Vögel schließlich zu ihren erstaunlichen Leistungen befähigt.

Eines der größten fliegenden Reptilien der Kreidezeit war der Quetzalcoatlus, dessen Spannweite über 15 Meter betrug, der aber trotzdem nur 15 Kilo wog. Seine Flügel waren nicht nur »pneumatisiert«, sondern völlig hohl. Es sind nur noch Röhren mit hauchdünnen Wandungen.

– *Das Fliegen mit Flügelschlagen oder der Gleitflug mit zwei Flügeln sind jedoch nicht die einzigen Methoden, die es gibt.*

– Das ist richtig. Wir finden noch andere Anpassungsleistungen. Es gibt zum Beispiel Echsen, wie den asiatischen Flugdrachen, der sich von einem Baum herunterfallen lässt, an beiden Seiten des Körpers eine Membran entfaltet, sodass er gleiten kann, was an die Art des Fliegens unserer Raptoren erinnert. Die australischen und nordamerikanischen Flug- oder Gleithörnchen lassen sich nach der gleichen Methode von Baum zu Baum gleiten, ebenso bestimmte Frösche, Beuteltiere oder Reptilien wie die Goldschlange (Chrysopelea ornata), die über einen Meter lang wird. In Südostasien gibt es ebenfalls fliegende Lemuren, die eng mit unseren Primaten verwandt sind. Im Ozean gibt es sogar den so genannten Schwalbenfisch oder fliegenden Fisch, den Exozet (Exocoetus), der mit seinen übergroßen Flossen über dem Wasser zu fliegen scheint, oder den Beilbauchfisch, den man in den Flüssen Südamerikas findet. Um die Insekten zu fangen, von denen er sich ernährt, schlägt er mit den Brust-

flossen und kommt so auf die Wasseroberfläche,
genau wie es kleine Vögel machen.

   – *Welcher Erfindergeist. Man hat den Eindruck, als würde
die Evolution immer gleich mehrere Wege der Anpassung an-
bieten.*

   – Genau so ist es. Es gibt viele Arrangements mit
dem Leben, die sich aus allen möglichen Kombina-
tionen ableiten lassen.

   – *Und die Evolution kennt keinen Weg zurück?*

   – Niemals. Die Hühner werden nie wieder Zähne bekommen.

   – *Aber die Wale waren doch ursprünglich Landtiere, die
dann ins Wasser zurückkehrten, während die Wirbeltiere Millionen Jahre benötigten, um aus dem Wasser an Land zu
gehen.*

   – Aber das war keine Umkehrung der Evolution,
sondern der Druck der Umwelt. Er hat sie gezwungen, ins Meer zurückzukehren. Die Vorfahren der
Wale, die eng mit den heutigen Fleischfressern verwandt sind, begannen vor 55 Millionen Jahren, im
Wasser zu planschen. Der Mesonyx, ein Vertreter
der Familie, zu der auch die Wale gehören, erinnert
an eine Hyäne. Er hat lange Zeit an der Küste gelebt
und ist ins Wasser gegangen, um Fische zu fangen.
Fünf Millionen Jahre später erscheint ein erstes
amphibisches Säugetier. Die Füße haben sich nach
außen gestellt, die Nasenlöcher haben sich auf die
Oberseite des Schädels verlagert und die Trommel-
felle haben sich modifiziert. Vor 40 Millionen Jahren
tauchen dann schließlich zwei Arten von Walen auf:
der eine mit Barten wie die Blauwale und der andere
mit Zähnen wie ein Pottwal. Insgesamt hatten die
Wale eine Zwischenform. Sie konnten gleichzeitig
auf dem Land und im Wasser leben, ähnlich wie der
heutige Seelöwe, der mit den Fleischfressern ver-

wandt ist. Er hat sich so sehr an das Leben im Wasser angepasst, dass sich seine vier Gliedmaßen in Flossen verwandelten. Der Wal hat seine hinteren Gliedmaßen verloren, aber auf der Höhe der Brustflossen seine Fingerglieder und Reste eines Beckengürtels behalten. Er besitzt Lungen und muss zum Atmen auftauchen. Sein Organismus erlaubt es ihm, eine Viertelstunde lang unter Wasser zu bleiben, bis zu einer Tiefe von 500 Metern.

   – Genau so wie die Zähne für die Hühner nur mehr ein Souvenir sind, werden auch die Meeressäuger niemals mehr ihre Kiemen zurückbekommen.

   – So ist es. Die Gene, die für ihre Bildung verantwortlich waren, sind für immer verschwunden. Die Entwicklungsgenetik basiert auf einem kumulativen Prozess, und der läuft unwiderruflich nur einmal ab.

   – Die Riesen sind jedenfalls noch nicht völlig verschwunden.

   – Wale und Elefanten sind ein Beispiel dafür. So erreicht die Riesen-Seespinne, die im Meer lebt, von Bein zu Bein eine Spannweite von 5,80 Metern. Diese Arten beeindrucken uns, genau wie die Dinosaurier. Wir dürfen jedoch nicht vergessen, dass der Mensch eines der größten Säugetiere ist: 99 Prozent der Arten sind kleiner als wir. Unter den heute lebenden 200 Primaten – zu denen wir zählen – sind nur die Gorillamännchen schwerer. Aber auch sie sind nicht größer als wir.

DIE MINIPFERDE

– Arten tauchen auf, verschwinden wieder, verändern sich, spielen auf allen möglichen Ebenen eine Unzahl von Möglich-

keiten durch, so als verfolge die Evolution einen bestimmten Zweck…

– Nein. Sie folgt zwar einem bestimmten Plan im Hinblick auf eine hierarchisch gegliederte Organisation, aber der Mensch war nie »geplant«, genauso wenig wie der Tyrannosaurus, der Elefant oder die Küchenschabe. Die Natur bietet stets eine außergewöhnlich große Vielfalt an, aufgrund derer die neuen Merkmale erscheinen können. Das Bedürfnis, blind an einen göttlichen Plan zu glauben oder an ein »Leitprinzip«, das uns für die Spitze einer angenommenen Hierarchie »vorgesehen« hat, lässt uns oft vergessen, dass wir die letzten Hominiden auf dem Planeten der Affen sind, genauso wie die Pferde die letzten Vertreter der Equiden sind.

– *Da wir gerade davon reden: Ist die Evolution des Pferdes eigentlich abgeschlossen?*

– Nein. Ursprünglich war es ein kleines Tier mit fünf Zehen, kaum größer als ein Pudel. Heute ist es das Musterbeispiel eines Vierbeiners, der zum Laufen geschaffen ist. Die zahlreichen Fortbewegungsmöglichkeiten der Equiden sind das Ergebnis einer Evolution und Diversifikation, die sich über 50 Millionen Jahre erstreckt. Wenn man einmal einen kurzen Blick auf das winzige Eohippus wirft, ein Tier aus dem Eozän vor 50 Millionen Jahren, und es mit dem heutigen Pferd vergleicht, denkt man sofort, dass die Evolution sich in Richtung auf eine größere Komplexität und Effizienz, zum Größeren und zur Spezialisierung hin entwickelt. Aber damit hat man Unrecht, denn die Evolution ist nicht mit einem Pferderennen zu vergleichen, wo es in direkter Linie vom Start zum Ziel geht.

Manche Leute bemühen sogar die Vorsehung

und glauben, der Zwischenraum zwischen den Zähnen an einer bestimmten Stelle im Kiefer der Pferde sei entstanden, damit man dort die Trense einlegen kann.

– *Wenn man den Stammbaum der Evolution der Pferde betrachtet, muss man da nicht auf den Gedanken kommen, dass wie bei allen Arten, mit denen wir es im Lauf unserer Geschichte zu tun hatten, alle Variationen, die möglich oder vorstellbar sind, vorkommen?*

– So ist es. Wenn man den Eindruck hat, dass die Evolution zwangsläufig zu unserem heutigen Pferd führen musste, dann hängt das ganz einfach nur damit zusammen, dass sie die letzten Überlebenden einer einst florierenden Gruppe sind. Es ist gerade einmal drei Millionen Jahre her, also zur Zeit des Australopithecus (Lucy), dass das Hipparion, Vetter des heutigen Pferdes, das drei Zehen besaß, in den Savannen umhergaloppierte. Wäre das Pferd, das wir heute kennen, nicht dem Menschen begegnet, wäre es von den Boviden verdrängt worden. Und für die Menschen gilt das Gleiche. Vor 20 Millionen Jahren lebten die Vorfahren der Menschen, also die Hominoiden, in den Wäldern Afrikas, wo sie blühten und gediehen. Die Cercopithecoidae oder Hundsaffen existierten praktisch nicht, es gab zu Beginn des Miozän nur zwei Arten. Heute gibt es dagegen über 80 Arten, während die Hominioden, zu denen wir zählen, es gerade einmal auf fünf Arten bringen. Das ist wenig. So sieht der Erfolg des Menschen aus, wenn man ihn mit der Erfolgsgeschichte der Affen vergleicht.

ZERSTÖRERISCHE UMWELT

– *Wenn man uns etwas über die Geschichte des Lebens erzählt, konzentrieren wir uns praktisch ausschließlich auf das Neue und vergessen den Rest.*

– Das stimmt. Als die Amphibien an Land gingen, glaubte man, dass es sich um etwas völlig Neues und im Vergleich zu dem bisher Entdeckten um ein hoch entwickeltes Wesen handele. Dabei vergaß man die Fische, die bis zum heutigen Tag nicht aufgehört haben, sich in großer Vielfalt weiterzuentwickeln. Den größten Erfolg der Evolution der Wirbeltiere haben die Fische mit 20000 noch lebenden Arten. Ähnlich sieht es bei den Bakterien aus: Sie waren die ersten Lebensformen und beherrschen im Hinblick auf ihre Biomasse noch heute die Natur. Wir stellen uns die Umwelt als eine schöpferische Instanz vor.

– *Ist das falsch?*

– Aber sicher. Die Umwelt ist in Wirklichkeit zerstörerisch. Sie verbringt ihre Zeit damit, an der Vielfalt zu arbeiten.

– *Der Gedanke einer natürlichen Auslese ist also immer noch aktuell?*

– Ein klassisches Beispiel dafür sind die Kaktusfinken auf den Galapagos-Inseln. Im Jahre 1977 herrschte dort eine große Dürre, und die Nahrung wurde so knapp, dass viele Kaktusfinken starben, weil sie weder Körner noch Früchte oder Insekten finden konnten. Im darauf folgenden Jahr konnte man feststellen, dass die Schnäbel der Finken, die überlebt hatten, größer und kräftiger waren.

– *Warum diese Veränderung des Schnabels?*

– Die natürliche Auslese hat einfach nur jene begünstigt, die in der Lage waren, hinter den Baumrinden Insekten zu finden, die harte Körner aufpicken und die festen Schalen von Früchten knacken konnten. Ein weiteres Beispiel: Im Pazifik hat der Einsatz von Netzen, die man beim Fang großer Fische benützte und deren Maschen so weit waren, dass kleinere Fische hindurchschlüpfen konnten, dazu geführt, dass die Fische mit der Zeit immer kleiner wurden. Der Druck der Umwelt hat diese Modifikation bewirkt und zur Entstehung einer neuen Art geführt. So etwas kann sich in relativ kurzer Zeit abspielen.

– *Man ist also weit von der Theorie der Unveränderlichkeit der Arten entfernt.*

– Die Beobachtungen, die Naturwissenschaftler wie beispielsweise Buffon im 18. Jahrhundert machten, haben bei der Zurückweisung solcher althergebrachten Ideen eine große Rolle gespielt. Die Wissenschaft musste sich gleichzeitig von der Theorie der spontanen Entstehung verabschieden, die sehr lange Zeit vorgeherrscht hatte. Von der Antike bis zur Mitte des 17. Jahrhunderts war man praktisch fest davon überzeugt, dass die Insekten, die Mäuse und die Kröten spontan aus dem Schlamm, dem Dung oder aus dem Schlick entstanden seien. Der Italiener Francisco Redi war 1668 einer der Ersten, der diese Vorstellung als falsch zurückwies. Er konnte zeigen, dass Maden aus den Eiern entstehen, die Fliegen abgelegt haben.

– *Im 19. Jahrhundert hat Darwin dann alles verändert.*

– Ja. Er hat die Vorstellung von einer Ordnung der Welt erschüttert und Front gemacht gegen die Bewahrer der alten Lehre, indem er die Existenz der allgemeinen Gesetze der natürlichen Auslese nachweisen konnte. In einer Zeit, die stark durch die Religion geprägt war, hat ihm allein die Zurückweisung des Gedankens, dass hinter der Entstehung der Arten einschließlich des Menschen eine höhere Instanz stehe, erhebliche Schwierigkeiten bereitet. Es gibt auch heute noch Diskussionen darüber, und die Forschungsergebnisse Darwins sind in unserer Zeit nach wie vor aktuell. Ihm verdanken wir die Entdeckung der Tatsache, dass die verschiedenen Lebewesen das Produkt von Veränderungen sind, die seit den gemeinsamen Vorfahren stattgefunden haben.

   – *Und letzten Endes die Entdeckung der fantastischen Wechselbeziehung zwischen dem Individuum und seiner Umwelt?*

   – Das ist richtig. Das Leben hat die Erde verändert, der es seine Entstehung verdankt. Man hat das zum Beispiel am Freiwerden des Sauerstoffs in der Atmosphäre gesehen. Seitdem haben diese Wechselbeziehungen nicht aufgehört, sich zu verzweigen. Das ist ein bisschen so, als ob man einen Baum hinaufklettert: Das Geflecht des Blattwerks wird immer dichter.

DIE ROTE KÖNIGIN

   – *Hat das Leben die Koevolution »erfunden«?*

   – Ich weiß nicht, ob »erfinden« das richtige Wort ist, aber es ist klar, dass die parallele Evolution verschiedener Arten zur Entstehung bestimmter Formen von Beziehungen geführt hat, die absolut speziell sind.

   – *Eine Art Pakt?*

   – Genauer gesagt, eine Symbiose.

   – *So wie die Bakterien in unseren Eingeweiden?*

   – Oder wie das sensible Gleichgewicht, das sich zwischen den Pflanzen und den Tieren eingestellt hat. Die Pflanzen »verführen« die Insekten, die Säugetiere und die Vögel mit ihrem Duft, ihren Formen, ihren Früchten und Farben, damit sie sie fressen und anschließend ihre Samen in der Natur aussäen. So wird der genetische Fluss ihrer ursprünglichen Population gefördert.

– *Und als Gegenleistung bieten sie den Tieren Nahrung.*

– Ja. Im Norden Brasiliens gibt es eine Wüsten-Eidechse (Tropidorus torquatus), die sich von den Früchten eines bestimmten Kaktus (Melocatus violaceus) ernährt. Die Existenz dieser Pflanzen ist für das Überleben dieses Tieres absolut notwendig. Aber es ist andererseits auch so, dass die Samen des Kaktus erst keimen können, wenn sie den Verdauungstrakt der Eidechse passiert haben. Tatsächlich hat es eine solche Koevolution von Anfang an gegeben. Die ersten Organismen, die im Wasser lebten, schützten sich mit einem Panzer vor den Räubern. Aber die hatten ihrerseits Zangen, die effizient genug waren, um die Panzer ihrer Beute zu knacken. So ist das immer mit dem Wettrüsten.

– *Die Geschichte der Tiere gleicht einem ewigen In-Frage-Stellen.*

– Das Leben ist dynamisch und ständigen Veränderungen unterworfen. Es ist die Geschichte der roten Königin aus der Erzählung »Through the Looking-Glass« von Lewis Carroll. Die Herzkönigin sagt zu Alice: »Mein Kind, du musst so schnell laufen, wie du kannst, damit du an deinem Platz bleibst.« Wenn man das auf die Geschichte der Evolution der Tiere bezieht, dann bedeutet das, dass der Konkurrenzkampf auch dann weitergeht, wenn die Umwelt sich nicht verändert. Wenn bestimmte Individuen einer Population derselben Art neue

Merkmale entwickeln – und das passiert ständig –, verändern sie das Gleichgewicht der ökologischen Gemeinschaft, und das wirkt sich auch auf andere Populationen aus. Es begünstigt allerdings bestimmte Individuen im Vergleich zu anderen. Man muss also laufen, um an seinem Platz zu bleiben…

3. Szene: Kinder der Sexualität

Jetzt besiedeln die Säugetiere den Planeten. Unter ihnen befindet sich eine Gruppe von Insektenfressern mit spitzer Nase und krallenbewehrten Fingern, die in den Bäumen leben. Sie sind die Vorfahren der Primaten. Ein weiteres Kapitel in der Geschichte der Tiere beginnt mit dem Vordringen seltsamer Affen, unserer Vorfahren.

SCHÖPFERISCHE SEXUALITÄT

– Als das Leben auf der Erde entstanden war, gab die Mobilität den Lebewesen die Möglichkeit, neue Territorien zu erobern. Später diente ihnen die Sexualität zur Vermehrung der Arten.

– Ja. Die Sexualität, entstanden am Beginn des Lebens, hat die Verbindung neuer Gene mit günstigen Mutationen ermöglicht, und daraus entstand die Vielfalt der Arten und Individuen.

– Aber die geschlechtliche Fortpflanzung war doch nicht die einzige Art der Vermehrung, oder?

– Man kannte bereits die Zellteilung der Einzeller, also des größten Teils der Bakterien oder der Amöben, die sich buchstäblich klonen, indem sie sich in zwei Teile teilen. Oder auch die Knospung der Algen und Korallen. Zahlreiche Tiere wie beispielsweise die Wespen oder die Weibchen der Blattläuse besitzen ebenfalls die Fähigkeit, sich fortzupflanzen und Nachkommen zu erzeugen, ohne sich zu paaren. Bei den Blattläusen taucht die Sexualität mit der ersten Herbstkälte wieder auf.

– *Warum?*

– Weil die Umwelt nicht mehr stabil ist und die befruchteten Eier der Kälte besser widerstehen können. Wenn nicht jede Art im Wettbewerb mit den anderen stünde und in einer absolut stabilen Umwelt lebte, würde zweifellos die Jungfernzeugung (Parthenogenese) dominieren. Aber es gibt immer wieder etwas, das nicht stimmt, und die Sexualität hat die Aufgabe, sicherzustellen, dass das Leben weitergeht. Man findet bei den Hermaphroditenarten wie den Schnecken noch eine andere Fortpflanzungsmethode.

– *Und wie pflanzen die sich fort?*

– Jedes Einzelwesen besitzt gleichzeitig zwei verschiedene Arten von Körperzellen: Die einen übernehmen die Funktion der Eizellen, die anderen die der Spermien. Damit es aber Nachwuchs gibt, muss eine Paarung stattfinden.

– *Die ungeschlechtlichen Arten haben den Gebrauch der Sexualität verloren?*

– Ja, weil die Sexualität für sie mit einem zu großen Energieaufwand verbunden war. Der Umstand, dass sie sich allein fortpflanzen können, erlaubt es ihnen, sich schneller, mit weniger Aufwand und ohne sich mit einem Männchen herumschlagen zu müssen fortzupflanzen.

– *Die geschlechtliche Fortpflanzung ist zwar nicht die einzige, aber sie wird in Zukunft die vorherrschende Methode sein. Warum hat die Evolution die Arten bevorzugt, die sich geschlechtlich fortpflanzen?*

– Um genau diesen Arten die Möglichkeit zu geben, sich im Falle einer größeren Veränderung der Umwelt anzupassen: Versiegen einer Nahrungsquelle, Klimaveränderungen, Parasitenbefall usw. Die ungeschlechtliche Fortpflanzung begünstigt zweifellos die Vermehrung der Einzelwesen. Wenn es jedoch zu einer Veränderung der Umweltbedingungen kommt, ist das Entstehen einer geeigneten Mutation dem Zufall überlassen, und so etwas dauert lange. Bei der geschlechtlichen Fortpflanzung stabilisiert sich dagegen eine bestimmte Mutation und verbreitet sich schneller.

DIE RISIKEN DER LIEBE

– *Diente die Sexualität, der Motor des Lebens, auch dazu, soziale Bindungen zwischen den Partnern herzustellen?*

– Mit Sicherheit. Sie hat zum Beispiel bei den Männchen die Entwicklung der Toleranz und Hilfsbereitschaft begünstigt.

– *Die Sexualität machte es notwendig, dass die Tiere einander näher kamen, um ihre Geschlechtszellen austauschen zu können. Dazu brauchten sie aber Geschlechtsorgane.*

– Ja. Der Penis ist aus der Anpassung an die Umwelt auf dem Festland entstanden. Er schützt die Gameten vor dem Austrocknen. Die Spermatozoen sind sehr empfindlich, ihr Überleben hängt von der Temperatur ab. Das ist auch der Grund, warum sich die Hoden außerhalb des Körpers befinden. Darüber hinaus sichert das Eindringen des Penis in die Vagina das Überleben der Spermien in optimaler Weise.

– *Und was machen die, die keinen Penis haben?*

– Es gibt zahlreiche Strategien. Sie legen ihr Sperma irgendwo auf der Erde, auf Zweigen, Blättern oder im Wasser ab. So begegnen sich beispielsweise die männlichen und weiblichen Quallen nie. Das Weibchen legt seine Eizellen im Wasser ab, die dann ein Pheromon absondern, das die Spermien der Männchen anlockt.

– Damit es zur Penetration kommen kann, muss sich ein
Paar zuerst einmal bilden. Woher stammen all die Hochzeits-
rituale, die am Ende zur Vereinigung führen?

– Es gibt unter den verschiedenen Tierarten eine
große Anzahl von raffinierten Verführungsmetho-
den. Die männlichen Seeschwalben zum Beispiel,
und auch bestimmte Affen, machen ihren Auserwählten den Hof, indem sie ihnen Futter bringen,
das die Weibchen entweder verschmähen oder an-
nehmen. Bei einer Vielzahl von Vögeln hat die Me-
lodie des Gesangs der Männchen große Bedeutung.
Je komplizierter sie ist, umso größer ist seine Chance, das Weibchen zu verführen. Der australische
Leierschwanz kann mit seinem Gesang die Melo-
dien und Schreie von mindestens zehn anderen
Vogelarten, die an den Grenzen seines Reviers leben, nachahmen. Der in Neuguinea beheimatete
Laubenvogel, der mit dem Paradiesvogel verwandt
ist, sucht für sein Weibchen Schneckenhäuser, Federn, Beeren und bernsteinfarbene Harzstückchen.
Und der Stichling führt einen sagenhaften Hoch-
zeitstanz auf.

DIE GESCHICHTE DER PAARE

– Offenbar müssen die Männchen der meisten Arten bewei-
sen, dass sie ihren Rivalen überlegen sind?

– Genau. Aber in vielen Fällen haben diese Verhaltensweisen auch keinerlei Bedeutung. Die Weibchen der Rotrückensalamander in Nordamerika
treffen beispielsweise ihre Wahl, indem sie die
Qualität der Exkremente der Männchen überprüfen. Sie wählen vor allem die aus, deren Kot Termiten enthält, an die sehr schwer heranzukommen

ist, die aber nahrhafter sind als Ameisen. Man sagt, die Weibchen stellen auf diese Weise sicher, dass sie ihren Nachkommen das genetische Erbe eines starken und intelligenten Partners mitgeben. Aber solche Erklärungen erscheinen mir doch ein wenig naiv. All das hat jedoch in jedem Fall etwas mit der sexuellen Auswahl zu tun.

— *Es geht also wieder einmal um die Selektion.*

— Ja, und die besteht aus drei Komponenten. Die erste ist die Rivalität zwischen den Männchen. Wenn der Zugang zu den Weibchen ein wesentlicher Bestandteil des Konkurrenzkampfes ist, muss der Körper des Männchens massig sein beziehungsweise beeindruckende Merkmale aufweisen, um den Weibchen imponieren zu können: die Geweihe der Hirsche, die Fangzähne der Paviane … Die Männchen unterscheiden sich jedenfalls erheblich von den Weibchen. Man nennt das den Dimorphismus (Zweigestaltigkeit) der Geschlechter. Die zweite Komponente bezieht sich auf die Auswahl, die die Weibchen treffen. In diesem Zusammenhang denken wir an Formen des Imponiergehabes, Gesänge und viele andere Verführungsversuche der Männchen.

— *Wählen die Weibchen immer die Sieger der Kämpfe aus?*

— Nein, nicht unbedingt. Manchmal mischen sie sich sogar in den Streit ein, das ist zum Beispiel bei bestimmten Entenarten und bei den Affen der Fall. Und die dritte Komponente schließlich betrifft die relative Größe der Hoden: Je leichter der Zugang zu den Weibchen ist oder je zahlreicher sie sind, umso stärker stellen die Männchen ihre Hoden von erheblicher Größe zur Schau, um zu zeigen, dass sie bei jeder einzelnen Paarung mehr an Sperma be-

reitstellen können. Auf diese Weise können sie die
Erhaltung der Art am besten sichern.

– *Die Eroberung der Weibchen ist also für die Männchen
ein regelrechtes Hindernisrennen.*

– Auf diese Weise können sie ihre Zeugungsfä-
higkeit unter Beweis stellen. Wenn die Weibchen allerdings zu anspruchsvoll sind, kann es passieren,
dass das Männchen, ohne auf die Form zu achten,
mit Gewalt sofort zur Paarung schreitet. Das ist
zum Beispiel bei den Tausendfüßlern und bei den
Hummeln in den Wüsten von Südamerika der Fall,
die sich mit den kaum ausgeschlüpften Weibchen
paaren. Die Walzenspinne wirft ihre Partnerin auf
die Erde und führt ihr sofort ein kleines Säckchen
voller Spermien (Spermatophoren) in den Körper
ein. Um den Fortbestand ihrer Nachkommenschaft
zu sichern, deponieren bestimmte Insekten und
Schlangen auf der Partnerin direkt nach der Paarung eine spezielle Substanz, die sie für jeden anderen Bewerber unattraktiv macht.

– *Nett!*

– Nicht wirklich, aber sehr effizient.

– *Sich fortzupflanzen ist also nicht gerade ein großes Vergnügen.*

– Wie wir gesehen haben, muss das Männchen
eine wahnsinnige Energie aufbringen, um das Weibchen zu verführen. Aber das ist noch nicht alles. Es
muss aufpassen, dass es nicht vor Erschöpfung stirbt.
Die Männchen der Libellen und der Wanderheu-
schrecken müssen sich zum Beispiel tagelang an ihrer
Partnerin festklammern. Außerdem müssen sie noch
die Angriffe möglicher Rivalen abwehren oder sich
vor dem Appetit der Weibchen schützen. Das tragi-
sche Schicksal des Männchens der Gottesanbeterin,
das sich nach und sogar während der Paarung fressen

lässt, ist bekannt. Bei bestimmten Spinnen (Nephila) muss das Männchen, das sich auf das Netz seiner Angebeteten begibt, ständig gute Schwingungen abgeben. Tut es das nicht, wird es ohne weiteres wie jede andere Beute verspeist. Bestimmte Glühwürmchenmännchen imitieren die Lichtsignale ihrer Nachbarinnen, um Konkurrenten anzulocken und zu fressen. Die Aktionen des Männchens enden jedoch nicht immer mit der Befruchtung des Weibchens. Bei den Geburtshelferkröten zum Beispiel tragen und versorgen die Männchen die Eier, ähnlich wie das Seepferdchen, das sie aus seiner Bauchtasche ausstößt, sobald der Augenblick des Schlüpfens gekommen ist. Sowohl die männlichen Albatrosse als auch die Strauße, Kiwis und Pinguine brüten ihre Eier aus. Die Kampffische bauen das Nest und bewachen die Jungen.

– *Und was machen die Mütter derweil?*

– Sie versuchen an anderen Orten die Arterhaltung zu sichern.

– *Die Väter ziehen also die Jungen auf?*

– Sie füttern sie und ziehen sie von der Geburt an groß.

– *Das sind Beispiele, die zeigen, wie unterschiedlich die Situation der Männchen von einer Gruppe zur anderen ist.*

– Genau. Bei den Insekten haben die Männchen lediglich die Aufgabe der Zeugung. Die meisten von ihnen werden gefressen und dienen damit gegen ihren Willen als Futter für die Jungen. Und bei bestimmten Fischarten sind die Männchen sogar nur einfach Reservoire für die Spermien. Bei den Wirbeltieren, zum Beispiel bei den Vögeln und Säugetieren, haben die Männchen dagegen auch noch andere Funktionen.

– *Je höher man auf der Entwicklungsleiter der Säugetiere kommt, umso enger sind wohl die Bande zwischen den Jungen und den Weibchen, nicht wahr?*

– Je komplexer das Nervensystem wird, umso wichtiger wird die Versorgung der Jungen. Die Kraken kümmern sich intensiv um ihre Jungen, oft sogar bis an die Grenzen ihrer körperlichen Belastbarkeit. Bei den Vögeln müssen beide Elternteile abwechselnd auf dem Nest sitzen, während der jeweils andere Futter sucht. Das ist auch der Grund, warum so viele Vogelarten monogam sind. Das Engagement der Väter ist eine notwendige Bedingung für das Überleben der Jungen.

– *Und wie sieht das bei den Säugetieren aus?*

– Bei ihnen dauert die Tragzeit länger und die Abhängigkeit der Jungen nach der Geburt verstärkt die Bindungen. Im Allgemeinen kommen die Weibchen gut mit der Aufzucht ihrer Jungen zurecht, ganz gleich ob es sich um eher sozial orientierte Arten oder um Einzelgänger wie die Bären handelt. Ein Engagement der Männchen ist hier seltener anzutreffen. Monogamie kommt im Durchschnitt nur bei fünf Prozent der Arten vor. Die Tatsache, dass die Weibchen keine Eier legen, befreit die Männchen von der Verpflichtung, ihnen zu helfen. Häufig spielen sie die Rolle des Beschützers. Aber es gibt auch zum Beispiel bei den Walen, den Delfinen und den Wölfen Gruppierungen von Weibchen und Männchen, in denen sich alle um die Jungen kümmern.

– *Sind Primaten nicht häufig monogam?*

– Doch, Monogamie kommt bei 17 Prozent der Arten vor. Bedingung ist, dass die Mutter eine enge

Beziehung zum Männchen hat, sodass es seinerseits eine Bindung zu den Jungen entwickeln und
seine elterlichen Pflichten wahrnehmen kann. Abgesehen davon findet man bei den Primaten alle
sozialen Systeme, die man sich vorstellen kann.

– *Dort, wo es kaum »elterliches« Engagement gibt, dient
die Sexualität folglich nur dazu, die Eizellen zu befruchten.
Das ist also die viel gerühmte Paarungszeit?*

– Ja. Bei der großen Mehrzahl der Tiere findet
die Paarung nur zu bestimmten Zeiten statt, wenn
das Weibchen fruchtbar ist. Die sexuelle Attraktion
hängt von olfaktorischen oder akustischen Reizen
ab. So geben zum Beispiel die Elefantenweibchen,
die nur einmal alle vier Jahre an sechs Tagen fruchtbar sind, Infraschallsignale ab, um den Männchen
ihre Empfängnisbereitschaft mitzuteilen. Diese Signale sind für Elefantenohren noch in einer Entfernung von 800 Kilometern zu hören.

– *Gibt es eine Spezies, die nicht von einer solchen Frucht-
barkeitsperiode abhängig ist?*

– Bei den meisten Affen gibt es so etwas nicht,
vor allem nicht bei den Arten, deren sexuelles Verhalten dem der Menschen ähnelt. Außerdem kann
hier die sexuelle Stimulation visuell erfolgen, genau
wie bei uns. Man hat Schimpansen beobachtet, die
beim Betrachten einer Fotografie der Vulva eines
brünstigen Weibchens in Erregung gerieten.

DAS »SCHWACHE« GESCHLECHT

– *Die Sexualität drückt sich also bei den verschiedenen Affenarten unterschiedlich aus?*

– Ja, ihre Ausprägung ist von den gesellschaftlichen Strukturen einer jeden Art abhängig. Gibbons

sind monogam, ebenso bestimmte südamerikani-
sche Affenarten (Tamarin-Affen, Pinseläffchen). Die
Orang-Utan-Männchen sind dagegen absolute Junggesellen, leben die meiste Zeit allein und begegnen
den Weibchen nur, um sich mit ihnen zu paaren. Die
Gesellschaft der Mantelpaviane funktioniert nach
dem Prinzip »Harem«: Ein Männchen ist dominant
und paart sich in der Regel mit bis zu sieben Weibchen. Bei den Makakenaffen paaren sich Weibchen
und Männchen mit mehreren Partnern.

   *– Unterhalten die Weibchen in solchen Gruppen, in denen
es mehrere Männchen gibt, Beziehungen zu einem Männchen
auch außerhalb der fruchtbaren Periode?*

   – Absolut. Man könnte fast von freier Liebe
sprechen.

   *– Und kommen die Weibchen in den »Harems« problem-
los mit nur einem Männchen zurecht?*

   – Es sieht so aus. Seltsamerweise ist jedoch zu
beobachten, dass sie von der Anwesenheit der
Junggesellen profitieren, die am Rande ihrer Gruppe leben und ständig kommen und gehen. Diese
Männchen verführen sie zum Scherz und machen
ihnen Geschenke. Das Ganze ist ein sehr langer
Prozess, der damit endet, dass das Weibchen sich
revanchiert und sich mit ihrem »Liebhaber« unter
den Augen des dominanten Männchens paart. Man
hat bereits Vaterschaftstests in diesen Gruppen gemacht. Eines von zwei Jungen stammt von einem
dieser Freier. Der Betroffene hat es nie erfahren.

   *– Das heißt, die Weibchen machen im Grunde, was sie
wollen.*

   – Ganz gleich, ob es sich um eine matriarcha-
lische Gesellschaft oder um einen »Harem« handelt, die Weibchen sind alles andere als gehorsam
oder unterwürfig. Sie suchen sich ihren Sexualpart-

ner selbst aus und laden ihn ein. Sie führen sehr gekonnt beim Tanz. Die Pavianweibchen sorgen dafür, dass das Männchen ihnen möglichst lange den Hof macht. Bei den Schimpansen wissen die Weibchen nur zu gut, wie sie ihren Charme einsetzen müssen. Die Makaken-Weibchen paaren sich mit mehreren Männchen. Es sieht so aus, als wollten sie den verschiedenen Männchen weismachen, dass sie der Vater ihres zukünftigen Sprösslings seien, um so ihr Wohlwollen zu gewinnen. Man ist überrascht, wie groß die sexuelle Toleranz und Freiheit dieser Tiere ist.

– *Wenn man Sie so hört, könnte man meinen, dass die Paarung nicht allein der Fortpflanzung dient.*

– Das stimmt. Die Sexualität ist ein wichtiges Element des gesellschaftlichen Lebens, sie festigt die Beziehungen zwischen den einzelnen Mitgliedern der Gruppe und trägt dazu bei, dass Konflikte entschärft werden. Bei zahlreichen Affenarten findet die Paarung das ganze Jahr über statt, egal in welcher Phase des Zyklus sich das Weibchen gerade befindet. Bei den Bonobos, das sind Zwergschimpansen, können sich beide Partner bei der Paarung ansehen und es kommt bei ihnen zum Austausch sexueller Zärtlichkeiten. Hier spielt die Sexualität die Rolle eines sozialen Faktors. Bei diesen Tieren ist die Abkopplung der Sexualität von der bloßen Funktion der Fortpflanzung weiter gediehen als bei den Menschen.

BRUDER TIER

– *Es gibt also keinen radikalen Bruch zwischen der Sexualität der Menschen und der der Tiere?*

– Das Verlangen nach Lust, die sexuelle Erregung, die abhängig ist von der Konzentration der abgegebenen androgynen Hormone, die jedem Individuum zu Eigen sind, all das teilen wir mit den Tieren. Es ist jedoch auch klar, dass die psychologischen Dimensionen, die in Zusammenhang mit der Fantasie und der jeweiligen Kultur stehen, beim sexuellen Verhalten des Menschen eine große Rolle spielen. Aber auch der Lauf der Geschichte und die Umwelt, in der jeder Einzelne lebt, haben einen erheblichen Einfluss. Der Mensch ist ein Kulturwesen. Wir haben mentale Vorstellungen und Tabus. Aber die Bonobos machen uns auf dem Gebiet der Liebe ganz schön Konkurrenz.

– *Wir sind also den Affen bedeutend näher, als wir denken?*

– Obwohl man bereits nach dem Zweiten Weltkrieg den genetischen Code erforscht hat, dauerte es noch bis zum Ende der siebziger Jahre, bevor man ein fundierteres Wissen über die Ähnlichkeiten und Unähnlichkeiten zwischen unserer DNS (das ist der Chromosomenbestand, der die Erbanlagen eines jeden Organismus festlegt) und der der Affen erworben hatte. Inzwischen weiß man, dass 98,4 Prozent unserer menschlichen DNS mit der der Schimpansen übereinstimmt. Bei den Gorillas sind es 97,7 Prozent. Diese Ergebnisse legen den Schluss nahe, dass wir und die Affen einen gemeinsamen Vorfahren haben, der 99 Prozent seines genetischen Erbes an seine Nachkommen weitergegeben hat. Diese vergleichenden Untersuchungen haben gezeigt, dass Mensch und Schimpanse aus der gleichen Familie der Hominiden hervorgegangen sind, zu der außerdem der Gorilla und der Orang-Utan gehören. Alle diese Arten, einschließlich des Menschen, stammen von ein und demselben Vorfahren ab, einem Hominiden.

– *Die Evolution hat also auf diese Weise ein kontinuierliches Band zwischen den Primaten, den Hominiden und den Menschen geknüpft. Können wir denn hoffen, dass wir eines Tages das berühmte »missing link«, also das fehlende Glied in der Kette, finden werden?*

– Dieses fehlende Glied ist nichts anderes als ein Hirngespinst: Es existiert nicht. Die Primaten haben sich vor etwa 55 Millionen Jahren von den anderen Säugetieren abgesetzt. Die Vorfahren aller Affen tauchen vor etwa 35 Millionen Jahren auf. Die Familie der Hominoiden erscheint erst 10 bis 14 Millionen Jahre nach der Entstehung dieser beiden deutlich voneinander unterschiedenen Gruppen, am Anfang des Miozän: der Hundsaffen und der Hominoiden, die vor allem in den Wäldern Afrikas lebten. Sie bildeten eine Gruppe, in der die gemeinsamen Vorfahren des Menschen und der heutigen Menschenaffen zu finden sind.

– *Der Gedanke eines gemeinsamen Vorfahren hat noch vor 150 Jahren viele Menschen schockiert.*

– Und das erklärt auch, warum es das Prinzip der Evolution so schwer hatte, sich durchzusetzen. Bei der Differenzierung Affe/Mensch dürften sich die Versuche der Evolution in einer bedeutend komplexeren Manier abgespielt haben, als wir uns das heute vorstellen können. Wir waren daher auch nicht überrascht, als uns die Daten, die wir aus den Fossilien ableiten konnten, ein Mosaik von Menschenaffen boten, die alle mehr oder weniger auf zwei Beinen gingen, mehr oder weniger Allesfresser waren und vor fünf bis einer Million Jahren an den Rändern der Wälder Afrikas lebten.

– *Wem ähnelt der älteste Primat, den wir kennen?*

– Im ersten Teil des Tertiär herrscht wieder einmal ein feuchtwarmes Klima. Blühende und Früchte tragende Pflanzen wachsen in den riesigen Wäldern, die alle Kontinente bedecken. Für die Vögel und die Säugetiere ist das ein Paradies. Unter den Säugern entwickelt sich eine große Gruppe, die sich an das Leben auf den Bäumen angepasst hat: die Archonta, zu denen die Primaten gehören. Wir sind Kinder der Bäume, Früchte und Blüten. Der älteste Primat ist der Altiatlasius von Marokko, der vor ungefähr 50 Millionen Jahren gelebt hat. Es handelt sich dabei um einen kleinen Insektenfresser, der weniger als 200 Gramm wog und den heutigen Spitzhörnchen ähnelt. Sehr schnell entwickelt er sich in unterschiedlichen Größen, bekommt Fingernägel und schwingt sich mühelos von Ast zu Ast.

– *Wann tauchen die ersten modernen Affen auf?*

– Vor ungefähr 35 Millionen Jahren, und zwar in den tropischen Regionen. Die Primaten, die sich bis zu dieser Zeit bis zur nördlichen Hemisphäre ausgebreitet hatten, waren durch die starke Abkühlung während einer massiven Klimaveränderung eliminiert worden. Das ist der große Einschnitt, ein weiteres Aussterben, das durch einen massiven Temperatursturz ausgelöst wurde. Die archaischen Säugetiere verschwinden und werden durch andere Entwicklungslinien ersetzt, die sich sehr schnell diversifizieren. Unsere Affen besetzen alle ökologischen Nischen und leben in Gruppen, unter anderem um sich besser vor Raubtieren schützen zu können. Das Leben auf den Bäumen führt mit der Zeit zur Entwicklung von Greifhänden. Der Daumen kann den anderen Fingern gegenübergestellt werden, was sehr praktisch ist:

Man kann so besser klettern, Insekten und Früchte fassen und fressen.

– *Die Art der Affen teilt sich noch weiter?*

– Die Vorfahren der großen schwanzlosen Affen, wie die Schimpansen, die Gorillas und die Orang-Utans, tauchen im Miozän, also vor 24 bis 5 Millionen Jahren auf. Die ältesten Fossilien von Hominoiden, zum Beispiel der Dryopithecus aus Nord-Kenia, sind 25 bis 20 Millionen Jahre alt. Sie sind Vierbeiner, besitzen keinen Schwanz und sind von anderen Hominoiden in allen möglichen Größen umgeben. In den folgenden zehn Millionen Jahren verliert sich dann die Spur der Hominoiden in Afrika. Unseren letzten gemeinsamen Vorfahren kennen wir nicht. Man weiß lediglich, dass die Trennung der Entwicklungslinien, aus denen der Schimpanse und der heutige Mensch hervorgegangen sind, sich vor etwa sieben Millionen Jahren vollzogen hat.

VON AST ZU AST

– *Hat die Entwicklung und Benutzung der Greifhand der Tiere etwas mit der Entwicklung der Intelligenz und des Bewusstseins zu tun, die schließlich Merkmale des Menschen werden?*

– Tatsächlich besitzen alle Primaten einen Daumen und eine große Zehe neben den übrigen Fingern und Zehen. Während sich der Daumen bei bestimmten Affen (Colobidae) zurückbildet, wird er bei zahlreichen Arten (Schimpansen, Dschelada und Menschen) opponierbar. Anders als beim Menschen besteht die Möglichkeit des Gegenüberstellens jedoch nur zwischen dem Daumen und einem einzelnen Finger. Das kommt daher, dass

diese Affen, vor allem die großen, die Äste mit si-
cherem Griff packen können mussten.

    *– Ist die Greifhand mit den Fingernägeln die wichtigste
Veränderung?*

    – Parallel dazu entwickelt sich das Sehvermö-
gen, das oben auf den Bäumen bedeutend wichtiger ist als der Geruchssinn. Die Schnauze flacht
sich allmählich immer mehr ab und die Augen rücken weiter nach vorn, wodurch räumliches Sehen
möglich wird. Und die Schädeldecke wird größer.

    – Aber wozu dient ein größeres Gehirn?

    – Unsere Untersuchungen zeigen, dass die Af-
fen, die in größeren sozialen Gruppen leben, ein
stärker entwickeltes Gehirn haben. Tatsächlich
hängt alles zusammen: Ein großes Gehirn kann
sich nur entwickeln, wenn die Tragzeit entsprechend lang ist. Alle Lebensabschnitte verlängern
sich. So hat man genügend Zeit, zu lernen, wie
man in dem komplexen sozialen Umfeld und in
der natürlichen Umwelt leben kann. Eine qualitativ
gute Nahrung für Fructivoren und Omnivoren ist
hierfür Voraussetzung. Da diese Ressourcen jedoch
weit verstreut sind, bedarf es einer genauen Kennt-
nis ihrer Verteilung, sowohl im Hinblick auf die Jah-
reszeiten als auch auf die Gebiete, in denen man sie
finden kann. Und das wiederum führt zu bestimmten sozialen Zwängen, die schwierig zu handhaben
sind und komplizierte Kommunikationssysteme
voraussetzen. Um all diese Informationen verarbeiten zu können, braucht man ein großes Gehirn.

    *– Betrachten wir jetzt einmal die Beine. Man sagt, der
Zweibeiner sei in der Savanne entstanden. Warum?*

    – Einer Theorie zufolge, die in den achtziger Jah-
ren allgemein akzeptiert wurde, hat sich vom heutigen Äthiopien bis zum Süden des Malawi-Sees

eine Spalte als Folge großer geologischer Verschie-
bungen aufgetan. Im Westen, in den Regenwäldern,
lebten weiterhin die Vorfahren der Gorillas und der
Schimpansen, während sich im Osten eine Savanne bildete, die die Primaten zwang, Zweibeiner
zu werden. Ich selbst glaube nicht an diese Theorie.
Meiner Überzeugung nach sind die Zweibeiner auf
den Bäumen entstanden.

    – *Wieso?*

    – Seit fast 15 Millionen Jahren haben unsere
Vorfahren, die großen Menschenaffen, sich an
Baumäste gehängt. Das heißt, dass wir seit langer
Zeit an die senkrechte Haltung gewöhnt sind.

    – *Was hat das mit dem aufrechten Gang zu tun?*

    – Zu den heute lebenden großen Affen, denen
diese Körperhaltung am meisten liegt, gehören die
Gibbons und die Bonobos, zwei Arten, die auf den
Bäumen leben. Die Bonobos bewegen sich auch auf
zwei Beinen fort, wenn sie ihre Jungen tragen, Futter transportieren, Drohgebärden einnehmen, durch
Wasser waten oder ein Weibchen verführen wollen.
Was die Fossilien anbetrifft, so ist auch der Australopithecus, ein Vertreter des ersten Zeitalters der
Hominoiden, ein Zweibeiner. Das Gleiche trifft jedoch auf andere große Affen zu, die vor neun Millionen Jahren gelebt haben, so zum Beispiel auf
den vermutlichen Vorfahren der Schimpansen (Ar-
dipithecus ramidus). Der Zweibeiner ist buchstäblich wie eine reife Frucht vom Baum gefallen.

EIN AFFE UNTER VIELEN

    – *Vor fünf Millionen Jahren tauchte der Australopithecus auf:
eine Gruppe, zu der auch die berühmte Lucy gehört, die 1974*

bei Ausgrabungen im Rift Valley gefunden wurde. Ist das nun ein Tier oder eine Frau?

– Weder das eine noch das andere, sie gehört zu einer Sondergruppe, die gleichzeitig in der Savanne und auf den Bäumen lebte. Hier zeigt sich das ganze Problem der Definition des Menschen, der ein Tier ist, jedoch ein ganz besonderes Bewusstsein besitzt. Lucy hatte mit Sicherheit ein Bewusstsein ihrer selbst, denn das haben auch die Schimpansen. Da uns Fossilien aus dieser Periode fehlen, muss man sich ein Bild von diesem gemeinsamen Vorfahren machen.

– *Wie denn?*

– Es reicht, wenn man alles zusammenfasst, was den Schimpansen, den Bonobos, also den Zwergschimpansen, und den ersten Menschen gemeinsam ist. Eine mittlere Größe, ein Gewicht von 30 bis 40 Kilo pro einem Meter Größe, ein im Vergleich zu den Affen verhältnismäßig gut entwickeltes Gehirn und nur leicht vorstehende Eckzähne. Sie sind Allesfresser und leben in Gruppen von etwa 30 Männchen und Weibchen zusammen.

– *Und wie ist das mit dem Bewusstsein?*

– Darüber wissen wir nichts. Die Parietalregion des Gehirns, also der Teil, der für die Assoziationen zuständig ist, ist bei Lucy stärker entwickelt. Das ermöglicht Handlungsabläufe, wie sie der Gebrauch von Werkzeugen und das logische Denken erfordern. Der Umfang dieser Hirnregion ist nicht größer, aber sie ist anders strukturiert. Experimentelle Untersuchungen der vergleichenden Psychologie, vor allem des Sozialverhaltens, zeigen, dass die Schimpansen begabt sind, wenn es um Einfühlungsvermögen, Sympathie und die abstrakten Begriffe Gut und Böse geht. Ihr Verhalten vor einem

Spiegel beweist, dass sie nicht nur ein Bewusstsein ihrer selbst haben, sondern auch dafür, welches Bild sie selbst an andere vermitteln. Dazu gehören Begriffe wie Freundschaft, Feindschaft, politisches Handeln, Verrat, Lüge und Lachen. Was Lucy anbetrifft, so ist ihr Gehirn gleich groß wie das der Schimpansen, verfügt aber über eine »menschlichere« Struktur. Erst seit zwei Jahren wissen wir, dass es im Gehirn der Schimpansen ein Broca-Zentrum gibt.

– *Welche Funktion hat dieses Zentrum?*

– Es handelt sich um eine Region, die der Sprache vorbehalten ist. Sowohl beim Menschen als auch bei den Affen befindet sie sich in der linken Hirnhälfte. Es ist faszinierend zu sehen, dass die Schimpansen Strukturen besitzen, die eine ähnliche Kommunikation ermöglichen, wie sie mit den Mitteln der Sprache erfolgt. Man begreift viel eher, warum bestimmte Schimpansen mehr oder weniger leicht die Symbolsprache der Menschen verstehen und lernen können. Seit den sechziger Jahren macht man in den verschiedensten Laboratorien Versuche in dieser Richtung.

– *Wir haben uns so sehr auf den Australopithecus konzentriert, dass die Gefahr besteht, dass wir die Schimpansen aus dem Auge verlieren.*

– Genau. Die Untersuchungen des Verhaltens und der Sitten dieser Tiere wurden erst in den sechziger Jahren intensiviert. Wir verdanken das Louis Leakey und den Arbeiten einer seiner berühmtesten Schülerinnen, Jane Goodall. Die Beobachtungen, die sie an Schimpansen gemacht hat, haben uns gezeigt, dass diese Tiere zahlreiche Verhaltensweisen an den Tag legen, die denen der Menschen ähneln. So besitzen sie zum Beispiel die

Fähigkeit, etwas nachzuahmen, zu lügen, zu verstehen, was der andere empfindet, die eigenen Absichten kundzutun oder zu verbergen, zu erziehen, sich zu versöhnen, Werkzeuge zu benutzen, Wissen zu vermitteln usw. Wenn also solche Ähnlichkeiten bestehen, so hängt das einzig und allein damit zusammen, dass wir eben gemeinsame Vorfahren haben. Wenn wir die Schimpansen studieren, so hilft uns das, die Stellung des Menschen in der Natur zu überdenken.

– *Wenn sich der Gedanke erst einmal durchgesetzt hat, müssen wir uns Mühe geben und uns mit der gesamten Tierwelt beschäftigen.*

– Man schätzt, dass die Erde seit der Entstehung des modernen Menschen etwa 100 Millionen Arten beherbergt hat. Wie wir gesehen haben, sind viele davon als Folge der großen Klimaveränderungen und geologischen Umschichtungen ausgestorben. Die letzte große Eiszeit, die uns in die Jungsteinzeit führt, hat absolut nichts mit den Veränderungen der Position des Planeten auf seiner Kreisbahn zu tun, wie man einmal annahm, sondern war auf die Verlagerung der Meeresströmungen zurückzuführen. Das Ergebnis war jedenfalls eine Katastrophe: Alle großen Faunen der Land-Säugetiere Nordamerikas und anderswo sind verschwunden.

TIERGEISTER

– *Es ist also kein Zufall, dass die ersten Menschen auftauchen?*

– Der Druck, den die Jäger der Altsteinzeit auf die Natur ausübten, war nicht entscheidend. Trotzdem trugen sie erheblich dazu bei, das Überleben bestimmter Wirbeltierarten in der Eiszeit zu gefährden: zum Beispiel das des Wollhaarnashorns oder des Mammuts, das mit der Gruppe der Elefanten verwandt ist. Beide waren Pflanzen fressende Säugetiere. Die Mammuts, die bis zum Widerrist drei Meter groß waren, hatten fünf Meter lange Stoßzähne. Sie lebten in vielen Gebieten Europas und Nordamerikas, das sie über die damals bestehende Landbrücke der Beringstraße erreicht hatten. Man hatte das Glück, zahlreiche mumifizierte Exemplare zu finden, das erste 1799 in Sibirien. In dieser Zeit und unter dem Einfluss des Naturwissenschaftlers Cuvier entstand damals die Paläontologie, die Wissenschaft von den ausgestorbenen Lebewesen. Er hat 1796 außerdem die Existenz ausgestorbener Arten nachweisen können. Cuvier vertrat eine »Katastrophentheorie«, nach der die Lebewesen periodisch durch universale Katastrophen vernichtet und danach neu erschaffen und verändert worden sind. Im Jahre 1999 hat man ein weiteres Mammut in Sibirien gefunden. Die Letzten sind erst vor 5000 Jahren ausgestorben.

– *Waren die Eingriffe des Menschen folgenschwer genug, um das Aussterben der Population der Mammuts zu bewirken?*

– Nicht wirklich. Obwohl es tatsächlich eine regelrechte »Mammutzivilisation« gegeben hat: Die Knochen wurden als Brennstoff, als Werkzeuge, sogar als Baumaterial verwendet. Man stellte aus ihnen Skulpturen oder auch Musikinstrumente her. Der Lebensraum dieser Tiere schrumpfte mit der Zeit immer mehr, bis sie sich schließlich nur noch im Nordosten Sibiriens aufhielten. Dann wurde ihr Bestand immer mehr eingeschränkt, sodass sie schließlich ausstarben. Zum Schluss lebten auf

bestimmten Inseln isoliert nur noch so genannte Zwergmammuts. Das war das Ende ihrer Herrschaft.

— *Vom Beutetier entwickelt sich der Mensch zum Raubtier.*
Die ersten Menschen (Homo habilis) werden sehr bald
Fleischfresser, indem sie zuerst Kadaver essen und dann selbst
auf die Jagd gehen. Und sie teilen sich die Beute, war das nicht
so?

— Ja. Dieses Verhalten, das Teilen, gab es schon
bei den jagenden Schimpansen. Es festigte die sozialen Bindungen in der Gruppe. Der Mensch, der
ein Superraubtier wurde und in der Lage war, auch
große Beutetiere zu erlegen, erobert alle möglichen
Milieus. Alle Primaten leben in den Tropen, denn
dort finden sie ihre Nahrung auf den Bäumen. Und
nur in diesen Regionen produzieren die Bäume das
ganze Jahr über genügend Früchte und Blätter. Der
Mensch wird zum Jäger und ist damit in der Lage,
die einzige Nahrung zu erbeuten, die überall und
das ganze Jahr über zur Verfügung steht: das
Fleisch.

— *Die Tiere dienen ihm aber auch zu anderen Zwecken. Er*
malt sie zum Beispiel an die Felswände. Warum tut er das?

— Diese Malereien beweisen vor allem, dass die
Menschen dieser Zeit die Welt, in der sie lebten, genau kannten. Warum haben sie die Tiere gemalt?
Man hat alle möglichen Hypothesen aufgestellt:
Ausdruck einer magisch-religiösen Schamanenkul-
tur, Darstellung des Lebens unter einem rein künst-
lerischen Aspekt oder Ergebnis von Naturbeobach-
tungen, die für das Überleben des Klans notwendig
waren. Es ist sehr schwierig, sich in die Gedanken-
welt der Menschen dieser Zeit hineinzuversetzen,
auch wenn es Ähnlichkeiten mit heute existierenden traditionellen Gesellschaften gibt. Auf der an-

deren Seite haben die Menschen in der gleichen Periode an anderen Orten ihre Welt auf eine andere Weise und in einem anderen Stil dargestellt.

 – *Zum Beispiel?*

 – Die Menschen aus der Grotte von Chauvet sind, wie die aus Lascaux, Cro-Magnon-Menschen. Sie leben in der gleichen Umwelt und mit den gleichen Tieren. Die Künstler, von denen die Malereien aus Chauvet stammen, die etwa 31000 Jahre alt sind, haben viele gefährliche Tiere gemalt: Nashörner, Mammuts, Löwen und Bären. Pflanzenfresser wurden dagegen weniger häufig abgebildet. Die Malereien von Lascaux, die etwa 17000 Jahre alt sind, stellen vor allem Pferde, Bisons und Auerochsen dar. Gefährliche Tiere kommen selten vor, man findet ihre Abbildungen vor allem in Felsspalten. Das heißt also, dass die gleichen Menschen, Homo sapiens wie wir, die Jäger und Sammler waren, ihre Welt auf unterschiedliche Art und Weise darstellten. So unterscheiden sich auch die Felsmalereien der ersten Australier und die der ersten Amerikaner (Paläoindianer) aus derselben Epoche erheblich voneinander. Die Glaubensüberzeugungen der Altsteinzeit umfassen eine ganze Palette von Darstellungsarten, die wir bewundern, die uns jedoch im Grunde nur eines sagen, dass sie nämlich sehr schön sind.

 – *Auch heute ist in bestimmten ethnischen Gruppen das Verhältnis zwischen dem Jäger und seiner Beute sehr wichtig. Das Jagen ist nicht immer nur eine gewalttätige Aktivität, sondern birgt die Verpflichtung in sich, nur zu töten, wenn es wirklich nötig ist, und den Geist des erlegten Tieres um Verzeihung zu bitten.*

 – Ja, den Dualismus, der in unseren Kulturen die Natur vom Menschen trennt, gab es in diesen

traditionellen Gesellschaften der Jäger und Sammler noch nicht. Für sie bestand zwischen Mensch
und Tier nur ein gradueller Unterschied. Das Tier
war ein integrativer Bestandteil ihrer Gesellschaft.

   – *In welcher Epoche kam es dann zum Bruch mit dieser
Auffassung?*

   – In der Jungsteinzeit. Der Mensch kultivierte
die Pflanzen und zähmte die Tiere. So machte er
sich die Natur untertan. Aber da der Mensch zunehmend von seinen eigenen Produktionen abhängig wurde, weil er anders nicht überleben
konnte, war er gezwungen, sich anzupassen. Denn
seine Bemühungen waren nicht immer von Erfolg
gekrönt. Die Zeiten hatten sich geändert, die Natur
war nicht mehr so verschwenderisch. Der Mensch
war aus dem Paradies vertrieben worden. Also er-
fand er das Opfer. Man arrangierte sich mit den
Göttern und erhob sich damit über die Tiere.

Zweiter Akt

Die Revolution der Domestikation

1. Szene: Das gezähmte Tier

Der Mensch wurde zum Jäger und teilte sich das Fleisch der erbeuteten Tiere mit seinen Artgenossen. Er machte sich die Natur untertan und entdeckte die sozialen Beziehungen. Die Domestikation der Tiere gab der menschlichen Zivilisation Gelegenheit, sich weiterzuentwickeln, sich zu verändern und sich von den unmittelbaren Zwängen zu befreien, denen sie bisher unterworfen war.

ZWISCHEN HUND UND WOLF

– *Nun also werden unsere Vorfahren, die Jäger und Sammler, sesshaft. Sie gründen die ersten Dörfer und größeren Ansiedlungen. Die Domestikation der Tiere in der Jungsteinzeit ermöglicht das Aufblühen der menschlichen Rasse und verändert massiv den Lauf der Evolution bestimmter Tierarten. Wie ist dieser Prozess abgelaufen?*

– JEAN-PIERRE DIGARD: Schon vor der Jungsteinzeit haben die Jäger/Sammler die ersten Tiere domestiziert und dabei mit dem Wolf, dem Vorfahren des Hundes, begonnen. Diese ersten Versuche gehen bis auf das Ende der Altsteinzeit zurück, und zwar etwa um 12000 v.Chr. am Rande der Arktis und vor 10000 bis 8000 Jahren im Mittleren Osten und in Nordeuropa. Sie fanden also mehrere Tausend Jahre vor der ersten Domestikation anderer Tiere statt, die von sesshaften Bauern durchgeführt wurde, die bereits in einer dörflichen Struktur lebten.

– *Woher stammt der Wolf?*

– Canis lupus taucht zum ersten Mal vor unge-

fähr zwei Millionen Jahren auf. Er war kleiner als der
Wolf, den wir heute kennen. Wenn man bis zu seinen ältesten Vorfahren, den Miacoidea zurückgeht,
stellt man fest, dass er bereits vor 54 bis 38 Millionen
Jahren in Nordamerika lebte. Er hat ursprünglich auf
Bäumen gelebt und sich mit der Zeit immer besser
an den festen Boden angepasst. Vor zehn Millionen
Jahren ist aus ihm der Hund, die Gattung Canis, entstanden.

– *Aus welchem Grund haben die Menschen den Wolf domestiziert?*

– Wahrscheinlich hat der Mensch den Wolf gezähmt, ohne sich zu fragen, warum er das macht.
Jedenfalls hat sich der ganze Prozess über mehrere
Tausend Jahre erstreckt. Man hat an verschiedenen
Orten in Europa in menschlichen Siedlungen Ske-
lettreste von Wölfen gefunden, die 700000 Jahre alt
sind. Das ist an sich nichts Ungewöhnliches, denn
sie lebten in denselben Regionen, lebten von denselben Beutetieren und müssen manchmal sogar
gemeinsam mit den Menschen auf die Jagd gegangen sein. Bei Ausgrabungen in der Ukraine hat man
eine große Menge von 20000 Jahre alten Wolfsske-
letten gefunden, die darauf hinweisen, dass das Fell
dieser Tiere den Menschen, die dort lebten, als Kleidung diente. Auf der anderen Seite ist es nicht sehr
wahrscheinlich, dass die Menschen das Tier ver-
zehrten, denn sein Fleisch ist kaum genießbar.

– *Es war also ganz einfach nur die räumliche Nähe, die
diese Kontakte begünstigt hat?*

– Mensch und Wolf sind damals den Wanderungen der Pflanzenfresser gefolgt, weil beide sich von
ihnen ernährt haben. Man kann sich gut vorstellen,
dass die Menschen die Jagdtechniken der Wölfe stu-
dierten und der Fährte der Tiere folgten, die die

Wölfe jagten. Der Wolf näherte sich seinerseits den Lagern der Menschen, um sich von den Abfällen zu ernähren. Und dann mussten die Menschen sich plötzlich um die Jungen kümmern, deren Eltern getötet worden waren. Wahrscheinlich taten sie es aus reiner Neugier und aus einem Spieltrieb heraus, ein kleines Tier besitzen zu wollen.

– *Und dann?*

– Man hat die Wolfsjungen wahrscheinlich von den Frauen großziehen lassen, die sie mit vorgekauter Nahrung gefüttert haben. Vielleicht wurden sie sogar gestillt, obwohl wir über all das keine gesicherten Aussagen machen können.

– *Was glauben Sie denn?*

– Das Stillen von Tieren durch Frauen ist eine Praxis, der man noch häufiger in zahlreichen Kulturen begegnet, in denen die Jäger die Jungen von getöteten wilden Tieren mit in die Dörfer brachten. In bestimmten Gebieten von Sibirien, am Amazonas, in Ozeanien, Tasmanien, Afrika und an einzelnen Orten in ganz Europa kann man noch heute häufig beobachten, dass Frauen wilde Tiere stillen, die sie anschließend zu sich nehmen. So säugen sie auch Hundewelpen, Ferkel, Pecaris (Nabelschweine), Affen, Rehkitze, Lämmer…

– *Und welche Rolle spielen diese Tiere dann später?*

– Die Beziehungen sind zumeist ziemlich liebevoll. Die Tiere werden Spielkameraden für die Kinder, dienen der Abfallbeseitigung oder als Wärmespender in kalten Nächten. Noch im letzten Jahrhundert ließen sich die Frauen von Hundewelpen entweder von der überschüssigen Muttermilch befreien oder der Milchfluss wurde durch das Saugen der Tiere erleichtert. Es kommt auch vor, dass Tiere bei bestimmten religiösen Praktiken eine Rolle spielen, so zum Beispiel der gezähmte Bär der Ainus von Hokkaido in Japan.

– *Worin besteht dieses Ritual?*

– Die Frauen stillen die kleinen Bärenjungen, die ihre Eltern schon früh verloren haben. Dann wachsen sie zusammen mit den Kindern der Familie auf. Ungefähr im Alter von drei Jahren wird der Bär im Rahmen einer jedes Jahr im Herbst stattfindenden festlichen Prozession durch den Ort geführt. Dann verletzt man ihn mit Pfeilen, bis er wütend wird. Schließlich tötet man ihn, indem man ihn zwischen zwei Balken zerquetscht. Die Frauen führen zu seinen Ehren einen Tanz auf, dann beweinen sie den Bären, und alle essen anschließend sein Fleisch und seine Eingeweide. Das Ganze findet im Rahmen eines Festes statt, an dem die ganze Gemeinde teilnimmt. Für dieses Volk kehrt der Geist des Bären, den sie für einen Götterboten halten, nach seinem Tod ins Reich der Götter zurück.

– *Warum quälen sie ihn denn so sehr, bevor sie ihn töten?*

– Damit es ihnen leichter fällt, ihn zu töten. In Sibirien wird der Bär mit einem Brei gefüttert, bevor man ihn opfert. Dann tötet man ihn, während die Frauen einen Trauergesang anstimmen.

– *Man kann also davon ausgehen, dass die erste Phase der Domestikation des Wolfes in der Altsteinzeit aus der Zähmung der Jungen bestand.*

– Ja, eine der ersten Phasen, nicht die einzige. Die allerersten Wochen im Leben eines Wolfswelpen oder eines kleinen Hundes spielen eine ganz entscheidende Rolle bei der Entstehung der sozialen Bindungen, die das Tier in seinem späteren Leben unterhält. Diese Prägung ist ein effizientes Mittel der Domestikation und läuft über die körperlichen Kontakte und das Füttern noch vor dem Abstillen des kleinen Tieres. Die Prägung auf den Menschen verändert das Verhalten des Tieres. Das Resultat ist eine enge Bindung.

– *Woher stammt die Möglichkeit einer mehr oder weniger langen Beziehung?*

– Nicht nur Möglichkeit, sondern auch Notwendigkeit, denn das Zähmen der Tiere hat nur zur Domestikation führen können, weil sie an die alte Partnerschaft zwischen Mensch und Wolf anknüpfte, vor allem bei der Jagd.

– *Haben die Wölfe, die von den Menschen aufgenommen worden waren, ihnen bei der Jagd geholfen?*

– Das fiel ihnen umso leichter, als ihre wilden Verwandten diese Rolle ja bereits gespielt hatten. Sie führten das Wild, das sie aufgespürt hatten, den Jägern zu. In dieser Zeit hat eine Klimaveränderung die Verteilung der Pflanzenfresser in den Ebenen erheblich verändert. Der Mensch sah sich plötzlich mit schnelleren Beutetieren konfrontiert. Er passte sich an, stellte neue, handlichere Waffen her und benützte zweifellos den domestizierten Wolf als Jagdgehilfen. Seine Aufgabe war es, das Wild aufzuspüren und vor allem zu verfolgen. Beim Studium des Volkes der Buschmänner hat man zum Beispiel feststellen können, dass ein Jäger/Sammler, der mit einem Hund jagte, dreimal mehr Wild erlegte als einer, der diese Hilfe nicht hatte.

– *Von einer bestimmten Zeit an diente der gezähmte Wolf also dem Menschen bei der Nahrungssuche. Wie ist aus ihm ein Hund geworden?*

– Da der Mensch die Rolle des Jägers einnahm und anschließend das Fleisch mit dem Wolf teilte, wurde das Tier abhängig von ihm. Die sensorischen Fähigkeiten, die der Wolf gebraucht hatte, um selbstständig jagen zu können, sind nach und nach verkümmert. Mit der Zeit haben unsere Vorfahren mit Sicherheit eine Auswahl unter den Tieren getroffen, die sie bei sich behielten. Sie werden diejenigen ausgewählt haben, die sich für die Jagd eigneten, aber gleichzeitig zahm und formbar und nicht so wild waren. Auf diese Weise haben sich die domestizierten Wölfe fortgepflanzt, sodass die folgenden Generationen bestimmte Eigenschaften der ursprünglich wilden Tiere verloren und letzten Endes Hunde wurden. Das Tier wurde kleiner, sein Profil veränderte sich, seine Schnauze wurde kürzer. Man spricht in diesem Zusammenhang von der »Neotenie der Domestikation«, was bedeutet, dass beim ausgewachsenen Tier bestimmte kindliche Züge erhalten bleiben.

DIE GROSSE ILLUSION

– *Besteht ein wesentlicher Unterschied zwischen Zähmen und Domestizieren?*

– Ein zahmes Tier, das heißt ein Tier, das mit dem Menschen vertraut war, kann nur wirklich domestiziert worden sein, wenn es zuvor in irgendeiner Weise durch den Menschen ausgewählt worden ist. Denn mit dem Begriff der Domestikation beschreibt man den Zustand eines Tieres, das allein unter der Kontrolle des Menschen leben und sich fortpflanzen kann.

– *Wenn man dieser Definition folgt, müsste der Hund das am stärksten domestizierte Tier sein.*

– Keineswegs. Das ist ein Schmetterling, genauer gesagt der Seidenspinner (Bombyx mori), aus dessen Kokons man Seide herstellt. Dieses Tier führt eine absolut künstliche Existenz. Die Larven schlüp-

fen nur bei einer ganz bestimmten Temperatur, und
die Seidenraupen ernähren sich von den Blättern
des Maulbeerbaums, den der Mensch für sie an-
pflanzt. Der Schmetterling, der aus den Larven entsteht, lebt nur ein paar Stunden, gerade lange genug,
um sich fortzupflanzen... An dem Tag, an dem die
Menschen das Interesse an der Naturseide verlieren,
wird diese Art innerhalb von wenigen Tagen verschwunden sein.

    – *Nimmt die Domestikation viel Zeit in Anspruch?*

    – Ja. Der Prozess muss kontinuierlich aufrecht
erhalten und immer wieder erneuert werden, denn
sonst kann es passieren, dass die Tiere wieder in
ihren ursprünglichen Zustand zurückfallen. Der
Mensch muss die Tiere bei der Aufzucht vor den
Unbilden der Witterung, vor Raubtieren und vor
Krankheiten schützen, er muss sie füttern und güns-
tige Bedingungen für ihre Fortpflanzung schaffen.
Daraus ergibt sich, dass sich die Bedingungen der
Domestikation von Art zu Art unterscheiden. Außerdem kommt es darauf an, wozu diese Tiere dem
Menschen dienen sollen. Abgesehen von den Haustieren wie Hund oder Rind, die ständig vom Menschen betreut werden, gibt es Tiere, die zwar domestiziert sind, aber in einer gewissen Freiheit leben,
zum Beispiel die Rentiere oder die Bienen. Außerdem gibt es Kampfstiere oder Hirtenhunde, wie zum
Beispiel die Pyrenäenhunde und die tibetanischen
Doggen, bei denen der Kampfinstinkt trotz der Domestikation erhalten geblieben ist.

    – *Die Grenze zwischen der Welt der wilden Tiere und der der*
domestizierten Tiere ist also nur eine Illusion?

    – Man kann nicht von wilden Tierarten auf der
einen und domestizierten auf der anderen Seite
reden, es gibt jedoch ungefähr 200 Tierarten, bei de-

nen der Mensch zu irgendeiner Zeit und in der einen
oder anderen Weise eine Art von Domestikation
durchgeführt hat. Diese Arten gibt es jedoch auch in
ihrer ursprünglichen wilden Form, so zum Beispiel
den Strauß, das Rentier oder den Elefanten. Das sind
Arten, die sowohl zu den domestizierten Tieren als
auch zu den wilden zählen. Zu den wirklich domestizierten Tieren gehören der Hund, das Rind und die
Seidenraupe. Aber selbst aus Hunden und Rindern,
die seit Jahrtausenden domestiziert sind, können
wieder wilde Tiere werden. Es gibt darüber hinaus
Beispiele von Tierarten, deren Domestikation man
wieder aufgeben hat. Dazu gehören zum Beispiel die
Gazelle und die Hyäne im alten Ägypten oder die
Ginsterkatze und die Natter, die bei den Römern
und im Mittelalter gegen die Nagetiere eingesetzt
wurden.

– *Man kann also von keiner Tierart behaupten, dass sie
endgültig domestiziert ist?*

– Nein, ausgenommen die Seidenraupe. Aber
das Gegenteil stimmt auch: Es gibt kein einziges wil-
des Tier, das vor den Domestikationsversuchen des
Menschen sicher wäre. Es gibt zum Beispiel heute
Farmen, auf denen man Kängurus züchtet (Australien), Elenantilopen (Südafrika), Elche (Russland) und
fast überall, sogar hier und da in Frankreich, Krokodile.

MÜLLABFUHR UND PLÜNDERER

– *Hatten die Menschen der Jungsteinzeit praktische Gründe,
außer dem Wolf noch andere Tierarten zu domestizieren?*

– Zu Anfang nicht. Die Gründe für die Domestikation der Tiere tauchten erst auf, als man die Do-

mestikation zum ersten Mal realisiert hatte. Man weiß nicht genau, was die Menschen motiviert haben könnte: Das Mufflon, Ursprung der domestizierten Schafe, hatte noch keine Wolle. Die Vögel in der freien Natur legten nicht im Rhythmus der heutigen Hühner. Die Kühe produzierten Milch nur, um ihre Kälber zu stillen. Und woher sollten die Menschen wissen, dass eine Kuh oder ein Pferd nach der Domestikation bei der Arbeit von Nutzen sein könnte?

– *Also was war dann das Motiv?*

– Das Bedürfnis, sich die Natur untertan zu machen, der Wunsch nach Macht über die Tiere sowie eine ausgeprägte intellektuelle Neugier.

– *Also gewissermaßen ein Trieb?*

– … man könnte es als einen Domestikationstrieb bezeichnen.

– *Und hat sich dieser »Domestikationstrieb« nur an einem bestimmten Ort oder an mehreren Stellen gleichzeitig gezeigt?*

– Man hat lange Zeit angenommen, dass die Domestikation im Nahen Osten, vor allem im »fruchtbaren Halbmond« stattfand. Aber später haben andere archäologische Entdeckungen gezeigt, dass die Domestikation kein isoliertes Phänomen war. Sie hat in unterschiedlichen Regionen der Welt stattgefunden, so auch in Amerika. Später haben die Völkerwanderungen dazu beigetragen, dass sich die Domestikationsmethoden und die verschiedenen Tierarten auf allen Kontinenten verbreiten konnten. In bestimmten Regionen, vor allem in Afrika und Ozeanien, wurden jedoch weniger Tiere domestiziert.

– *Aus welchem Grund?*

– Vermutlich, weil die Natur dort großzügiger war und sich das Bedürfnis nach zusätzlichen Nahrungsquellen nicht so stark bemerkbar machte.

– *Gab es zur Zeit der ersten Domestikationen schon so et-was wie eine Landwirtschaft?*

– Der Domestikation der Tiere ging die Kultivierung der Pflanzen voraus. Der Hunger scheint die Tiere zu den Menschen getrieben zu haben. Abfälle und geerntete Früchte spielten dabei eine entscheidende Rolle: Die zukünftigen Haustiere sind über die ersten Felder hergefallen und haben sehr schnell erkannt, dass sie ihren Hunger mit den Früchten oder – im Falle der Wölfe oder Wildschweine – mit den Abfällen der Menschen bedeutend müheloser stillen konnten.

– *Wollen Sie damit sagen, dass man damals auch solche Tiere domestiziert hat, die die Felder plünderten?*

– Ja. Dieses Plündern war zweifellos für bestimmte Arten, wie zum Beispiel das Pferd, lebensrettend. Wir dürfen nicht vergessen, dass die ersten richtigen Pferde über die ausgetrocknete Beringstraße nach Asien gekommen sind. Vom mittleren Pleistozän an, also seit etwa 700000 Jahren, gibt es sie auch in Europa in großer Zahl. Vor etwa 10000 Jahren, zu Beginn des Holozän, kam es als Folge der Erwärmung des Klimas in der nördlichen Hemisphäre zum Aussterben zahlreicher großer Säugetiere (Mammut, Wollhaarnashorn, Riesenhirsche). Damals wären beinahe auch die Pferde ausgestorben. Man kann sich vorstellen, dass sie ohne die Begegnung mit dem Menschen und seiner Agrikultur, also ohne die Domestikation, die etwa 4000 Jahre vor unserer Zeitrechnung im Süden der Ukraine erfolgte, nicht überlebt hätten.

– *Eine Art, wie man sich vor den Plünderern geschützt hat, bestand also darin, dass man die Tiere fing, um sie weiter zu züchten, anstatt sie zu töten oder die Felder einzuzäunen?*

– Es war zweifellos vorteilhafter, diese Tiere zu

domestizieren, weil man dann sowohl vor ihnen geschützt war als auch Nutzen von ihnen hatte. Das ist
eine der drei wichtigsten Phasen des Domestikationsprozesses. Am Anfang stand die Jagd: Da man
die Tiere aufspüren und den Rudeln folgen musste,
betrieben die Menschen der Vorzeit eine Art »selektive Jagd« – man nahm vorzugsweise missgebildete
Tiere oder Männchen, wenn die in der Überzahl waren, oder alte Weibchen usw. ins Visier. Auf diese
Weise haben die Menschen ihr Wissen über die Tiere
vertieft und eine elementare Form der »Selektion«
eingeführt, ohne die eine echte Domestikation nicht
möglich gewesen wäre. Die zweite Phase steht, wie
wir sehen werden, mit der Entstehung der Landwirtschaft in Verbindung, denn die ersten Bauern
waren gezwungen, ihre Felder vor den wilden Pflanzenfressern, den »Ernteräubern«, zu schützen. Es
war tatsächlich technisch einfacher, die Pflanzenfresser in einem umzäunten Bereich einzusperren –
das ist die Methode des Corraling – als die Felder
einzufrieden.

– *Außerdem schlugen sie dabei zwei Fliegen mit einer
Klappe: Sie schützten ihre Ernten und verschafften sich auf diese
Weise lebende Fleischvorräte.*

– Aber sie mussten natürlich die Tiere, die sie gefangen hatten, auch füttern. Sie waren also gezwungen, entweder mehr Futtermittel zu produzieren
oder die Tiere weiden zu lassen, was aber eine Kontrolle der Herde voraussetzte. So stand die Menschheit gegen Ende der Jungsteinzeit im Mittleren
Osten vor der entscheidenden Frage, ob man sich
vor allem auf die Landwirtschaft konzentrierte, was
ein Leben in Dörfern, also Sesshaftigkeit bedeutete,
oder sich in größerem Maße der Viehzucht widmete
und ein Leben als Hirte führte.

– *Und die dritte Phase der Domestikation?*

– Sie betraf die Pflanzenfresser: den Esel im orientalischen Afrika, das Pferd in Zentralasien und das Dromedar in Arabien. Etwa 3000 Jahre v. Chr. wurden sie als Transporttiere benützt, was für die Hirten größere Mobilität und in dem sehr trockenen Klima eine größere Effizienz bedeutete. So entwickelte sich nach und nach das Nomadenleben.

– *Den Wolf hat man bereits gegen Ende der Altsteinzeit domestiziert. Wie war das mit den anderen Arten? Wurden die erst zu Beginn der Jungsteinzeit domestiziert?*

– Ja. Und die einzelnen Domestikationsprozesse folgten ziemlich schnell aufeinander. Die Ziege wurde beispielsweise zum erstenmal 10000 v. Chr. domestiziert, das Schaf etwa 9000 v. Chr., das Schwein 8000, Rind, Esel, Katze, Dromedar und Pferd zwischen 4000 und 3000 v. Chr.

– *Weiß man etwas über den Ursprung dieser Tiere?*

– Das Rind, das etwa 9000 v. Chr. an mehreren Orten Osteuropas und des Mittleren Ostens domestiziert wurde, hat sich zunächst mit Ausnahme von Amerika in der ganzen Welt verbreitet. Sein wilder Vorfahre war der Auerochse (Bos primigenius), der einst in Europa, im Westen Asiens und in Nordafrika heimisch gewesen ist. Dieses Tier wurde in prähistorischer Zeit gejagt und gemalt. Das letzte Exemplar dieser Art ist 1627 in Polen gestorben. Seitdem findet man in der Familie der Boviden immer noch das Zebu, eine Art, die in Trockenregionen lebt. Es wurde in Pakistan domestiziert und in Form von Kreuzungen in Afrika eingeführt. Den Wasserbüffel, der seinerzeit nach Italien gelangt war, findet man heute auch noch in Südostasien. Er wird dort beim Reisanbau eingesetzt. Der Yak, der ein dickes wolliges Fell hat, lebt in Tibet.

— *Und die Schafe?*

— Sie stammen mit großer Wahrscheinlichkeit vom Wildschaf ab, das in Kleinasien heimisch war und etwa 9000 Jahre v. Chr. in den Bergen im Westen des Iran domestiziert worden ist. Der Vorfahre der Ziege ist Capra hircus, eine wilde Ziegenart, die noch heute in Kreta lebt. Was das Hausschwein anbetrifft, so ist es das Produkt der Domestikation des Wildschweins aus mehreren Regionen Europas, Asiens, aber auch aus Nordafrika und Ozeanien. Der Esel kommt ursprünglich aus Afrika, und zwar aus dem Süden Ägyptens, genauer aus dem Niltal, wo er etwa 5000 Jahre v. Chr. gelebt hat. Er hat sich dann bis nach China ausgebreitet. Etwa 3000 v. Chr. wurden das Kamel in Zentralasien und das Dromedar in Arabien domestiziert. Tausend Jahre früher wurden in den Hochebenen Südamerikas das Alpaka und das Lama domestiziert, die beide heute noch wegen ihrer Wolle und ihres Fleisches und ebenso als Transportmittel geschätzt werden.

— *Und wie sieht es mit den Vögeln aus?*

— Die bekanntesten Vertreter sind die, die zur Ordnung der Galliformes gehören. Hier finden wir den Hahn, der ursprünglich aus dem Indusbecken stammt und etwa 6000 v. Chr. domestiziert wurde. Nach Europa gelangte er in der Bronzezeit. Die Auswahl, die der Mensch getroffen hat, führte zu einer Vielfalt von Hähnen und Hühnern, vom Hahn für den Hahnenkampf über bestimmte Zwergrassen, die zum Vergnügen gehalten werden, bis zum Huhn, das die Eier legt oder dessen Fleisch wir essen. Der Truthahn stammt aus Mexiko, wo er 5000 Jahre v. Chr. domestiziert worden ist. Der Fasan kommt aus Südostasien, der Pfau aus Indien. Das afrikanische Perlhuhn wurde von den Römern über Algerien nach Europa eingeführt. Die Ägypter haben wiederum die Gans domestiziert, vor allem, um sie zu stopfen und ihre Leber zu verzehren. Was die Taube anbetrifft, die zu Beginn des ersten Jahrtausends v.Chr. in Persien und Ägypten als Bote benutzt wurde, so hat ihre Domestikation zweifellos an verschiedenen Orten in Europa und Asien stattgefunden. Schließlich ist da außer der eurasischen Ente noch die Berberente, die übrigens aus Mittelamerika stammt, auch wenn ihr Name nicht unbedingt darauf schließen lässt.

STELLENBESCHREIBUNG

– Sind alle diese Tiere identisch mit denen, die wir heute kennen?

– Nein. Es hat mit Sicherheit Veränderungen des Fells, des Gefieders, der Anatomie, ja sogar der Physiologie und des Verhaltens gegeben. So gab es zum Beispiel Schafswolle und Ziegenfell noch nicht in der heutigen Form. Es hat auch keine wilden Angorakaninchen gegeben. Das Hausschwein hat erst im 18. Jahrhundert durch eine spezielle Auslese, bei der der Albinismus eine Rolle spielte, seine rosa Farbe angenommen. Vorher waren diese Schweine schwarz und stark behaart. Das gescheckte Fell, das in der Natur eigentlich ein rezessives Merkmal der Vererbung ist, tauchte zufällig auf und wurde durch die Domestikation fixiert. Auch der Knochenbau hat sich durch die Selektion verändert: Der Mensch ließ bestimmte Tiere größer werden, vor allem die Nutztiere, während er Tiere zur Gesellschaft und zum

Vergnügen kleiner züchtete. Die ersten domestizierten Rinder zeigten eine deutliche Verringerung der
Durchschnittsgröße: Von 1,25 Metern am Widerrist
bei einem Gewicht von 200 Kilo in der Jungsteinzeit
ging es bei den Galliern auf 0,90 Meter zurück. Dann
wurden die Tiere wieder größer, und zwar im 4. und
5. Jahrhundert bis zu 1,30 Meter. Nach einem erneu-
ten Rückgang im Mittelalter nahmen dann Größe
und Gewicht von neuem zu, diesmal endgültig: von
1,40 Metern und 700 Kilo am Ende des 19. Jahrhunderts auf 1,45 Meter und 800 Kilo heute.

  − *Woher weiß man das alles so genau?*

  − Das verdanken wir den archäologischen Ausgrabungen und der ständig zunehmenden Genauigkeit
der physikochemischen Methoden, mit denen man
das Alter der Fossilien bestimmen kann. Abgesehen
davon hat man von allen Zivilisationen zahlreiche
und sehr genaue menschliche Zeugnisse gefunden.
Tafeln mit Keilschrift, Kontenbücher von Kaufleuten,
Lehnsherren und Landwirten. Pachtverträge, Kauf-
verträge, notarielle Inventare und zoologische Abhandlungen von der Antike bis zum heutigen Tag…

  − *Woher stammt die Bezeichnung »domestizieren«? Wurde
sie schon immer benutzt?*

  − In den alten semitischen Sprachen wird der Begriff nicht im Zusammenhang mit Tieren verwendet. Man spricht davon, dass ein Tier »vertraut«
oder »gefügig« ist. Ähnlich ist es in den indogerma-
nischen Sprachen, hier wird das Vieh mit dem Wort
»peku« bezeichnet, was auch so viel wie Reichtum
bedeutet, daher auch das lateinische »pecunia«. Was
das Adjektiv »domestiziert« anbetrifft − das erst im
14. Jahrhundert auftaucht −, so kommt es von dem
lateinischen Wort »domesticus«, was so viel wie
»zum Haus gehörig« bedeutet.

– *Wie sieht denn das ideale Profil eines domestizierbaren Tieres aus?*

– Es darf nicht zu beweglich sein, damit es nicht über die Zäune springen kann, wie das mit den Elenantilopen passiert ist, die man im 20. Jahrhundert in Südafrika domestiziert hat. Sie dürfen nicht so stressanfällig sein wie der Hirsch, der in Gefangenschaft letzten Endes eingeht. Und am wichtigsten ist, dass das Tier verhältnismäßig leicht zu formen ist. Das ideale Tier sollte von Natur aus eher friedfertig und gesellig sein und sich einem Leittier unterordnen, das dann durch den Menschen ersetzt werden kann.

– *Ist das auch der Grund, warum man nie eine Raubkatze domestiziert hat?*

– Ich bin mir ziemlich sicher, dass der Mensch versucht hat, Raubkatzen zu domestizieren, jedoch ohne Erfolg. Das ist ihm bis zu einem gewissen Maß nur beim Geparden und bei der Katze gelungen.

– *Der Gepard?*

– Aber sicher. Der Gepard ist genauso ruhig und sanft wie die meisten Hunde und gehört in die Kategorie der Tiere, die der Mensch bei der Jagd benutzt hat. Er zeichnet sich durch bemerkenswerte Lauffähigkeiten aus: 75 bis 90 km/h mit Spitzen von 110 km/h. Bei diesen Tieren muss man bei der Domestikation darauf achten, dass die Prägung auf den Menschen nicht zu stark ist, weil das Tier sonst seinen Jagdinstinkt verliert. Um das zu gewährleisten, fing man sie schon als ganz junge Tiere ein. Die gleiche Methode finden wir sowohl bei den Adlern, die man in Zentralasien auch heute noch zur Jagd benutzt, als auch bei allen anderen Raubvögeln (Falke, Habicht), die man zu diesem Zweck abrichtet. Schon im vierten Jahrtausend v. Chr. wurde der Gepard, der ursprünglich aus Afrika, dem Westen Asiens und aus Zentralasien stammt, von den Sumerern gezähmt. Etwas später tat man das auch in Ägypten, China, Indien und Persien. Das Bürgertum des 15. und 16. Jahrhunderts hat ihn schließlich nach Europa gebracht, wo er bald sehr verbreitet war. Nach und nach hat sich der Bestand verringert, denn man jagte ihn wegen seines Fells.

– *Ist das die Geschichte des gejagten Jägers?*

– Wenn man so will. Aber die Zunahme der Bevölkerungszahlen und der Kulturen hat auch zu seinem Verschwinden aus den asiatischen und afrikanischen Steppen beigetragen, wo er heute nur noch in Reservaten überleben kann.

KAMPFGRILLEN

– *Sie haben von der Seidenraupenzucht gesprochen... Wer ist eigentlich auf die Idee gekommen?*

– Die Seidenraupe des Maulbeerbaumes fabriziert einen Kokon, der aus 800 bis 1700 Metern kostbarer Seidenfäden besteht. In China hat man bereits vor 4500 Jahren Seidenraupen domestiziert und uns Abhandlungen über ihre Züchtung hinterlassen, die noch aus der Zeit vor dem 12. Jahrhundert stammen. Um die Erzeugnisse der Seidenraupen herum hat sich ein außerordentlich lukrativer Handel zwischen China und Italien entwickelt, wobei die Transporte damals über die berühmte »Seidenstraße« durch Indien und Persien führten. In Frankreich konzentrierten sich die Hauptaktivitäten drei Jahrhunderte lang auf verschiedene Regionen des Südostens (in den Cevennen, in der Provence). Schließlich kam es zu einer Parasitenerkrankung, und schließlich setzte die Entwicklung synthetischer Fasern dieser Industrie ein Ende.

– *Und die Bienen? Hat der Mensch es geschafft, sie so zu beeinflussen, dass sie Honig in Mengen produziert haben?*

– Nein, zumindest nicht zu Anfang. Ursprünglich stammen die Bienen von den Wespen ab, die sich vor etwa 100 Millionen Jahren darauf spezialisiert haben, Pollen zu sammeln. Die Menschen der Jungsteinzeit erkannten das, zweifellos durch Beobachtung und Erfahrung. Dann wurde ihnen klar, dass es interessant sein könnte, diese wilden Bienen auszuplündern, um sich von ihren Produkten zu ernähren.

– *Wie sind sie dabei vorgegangen?*

– Sie haben sie getötet.

– *Aber damit haben sie doch die Gans getötet, die ihnen die goldenen Eier legte, wenn man das einmal so sagen darf…*

– Genau. Aber die Menschen haben das noch sehr lange so gemacht, tatsächlich bis zur Erfindung des transportablen Bienenstocks im Westen im 19. Jahrhundert. Es sieht jedoch so aus, als ob die griechischen Bienenkundigen schon vor über 2500 Jahren eine »partielle Ernte« kannten, bei der die Insekten nicht getötet werden mussten. In China hat man Zikaden und Grillen gezüchtet, weil man sich an ihrem »Gesang« erfreute. In der Tang-Dynastie (618–907) fanden zu diesem Zweck sogar Wettbewerbe statt.

– *Ziemlich originell…*

– Man hat außerdem Grillen als Kampftiere gezüchtet. Sie wurden in goldenen oder elfenbeinernen Käfigen eingesperrt, trainiert, gefüttert und waren ein Vermögen wert. Man hat sogar eine große Anzahl von Abhandlungen über die Kampfgrillen verfasst, in denen in allen Einzelheiten beschrieben wird, wie man sie versorgen muss, damit es ihnen an nichts fehlt. Eine weitere Besonderheit aus China ist der berühmte Goldfisch oder die Goldkarausche, deren Aufzucht schon vor 4500 Jahren stattfand. Es gab eigens Beamte, die die Aufgabe hatten, das Auftauchen von Mutationen (Riesenflossen usw.) zu beobachten.

– *Man hat sie nicht zum Verzehr gezüchtet?*

– Nein, das war ein Zierfisch, und das ist er bis heute geblieben. In China stand die Karpfenzucht dagegen sehr bald in engem Zusammenhang mit der Seidenraupenzucht, denn die Fische ernährten sich von den Abfällen dieser Raupen. Schon 2000 Jahre v. Chr. wussten die Chinesen, wie man die Eier dieser Fische künstlich ausbrüten kann.

– *Die Züchtung der heutigen Zierfische hat demnach eine lange Tradition?*

– Die ersten Fischteiche gab es bereits vor 4000 Jahren, sie entstanden im Mittleren Osten. Die Ägypter besaßen sowohl Süßwasserteiche als auch andere, die mit Meerwasser gefüllt waren. Die Römer haben den Karpfen aus Kleinasien in Schiffen mit Fischbecken eingeführt, und man weiß auch, dass sie Muränen gezüchtet haben. Es ist sogar überliefert, dass sie die Fische mit Schmuck behängten und ihnen verurteilte Sklaven zum Fraß vorwarfen. Selbst die Austern- und die Schneckenzucht waren schon in der Antike bekannt.

RESPEKT VOR DEM WILD

– *Es ist überraschend zu sehen, bis zu welchem Punkt der Mensch Interesse an dieser großen Vielfalt der Tierarten gezeigt hat …*

– Der Mensch hat alle möglichen Arten in unterschiedlichem Grad domestiziert. Tatsächlich hat er
alles versucht: zum Beispiel völlig verrückte, unmögliche Kreuzungen zwischen Arten, die, wie er
sich vorher versichert hat, untereinander fruchtbar
waren.

Das Maultier ist beispielsweise im Orient seit
der Antike bekannt und stellt eine Kreuzung zwischen einer Stute und einem Esel dar. Andere Hybriden wurden später produziert, so zum Beispiel im
10. Jahrhundert bei den Türken Zentralasiens die
Kreuzung zwischen einem Kamel und einem Dromedar, zwischen einem Jak und einem Rind in Tibet
oder zwischen einem Jak und einem Zebu (Buckel-
rind) in Russland. Nicht zu vergessen die Hybriden,
die angeblich aus einer Kreuzung zwischen einem
Stier und einer Stute stammen, was sogar der große
Naturforscher Buffon geglaubt hat.

– *Sind denn diese Kreuzungen von irgendeinem Nutzen?*

– Das kann niemand sagen. Ich selbst glaube,
dass eine Kreuzung einfach den Höhepunkt des Do-
mestikationsaktes darstellt. Die zahlreichen Domestikationsversuche des Menschen sind keineswegs
überraschend. Sie dienen der Befriedigung seiner
Bedürfnisse und der Bestätigung seiner Macht. Er
betrachtet sie als Herausforderung, er möchte das
Unmögliche möglich machen, denn in der Natur
gibt es keine spontanen Kreuzungen. Aber bei allem
macht er sich keine Gedanken darüber, wozu seine
Versuche gut sein sollten.

– *Aber nicht alle Völker haben sich an den Domestikationen
beteiligt.*

– Bestimmte Völker, in den meisten Fällen Jäger/
Sammler, haben sich darauf beschränkt, einzelne
Tiere zu zähmen, zum Beispiel bestimmte Affen-

arten, Nagetiere oder Vögel. Das hing davon ab,
welches Verhältnis der Mensch in den einzelnen
Kulturen zu den Tieren hatte. Natur und Tiere sind
integrativer Teil der jeweiligen sozialen Struktur bei
den Jägern/Sammlern. Bei den Pygmäen, den Indianern, den Eskimos, den Völkern Sibiriens und den
australischen Aborigines ist die Tierwelt ein Abbild
der menschlichen Gesellschaft. Die Tiere werden in
diesen Kulturen als Verwandte, Verbündete oder
Feinde betrachtet, die man entweder locken kann
oder denen man aus dem Weg gehen muss.

– *Diese Gesellschaften haben das Wild mit großem Respekt
behandelt?*

– Ja, weil man Angst hatte, die Tiere, die man
jagte, würden sich nicht mehr fangen lassen, organisierte man Festlichkeiten, Verbrüderungs- und Versöhnungsrituale mit den Tieren. Die Jungen der getöteten Tiere wurden von den Frauen adoptiert.
Diese zahmen Tiere durften nicht verzehrt werden,
weil das als Kannibalismus betrachtet worden wäre.
Man war daher auch nicht daran interessiert, ihre
Domestikation weiter zu betreiben.

– *Dort, wo Tiere domestiziert und gezüchtet wurden, kam es
immer zu einem enormen Bevölkerungszuwachs.*

– Die Domestikation der Tiere hat in der Geschichte der Menschheit eine sehr große Rolle gespielt. Sie
hat zur Entstehung der ersten Zivilisationen, zu den
sozialen Differenzierungen, zum Aufschwung der
Wirtschaft, der Politik, ja sogar der militärischen
Aktivitäten beigetragen. So konnten sich die asiatischen Nomaden zum Beispiel nur zu Pferde die
Kontrolle über riesige Gebiete sichern.

DIE »CIMARRON«-TIERE

– *Hat der Mensch bei seinen Domestikationsversuchen nie eine Enttäuschung erlebt?*

– Doch. Es hat zahlreiche Domestikationsversuche gegeben, die nicht zum Erfolg geführt haben. Die alten Ägypter erscheinen sicher im Rückblick als die absoluten Weltmeister. Nach den ersten Domestikationen, die in der Jungsteinzeit stattgefunden haben, haben sie die Katze, die Gazelle, die Oryxantilope, die Hyäne, den Pelikan und das Krokodil domestiziert. Die Römer haben abgesehen von den Nattern und den Ginsterkatzen, mit denen sie sich die Nagetiere vom Hals hielten, auch Hirschkühe gezüchtet, die sie gemolken haben. In Schweden diente der Elch bis zum 17. Jahrhundert als Reittier … Aber auch in der Neuzeit gab es keine Ruhe. Von der Mitte des 19. Jahrhunderts bis zum Zweiten Weltkrieg hat man verschiedene neue Domestikationsversuche unternommen: Die Belgier haben im Kongo den Elefanten zähmen wollen, dann hat man Versuche mit Moschusrindern, dem afrikanischen Büffel, dem Strauß, den man sogar angeschirrt und geritten hat, dem Zebra usw. gemacht. Der größte Teil dieser Versuche wurde jedoch wieder aufgegeben.

– *Warum?*

– Weil sie entweder nichts gebracht haben oder zu spät kamen, um noch von praktischem Nutzen zu sein. So war es zum Beispiel mit dem afrikanischen Elefanten nach der industriellen Revolution.

– *Alle diese Experimente zeigen uns Tiere, die wieder verwildert sind, weil der Mensch willkürlich beschlossen hat, ihre Domestikation aufzugeben. Gibt es auch Beispiele dafür, dass Tiere sich der Kontrolle durch den Menschen entzogen haben?*

– Ja. Man bezeichnet diese Tiere als »Marrons«.
Das ist ein Wort, das aus dem Spanischen kommt
und aus Südamerika stammt. Es heißt eigentlich
Cimarron und hatte ursprünglich die Bedeutung
»flüchtiger schwarzer Sklave«.

– *Und welche Konsequenzen hatte das?*

– Das hängt ganz davon ab, wo und wann es geschehen ist. Die korsischen Mufflonschafe stammen von den entkommenen domestizierten Schafen ab, die im 7. Jahrhundert v. Chr. auf die Insel
gebracht worden waren. Die Folgen beschränken
sich in diesem Fall auf die Insel Korsika. Im Gegensatz dazu hat die Verwilderung der großen Pflanzenfresser, die von den Spaniern von 1492 an nach Amerika gebracht worden waren, auf den gesamten
Kontinent große Auswirkungen gehabt: Das Pferd,
die Rinder und die anderen domestizierten Pflanzenfresser, die man eingeführt hatte, haben sich
überall auf dem Kontinent ausgebreitet. Dort hatte
es vor der Kolonisation lediglich fünf eigene domestizierte Arten gegeben: das Lama, das Alpaka, das
Meerschweinchen, den Puter und die Berberente.
Dazu kommt noch der Hund, der im 11. Jahrhundert
vom Norden her eingeführt worden war.

– *Wie haben sich diese Tiere verbreitet?*

– Die einen sind den Züchtern, die sie mehr oder
weniger streng unter Kontrolle hatten, entwischt,
die anderen hat man einfach frei gelassen. Nachdem
sie dann zunächst wieder wild gelebt hatten, haben
die Indianer sie aufs Neue domestiziert. In Nordamerika spielte sich das Ganze in ähnlicher Weise
ab. Dort hat die Aufzucht der Pferde das Leben der
Indianer völlig verändert. Sie gaben die Jagd auf und
züchteten stattdessen Mustangs, indem sie die
»Marrons« erneut domestizierten.

– Gibt es diese Wildpferde auch heute noch?

– Ja. In den Vereinigten Staaten gibt es noch etwa 40000, die durch ein Gesetz geschützt werden. Sie sind dem Gesetzestext zufolge »lebendige Symbole für die Eroberung des Westens«. Und sie kosten den Staat jährlich etwa 17 Millionen Dollar an Schadensersatzansprüchen für das, was sie anrichten. Hinzu kommen noch Esel, Schafe, Ziegen und ungefähr eine Million verwilderter Schweine, die an den Flussdeltas und in den Wäldern im Südosten der Vereinigten Staaten leben.

– Bevor die Rinder und Pferde dort verwilderten, sah Amerika also ganz anders aus als heute?

– Das liegt auf der Hand.

– Letzten Endes ist dieser Prozess der Verwilderung also positiv zu bewerten?

– Ich weiß nicht, ob man die Frage so formulieren kann. Diese so genannten Marronagen können aus einer bestimmten Sicht positiv gewesen sein, aber sie haben auch das gesamte Ökosystem Amerikas verändert. Das Gleiche gilt für Australien, das im 18. Jahrhundert von den Engländern kolonisiert worden ist. Vorher gab es dort kein einziges domestiziertes Tier. Kaninchen, Kühe, Esel, Dromedare, Pferde, Büffel, Schweine, Hunde – alle sind eingeführt worden. Man hat sie einfach laufen lassen oder ihrem Schicksal überlassen, ohne sich Gedanken über die Folgen zu machen. Und alle haben sich fortgepflanzt und in der dortigen Flora und Fauna große Schäden angerichtet. Was die Kaninchen anbetrifft, so hatte man Mitte des 19. Jahrhunderts (1859) ganze 20 Exemplare eingeführt, die sich dann innerhalb von einigen Jahrzehnten auf mehrere Zigmillionen vermehrt hatten.

– Und für dieses Problem gab es nur eine radikale Lösung?

– Das kann man wohl sagen. Die Australier konnten sich nicht anders helfen, als die Kaninchen 1950 mit Myxomatoseerregern zu impfen. Das ist eine sehr ansteckende Krankheit, die sich dann auch auf anderen Kontinenten ausgebreitet hat. Auch die wilden Pferde, die Brumbies, deren Vorfahren die domestizierten Pferde der englischen Kolonisten waren, haben sich in einer Weise vermehrt, dass sie zu einer regelrechten Bedrohung für die Vegetation Australiens wurden, die ohnehin unter den alle paar Jahre auftretenden Dürreperioden und dem Druck des Viehbestands litt.

DIE EINDRINGLINGE

– Gab es solche Störungen des natürlichen Gleichgewichts, die durch die Umsiedlung von Tieren entstanden sind, in der Geschichte häufiger?
– Ja. Da ist zum Beispiel der Fall des Perlhuhns, das 1508 von Seefahrern aus Genua von Guinea auf die Antillen gebracht wurde. Dort ist es entkommen und hat sich sehr bald zu einer wahren Plage für die Anpflanzungen entwickelt. Ein weiteres typisches Beispiel für eine solche unbedachte Umsiedlung ist das Nutria, das zurzeit die Moore in der Gegend von Poitiers und andere Wasser-Ökosysteme zerstört. (Es ist ein großer Nager, der halb im Wasser lebt, aus Amerika stammt und wegen seines Fells importiert und gezüchtet wurde.) Als die Züchter dieser Biberratten während des Zweiten Weltkriegs vor den heranrückenden Deutschen flüchten mussten, haben sie einfach die Käfige geöffnet. Da die Tiere keine natürlichen Feinde haben und sehr fruchtbar sind, haben sie sich schnell akklimatisiert und in fast allen

Feuchtgebieten ausgebreitet, und das ist heute ein Problem.

   – *Warum?*

   – Weil sie in Kolonien in einem Bau leben, den sie in Uferzonen graben, und auf diese Weise zur Aushöhlung der Uferböschungen und Deiche beitragen (wie zum Beispiel in der Camargue). Um beim Wasser zu bleiben, man hat auch, ohne sich Gedanken über die Folgen zu machen, Fleisch fressende Schildkröten aus Kalifornien importiert, weil die Aquarienbesitzer sie so lieben. Auch sie zerstören heute die Fauna unserer Seen, in denen sie ihre Nahrung suchen. Ähnlich ist es mit dem Wels: Er stammt aus dem östlichen Mitteleuropa, wird drei bis vier Meter lang und wurde nach Frankreich gebracht, weil man den Katzenwels loswerden wollte, der selbst Ende des 19. Jahrhunderts nach Europa gebracht worden war.

   – *Warum heißt er Katzenwels?*

   – Weil er an seinem Maul Barteln besitzt, die an die Schnurrhaare einer Katze erinnern. Es sind Tastorgane, mit denen er seine Beute aufspüren kann.

   – *Ist es vorgekommen, dass durch das Eindringen solcher Tiere andere Arten ausgestorben sind?*

   – Ja. Als die Portugiesen im Jahre 1513 auf der dicht bewaldeten Insel St. Helena mit ihren Ziegen an Land gegangen sind, dachte keiner daran, welche Katastrophe dadurch ausgelöst werden würde. Die Ziegen fraßen alle jungen Triebe ab. Das hatte zur Folge, dass die gesamte Vegetation verschwand. Es kam zur Bodenerosion, sehr schnell entstand eine Wüste, und das wiederum führte zum Aussterben zahlreicher Arten. Ein weiteres Beispiel ist der berühmte Raphus cucullatus (Dronte) auf der Insel Mauritius.

– *Der große Vogel, der nicht fliegen kann und an eine Taube mit großen Füßen erinnert?*

– Genau der. Er besaß einen dicken, krumm gebogenen Schnabel und hatte ein schwarzweißes Gefieder. Als holländische Seeleute ihn 1598 entdeckten, war er für sie eine leichte Beute. Seitdem ist er ausgestorben. Mit ihm ist jedoch auch eine große Anzahl von Pflanzen verschwunden, deren Fortpflanzung ohne dieses Tier nicht möglich war, weil der Vogel die Früchte gefressen und die Samen überall verbreitet hat.

– *Die unbedachte Einführung einer wilden Art kann also für die Fauna und Flora schwerwiegende Folgen haben?*

– Absolut, aber das kann auch bei einer domestizierten Art der Fall sein. Heutzutage setzen die Leute ihre Hunde auf der Straße aus, wenn sie in die Ferien fahren. Wenn es diesen Tieren dann gelingt, in der freien Natur zu überleben, verbinden sie sich manchmal zu Rudeln. Und diese Rudel von halbwilden Hunden greifen jedes Jahr mehrere Tausend Schafe an. Aber davon redet man nicht. Stattdessen lässt man sich lieber lang und breit über die Angriffe der Wölfe auf die Schafe aus, das ist bedeutend medienwirksamer.

2. Szene: Das Tier als Partner

Der Mensch hat sich zu allen Zeiten Gedanken über die verschiedenen Tierarten gemacht, und das, was er über sie denkt, sagt letztlich auch etwas über seine eigene Geschichte aus. Mal hat er sie vergöttert, mal hat er sie geächtet, aber immer haben die Tiere als Partner des Menschen auch seine Fantasie beeinflusst.

KRIEGSSPIELE

– *Tiere sind also nicht nur domestiziert worden, um Arbeit zu leisten oder als Nahrung zu dienen.*

– Nein. Sie sollten den Menschen auch unterhalten. So veranstalteten zum Beispiel die Chinesen, wie wir gesehen haben, Kämpfe zwischen Grillen. Auch Hähne wurden zu solchen Kämpfen und als Opfertier missbraucht. Von Indonesien bis nach Westeuropa, vor allem aber in England, Belgien, Nordfrankreich und Spanien wurden speziell zu diesem Zweck besonders aggressive Rassen gezüchtet. Von Spanien aus gelangte dieser Brauch bis zu den Antillen und nach Amerika. Man glaubt sogar, dass der Ursprung der Domestikation dieser Vögel dort zu finden ist.

– *Ein Vergnügen, das an die Spiele in den Arenen der Antike erinnert?*

– Die Tiere waren allerdings nicht speziell für den Zirkus domestiziert und ausgewählt worden, sondern wurden mitunter in fernen Ländern und mit großem Aufwand gefangen. Anschließend wurden sie nach Rom transportiert, eine verhältnismäßig kurze Zeit gefüttert und dann unter den teils bewundernden, teils ängstlichen Blicken der Leute in den Arenen massakriert. So hat zum Beispiel die Einweihung des Kolosseums an einem einzigen Tag 9000 Tiere das Leben gekostet. Dieser »Sport« der Römer hat dazu geführt, dass es in Nordafrika und im Nahen Osten Elefanten und Löwen gab.

– *Von den Kriegsspielen bis zu den Kämpfen auf dem Schlachtfeld, die ein Privileg des Menschen sind, ist es doch nur ein kleiner Schritt…*

– Im Krieg spielten die Tiere eine wichtige Rolle als Boten, Reittiere oder sogar als lebendige Waffen. In der Antike haben die Militärs dafür gesorgt, dass die Elefanten wieder in den Westen kamen. So haben die Römer die Gallier bekämpft. Und die indischen Moguln unterhielten ständig eine Streitmacht von mehreren Tausend Elefanten. Diese Tiere hatten große Vorteile: Sie waren sehr stark, widerstandsfähig und konnten schwere Lasten tragen. Man konnte auf ihrem Rücken einen erhöhten Tragsessel befestigen, von dem aus die Bogenschützen eine gute Sicht hatten. Zahlreiche Feldherren, von Darius über Hannibal bis Timur, haben Elefanten benutzt und oft selbst Schaden dadurch erlitten.

– *Wieso haben sie selbst Schaden dadurch erlitten?*

– Fast alle mussten mit diesen Tieren schlimme Erfahrungen machen, denn sie ließen sich im Kriegsgetümmel nur schwer beherrschen, vor allem wenn sie durch Feuer oder durch den Schlachtenlärm in Panik versetzt wurden. Sie verursachten dann mitunter viele Opfer im eigenen Lager. Deshalb hatten die Elefantenführer gelernt, das Tier möglichst schnell mit einer Klinge, die an eine bestimmte Stelle in Kopfhöhe gestoßen wurde, zu opfern. Da die Feinde sehr bald dahinter gekommen waren, dass die Elefanten durch Feuer leicht in Panik zu versetzen waren, schleuderten sie Speere mit brennendem Pech, das an der Haut der Tiere kleben blieb. Oder sie trieben Schweine auf sie zu, deren Haut mit einer brennenden Substanz bedeckt war. Auch die Schmerzenslaute der Schweine lösten bei den Dickhäutern Panik aus. Um die eigenen Soldaten nicht zu gefährden, schreckte man in solchen Situationen auch nicht davor zurück, den Elefanten die Sehnen der Knie mit einer Axt zu durchtrennen und den Rüssel mit einer Sichel abzuschneiden.

– *War das Pferd in solchen Situationen dem Elefanten überlegen?*

– Trotz allem, was man über die Schlacht von Gomal bei Arbailu, dem heutigen Erbil im Nordirak liest, die 331 v. Chr. stattfand und bei der Alexanders Kavallerie über die Elefanten des Darius siegte, standen sich Elefanten und Pferde in den Schlachten nur selten direkt gegenüber. Die zwei Tierarten hatten unterschiedliche Funktionen. Und wenn sich die Kavallerie letzten Endes als eigenständige Waffengattung durchgesetzt hat, während die Elefanten in der Armee immer weniger Bedeutung hatten, so hing das ganz einfach damit zusammen, dass Pferde bedeutend unkomplizierter waren und dass man sie zu vielerlei Zwecken benutzen konnte. Vor allem aber waren sie viel leichter und schneller zu züchten und zu dressieren als die Elefanten. Jedenfalls weiß man heute, dass die Kriege eine Unzahl von Pferden das Leben gekostet haben.

– *Das heißt, dass das Pferd den Menschen von der griechisch-römischen Antike an bis zum Ersten Weltkrieg in allen großen Schlachten begleitet hat?*

– Ja, und das ist auch der Grund, warum das

Pferd von allen domestizierten Tieren für den Menschen das interessanteste war. Auch sein besonderer symbolischer Wert ist darauf zurückzuführen.

– Wir haben gesehen, dass das Pferd die amerikanische Scholle, auf der es geboren wurde, vor 700 000 Jahren verlassen hat und über die Beringstraße nach Asien gelangt ist. Aber wie ist es domestiziert worden?

– In den Jahrtausenden, die auf die Altsteinzeit folgten, wurden die Wildpferde hauptsächlich wegen ihres Fleisches gejagt, denn die Menschen dieser Zeit ernährten sich unter anderem von Pferdefleisch. Dann wurde das Pferd vor etwa 5500 Jahren in den Ebenen der Ukraine domestiziert. Zuerst wurde es gegessen, dann wurde es vom Beginn des zweiten Jahrtausends v. Chr. an vor die Streitwagen gespannt. In Mesopotamien und im Mittleren Osten diente es damals als Zugpferd.

– Hat man nicht auch versucht, auf ihm zu reiten?

– Doch, das hat man sicher, aber als Reitpferd, wie bei der Kavallerie, wurde es erst zu Beginn des ersten Jahrtausends v. Chr. benützt. Von diesem Zeitpunkt an verdanken es die Menschen vor allem den Pferden, dass sie Eroberer geworden sind, dass sich Sprachen und Traditionen verbreiten und Handelsbeziehungen entwickeln konnten. Die Nomadenvölker, darunter die Mongolen, haben neue Territorien entdeckt. Und überall, wo sie hingekommen sind, haben sie ihre Pferde mitgenommen, nach China, Indien und in den Westen. Mit den Spaniern sind die Pferde nach mehreren Hunderttausend Jahren sogar nach Amerika zurückgekehrt.

– Gab es abgesehen von den amerikanischen Mustangs und den australischen Brumbies, die ja ursprünglich domestiziert waren und dann wieder verwildert sind, nach der Begegnung mit den Menschen keine echten Wildpferde mehr?

– Die letzten echten Wildpferde lebten in Asien. Der Tarpan wurde im 19. Jahrhundert ausgerottet. Für die ukrainischen Bauern war er ein Ernteräuber, für die Züchter domestizierter Pferde ein »Stutendieb«. Das letzte Exemplar starb gegen 1880. Etwa zur selben Zeit und unter den gleichen Bedingungen wurde eine mit ihm verwandte Art von den Buren ausgerottet: das südafrikanische Quagga. Das einzige Wildpferd, das überlebt hat, ist das Prschewalski-Pferd. Der Name stammt von einem russischen General und Forscher, der es 1876 in der Dsungarei, einer Halbwüstenlandschaft in der Nähe der Mongolei, entdeckt hat. Im 20. Jahrhundert wurde dieses Pferd dezimiert und konnte nur mit Hilfe der zoologischen Gärten gerettet werden, die also entgegen der weit verbreiteten Meinung hin und wieder auch etwas Positives bewirken.

– Wie sind die Menschen auf den Gedanken gekommen, sich die Kraft des Pferdes zunutze zu machen?

– Um überhaupt auf diesen Gedanken kommen zu können, mussten sie erst einmal etwas über diese Kraft wissen: Man kann sich vorstellen, dass ihnen das mehr oder weniger zufällig klar geworden ist, indem sie zum Beispiel von einem Pferd an dem Seil mitgeschleift worden sind, mit dem sie es einfangen wollten. Dann mussten sie überlegen, wozu und auf welche Weise sie sich diese Kraft zunutze machen konnten. Sie mussten also ein Geschirr entwickeln, denn wie wir gesehen haben, wurde es zu Anfang angeschirrt, und das kann nur bei einem Bauernvolk geschehen sein.

– *... und da wurde es zum Pflügen und zum Transport der Ernte benutzt?*

– So ist es, und das Rad war bereits in der Mitte des vierten Jahrtausends v. Chr. im Mittleren Osten für den Ochsenkarren erfunden worden. Ohne Räder hätte das Anspannen eines Pferdes nicht viel gebracht.

– *Und wie ist man auf die Idee gekommen, sich auf seinen Rücken zu setzen?*

– Das weiß man nicht genau. Man glaubt, dass zwischen der Erfindung des Geschirrs etwa im Jahr 2000 v. Chr. und den ersten Versuchen, sich auf den Pferderücken hinter den Widerrist zu setzen, ein Jahrtausend vergangen ist. Diese lange Zeit beweist, dass das nicht selbstverständlich gewesen ist. Es gibt babylonische Statuetten, die zeigen, dass man sich bei den ersten Versuchen auf die Kruppe des Pferdes gesetzt hat ... Und all das geschah natürlich ohne Sattel und ohne Steigbügel, denn diese Dinge sind erst zu Anfang der Neuzeit entwickelt worden und konnten sich nur langsam durchsetzen. Das heißt, dass die Eroberungen der Mazedonier und dann der Römer ohne Sattel und ohne Steigbügel stattgefunden haben. Jeder Reiter weiß, was das bedeutet.

– *Die Entwicklung des Reitens hat lange gedauert, ist aber dann zu einer Kunst geworden.*

– Die Entwicklung der Reiterei hat tatsächlich sehr lange gedauert. Man muss in diesem Zusammenhang wissen, dass die Techniken, die einem Reiter von heute selbstverständlich erscheinen – das englische Traben, der gestreckte Galopp und das Überspringen von Hindernissen – erst Ende des 19. und Anfang des 20. Jahrhunderts erfunden wurden. Was die so genannte Hohe Schule anbetrifft – von der man sagt, dass sie eine wahre Kunst sei –, so entstand sie im 16. Jahrhundert in Italien. Sie wurde stark von der leichten östlichen Reiterei beeinflusst. Obwohl die Hohe Schule ein großes Ansehen genoss, beschränkte sie sich im Wesentlichen auf die Akademien, den Adel und dann im 19. Jahrhundert auf den Zirkus. Der berühmte Zureiter François Baucher bezeichnete sich selbst als einen »Gaukler«. Im 20. Jahrhundert wurde die Hohe Schule auch als sportliche Disziplin anerkannt.

– *Und wie sah das mit all den anderen Reitern aus?*

– Die Reiterei war »zweckgebunden«, sie hatte eine Funktion im Krieg, bei der Arbeit, beim Reisen, beim Hüten und Zusammentreiben des Viehs usw. Die Pferde mussten vor allem robust und zuverlässig sein, gut zu dressieren und leicht im Umgang. Der Vollständigkeit halber müssen jedoch auch die Zugpferde erwähnt werden, denn bis zum Beginn der fünfziger Jahre des 20. Jahrhunderts wurden Pferde überall zu diesem Zweck eingesetzt. Der hohe kulturelle Status des Pferdes hängt mit den Diensten zusammen, die es dem Menschen geleistet hat.

TEUFELSKATZE

– *Bei der Betrachtung der zahlreichen Formen der Domestikation kann man feststellen, dass die Tiere auf die Entwicklung der Menschheit einen sehr starken Einfluss hatten. Man muss sich daher wirklich fragen, was die Menschen ohne die Tiere gemacht hätten.*

– Die Bedeutung, die das Tier für den Menschen hat, beschränkt sich nicht nur auf ökonomische und materielle Aspekte. Die Tiere haben auch als Grundlage vieler kultureller oder ideologischer Konstrukte gedient.

– Was meinen Sie damit?

– In vielen Zivilisationen werden Götter mit bestimmten Tieren assoziiert. Die antike Götterwelt der Ägypter ist das bekannteste Beispiel. In vielen Mythologien wird der Ursprung des Menschen in die Tierwelt verlegt, oder es werden Analogien zwischen bestimmten Gruppen von Menschen und Tieren angenommen, wie zum Beispiel beim Totemkult. Man weiß, dass bestimmte türkische und mongolische Stämme sich als Totem einen Wolf oder einen Adler gegeben haben. Der mythische Ursprung des Volkes der Tibetaner wird der Verbindung zwischen einem Affen und einem weiblichen Felsendämon zugeschrieben. Rom verbindet seine Existenz mit der berühmten Wölfin, die die Zwillinge Romulus und Remus gesäugt haben soll.

– Letztlich haben alle diese Vorstellungen die Art und Weise beeinflusst, wie der Mensch mit den Tieren umgeht.

– Es ist offensichtlich, dass eine von einem Totem bestimmte Gesellschaft ihr Totemtier bevorzugt behandelt. Letzten Endes hängt die Behandlung der Tiere jedoch in jeder Kultur von der Rolle ab, die sie dem Menschen in der Natur zuweist. So hat der Mensch als Ebenbild Gottes zum Beispiel in den jüdisch-christlichen Kulturen in der Natur eine beherrschende Position, die besondere Rechte, logischerweise jedoch auch Pflichten mit sich bringt. Je nach Epoche und je nach den Umständen überwiegt das Bewusstsein mal für das eine und mal für das andere …

– Das erklärt auch, warum ein und dieselbe Tierart einmal vergöttert und dann wieder verdammt wird, wie es zum Beispiel bei den Katzen der Fall war?

– Ja. Die Katze ist ein sehr gutes Beispiel. Bei den Ägyptern wurde sie als heiliges Tier verehrt. So hatte

Bastet, Göttin der Freude und der Fruchtbarkeit, einen Katzenkopf. Die Katze war Gegenstand eines echten Kults. Wenn eine Katze starb, rasierten sich die Besitzer die Augenbrauen ab, balsamierten die sterbliche Hülle des Tieres ein und setzten sie in geheiligten Grabstätten bei.

– *Wie ist dieses Tier zu uns gekommen?*

– Von Ägypten aus breitete sich die Katze im 11. Jahrhundert, also zu Beginn des Mittelalters, allmählich in ganz Europa aus. Sie teilte zunächst die Zellen mit den Eremiten, wurde dann von bestimmten Kirchenvätern verehrt, die in dem M, das auf der Stirn der Tigerkatzen zu sehen ist, das Zeichen der Jungfrau Maria sahen.

All das fand ein jähes Ende, als die Herrschaft der Päpste wieder bestätigt worden war und der Kampf gegen die Häretiker begann.

– *Von da an betrachtete man sie als ein Wesen des Bösen?*

– Die Katzen standen jedenfalls im Verdacht, die Inkarnation des Bösen zu sein, und darunter haben sie sehr gelitten. So warf man sie zum Beispiel bei lebendigem Leib auf den Scheiterhaufen. Ich glaube, dass dieser Wandel im Verhalten den Katzen gegenüber etwas mit ihrer veränderten Funktion zu tun hatte. Nachdem man sie etwa 4000 Jahre v. Chr. in Ägypten domestiziert hatte, konnten sie sich erst allmählich in Westeuropa ausbreiten. Im 11. Jahrhundert, kurz nach ihrer Ankunft, kam aus Asien die Hausratte, deren natürlicher Feind die Katze war. Um dieser Aufgabe gerecht werden zu können, musste die Katze wieder ein echtes kleines Raubtier werden. Sie lebte in respektvoller Entfernung von den Menschen, von denen sie schlecht behandelt wurde. Katzen wurden weder gestreichelt noch verwöhnt. Als Rattenjäger gingen sie schließlich auch auf die

Schiffe und konnten sich so auf der ganzen Welt verbreiten. Anfang des 18. Jahrhunderts kamen die Wanderratten (unsere heutigen Kanalratten) nach Europa, und dadurch änderte sich der Status der Katze aufs Neue. Die Wanderratten waren bedeutend aggressiver als die Hausratte, die sich dann in die Scheunen zurückzog. Wanderratten griffen sogar Katzen an, sodass man dazu überging, Hunde, vor allem Foxterrier, als Rattenfänger einzusetzen. Von dieser Zeit an eroberte die Katze, die ansonsten keine Funktion mehr hatte, ihren Platz im Haus und ist seitdem ein liebenswerter Hausgenosse.

SCHMUSETIER

– Das Tier ist also noch gar nicht so lange Gesellschafter des Menschen?
    – Man muss hier Unterschiede machen. Bei der Katze hat sich der Übergang ganz allmählich vollzogen, andere haben diesen Status erst heute erreicht. Der Wolf war schon seit den ersten Domestikationsversuchen Partner des Menschen. Schmusetiere findet man bereits in der Antike, vor allem bei den Römern, die besonders die kleinen exotischen Tiere geliebt haben, so zum Beispiel die Affen und die Papageien. Auch in zahlreichen außereuropäischen Ländern fängt und zähmt man diese kleinen Tiere. Die Conquistadores haben so etwas zuerst bei den Indianern Südamerikas beobachtet, dort ihre Vorliebe für solche Tiere entdeckt und sie in der Renaissance mit nach Europa gebracht. Für die Damen der aristokratischen Gesellschaft gehörte es in dieser Epoche zum guten Ton, dass sie »Schoßhündchen« und andere »Schoßtiere« besaßen.

– *Und wie war das in den unteren Klassen?*

– Im 19. Jahrhundert war der Kanarienvogel das Haustier des kleinen Mannes. Es entwickelte sich ein reger Handel mit Vögeln, die auf dem komplizierten Weg über Österreich und die Schweiz in großen Körben auf dem Rücken der Vogelhändler nach Paris gebracht wurden.

– *Es besteht demnach kein Unterschied zwischen dem Verhältnis, das wir heute zu den Tieren haben, die das Haus mit uns teilen, und dem Verhalten unserer Vorfahren diesen gefiederten oder pelzigen Partnern gegenüber?*

– Der Unterschied besteht in der Zahl. In Frankreich gibt es heute 42 Millionen Haustiere – 8,2 Millionen Katzen, 7,8 Millionen Hunde, 6,2 Millionen Vögel, 18,8 Millionen Fische und 1,3 Millionen Nager – und das bei einer Einwohnerzahl von etwa 60 Millionen. In den Vereinigten Staaten sind es sogar 230 Millionen Haustiere und in der Europäischen Union 300 Millionen. Australien, die Vereinigten Staaten, Frankreich, Belgien und Irland sind die Länder, in denen die Zahl der Hunde und Katzen pro Einwohner am höchsten ist.

Die Begeisterung für die Haustiere ist eng mit der Entwicklung der Städte und der Verstädterung des Landes verbunden.

– *Ist das der einzige Unterschied?*

– Nein. Es besteht auch ein qualitativer Unterschied. Der größte Teil der Leute, die Tiere besitzen, sind seriöse Menschen, die ein absolut gesundes Verhältnis zu ihren Haustieren haben und sie nicht mit einem Menschen verwechseln. Ein ernstes Problem entsteht allerdings dann, wenn die Menschen Tiere lieben, weil sie sich nicht mehr für andere Menschen interessieren. Das ist sicher eine Folge der heutigen gesellschaftlichen Situation. In jedem

Fall hat sie dazu beigetragen, einen Markt zu schaffen, in dem unglaubliche Geschäfte mit Tieren und
ihren Bedürfnissen gemacht werden. Im Jahre 1991
betrugen die Umsätze mit Produkten für Haustiere
in der EU 18 Milliarden Mark, davon allein in Frankreich 6 Milliarden. Alles ist gut, solange es nur Geld
bringt, auch die verrücktesten Dinge, wie Malerate-
liers für Hunde, Hundehotels, Tiermode usw.

– *Und das ist ein Irrweg?*

– Absolut. Der Mensch vermenschlicht das Tier,
und das Tier betrachtet den Menschen als Artgenossen, und das ist auch der Grund, warum es in den
Wartezimmern der Tierärzte von hysterischen Herrchen und aggressiven Tieren nur so wimmelt. Wenn
man ein Tier so vermenschlicht, dass man sein wah-
res Wesen nicht mehr sieht, dann erniedrigt man es
nur und achtet es nicht mehr. Man liebt ein Tier
dann nicht mehr um seiner selbst willen, sondern
als etwas, das es gar nicht ist. Das heißt, je mehr
man es liebt, umso weniger kennt man es. Man
meint es gut, behandelt es jedoch völlig unange-
messen. Das ist praktisch Tierquälerei.

– *Wir haben uns weit von den ersten Hunden der Jungsteinzeit entfernt …*

– Die Geschichte des Hundes war nicht immer
von Anhänglichkeit und Partnerschaft gekennzeich-
net. Noch lange nach der Jungsteinzeit haben die
Menschen in fast allen Kontinenten Hunde verzehrt.
In Deutschland ist die letzte Hundemetzgerei erst
zwischen den beiden Weltkriegen verschwunden. In
bestimmten Ländern Südostasiens werden sie noch
heute verzehrt.

KAMPFHUNDE

– Am Anfang war der Wolf. Wie ist es eigentlich dann zur Entstehung der 400 Hunderassen gekommen, die es heute gibt?

– Das ist kein Zufall: Der Mensch hat bestimmte Manipulationen zuerst beim Hund ausprobiert, bevor er es mit anderen Tierarten versuchte. Da der Hund über eine große genetische Variabilität verfügt und der Mensch bei ihm von Generation zu Generation selektive Paarungen durchgeführt hat, konnte er die Größe, das Fell und das Temperament variieren und so die Rassen erzeugen, die wir heute kennen, vom Zwergpudel bis zur tibetanischen Dogge.

– Ist jede Form auch mit bestimmten Funktionen verbunden?

– Seit der Antike wurden Windhunde für die Jagd und Molosser zum Schutz der Ansiedlungen und Herden gezüchtet. Außerdem sollten sie größeres Wild jagen und wurden auch bei kriegerischen Auseinandersetzungen eingesetzt.

– Waren das die Hunde, aus denen später die Kampfhunde entstanden sind?

– Das ist unwahrscheinlich, denn die Tierkämpfe sind mit Sicherheit fast so alt wie die Domestikation, auch wenn sie natürlich erst in den römischen Arenen ihren Höhepunkt erreicht haben. Noch heute, oder zumindest in der jüngsten Vergangenheit, zeigen bestimmte Kulturen eine Vorliebe für Kämpfe zwischen Tieren der gleichen Art: Kamele in der Türkei, Stiere im Nordiran, Widder in Afghanistan sowie Hunde und Hähne in vielen anderen Ländern. Im 19. Jahrhundert wurden in England und Frankreich, in Paris auf der damaligen Place des Combats (heute Place du Colonel-Fabien), Kämpfe vorzugsweise von großen Hunden ausgetragen. Sie mussten gegen

Stiere, Esel, Wildschweine und sogar gegen Bären
antreten. Veranstaltet wurde das Ganze von Metz-
gergehilfen. Diese »Unterhaltung«, die nicht nur den
Pöbel, sondern auch Damen der Gesellschaft anzog,
wurde gegen Mitte des 19. Jahrhunderts verboten.
Anschließend wurden die Kämpfe dann jedoch
noch lange Zeit heimlich fortgesetzt. Der Pitbull,
Kampfhund für die »Arena« (engl. »pit«), ist eine
neuere Züchtung aus der zweiten Hälfte des 20. Jahrhunderts.

    *– Haben die Engländer, die sich doch heutzutage als die gro-
ßen Anwälte der Tiere verstehen, diese Rasse »erfunden«?*

    – Es handelt sich bei diesen Tieren nicht um eine
Rasse, sondern um einen Hundetyp, der das Ergebnis einer Reihe von Kreuzungen ist, die man in Amerika zwischen englischen Jagdterriern und den Mo-
lossern, wie zum Beispiel der argentinischen Dogge,
durchgeführt hat. Diese Hunde wurden speziell für
den Kampf gezüchtet und dann in die ganze Welt ex-
portiert, vor allem nach Pakistan. Dort habe ich einmal mit ansehen müssen, wie man sie gegen einen
Bären kämpfen ließ. Über die Pitbulls ist in den letzten Jahren viel geschrieben worden. Die Presse hat
sie verteufelt und dabei die zahlreichen Vorfälle und
schweren Unfälle vergessen, an denen auch viele
andere Rassen beteiligt waren. Der Angriff eines
Hundes hängt von verschiedenen Faktoren ab: von
der genetischen Veranlagung über eine schlechte Erziehung bis hin zum Fehlverhalten des Menschen,
das in bestimmten Situationen vom Hund als Bedrohung erlebt werden kann. Ich glaube, man hat
das Problem an den Pitbulls festgemacht, weil man
auch die benachteiligten Stadtviertel und Vororte
verteufeln wollte, in denen diese Hunde leben. Man
möchte also eine Verbindung zwischen »bösen

Hunden« und »problematischen Jugendlichen« herstellen.

– *Man kann aber doch nicht abstreiten, dass es vor allem in
diesen Vororten seit dem Beginn der neunziger Jahre solche an-
griffslustigen Hunde gibt?*

– Nein, das stimmt. Ich will beileibe nicht das
Problem verniedlichen, sondern nur zeigen, dass
seine Wurzeln woanders zu finden sind. Entscheidend ist vor allem die Vorstellung, die wir von den
Tieren haben, und die Art und Weise, wie wir mit
ihnen umgehen. Wenn sich bestimmte Jugendliche
von den Pitbulls angezogen fühlen, dann hängt das
damit zusammen, dass sie in sozialer Unsicherheit
leben. Aus diesem Grund wollen sie anderen und
sich selbst beweisen, dass auch sie Macht besitzen,
und zwar über einen solchen Hund.

MINIATURHUNDE

– *Man könnte sagen, dass der Mensch eine Menge verschiedener Hunde gezüchtet hat, deren einziges gemeinsames Merkmal
die Komplexität seiner Persönlichkeit ist. Zum einen dressiert
man die Tiere, um sie zu unterwerfen, zum anderen bemuttert
und liebt man sie.*

– Es gibt Kampfhunde und Schoßhündchen, die
man bemuttern kann. Beide befriedigen existen-
zielle Bedürfnisse des Menschen und den Wunsch
nach starken Symbolen der jeweiligen Gesellschaft.
Der Mensch beschäftigt sich mit der Kreuzung und
Züchtung neuer Rassen. Er erforscht gleichzeitig damit seine eigene Identität und die Grenzen seiner
Macht. Er versucht, das perfekte Tier zu formen, um
dann in ihm ein schmeichelhaftes Spiegelbild seiner
selbst zu erkennen. Das Tier wird zu einem Emblem.

– *Trotzdem liegen Welten zwischen dem Wolf und dem Malteser der Pompadour.*

– Der Mensch hat die Spontanmutationen ausgenutzt, die manchmal auftreten und zur Geburt eines Tieres führen können, das völlig anders ist als seine Eltern. Ein gutes Beispiel hierfür ist der Dackel. Dieser Hund ist ursprünglich das Ergebnis einer Mutation, die in einem Wurf von Brunos aus dem Jura auftauchte, das sind Laufhunde mit langen Beinen.

– *Der Mensch hat also diese Linie durch Selektion weiterverfolgt, damit sich die neue Form fortpflanzen ließ?*

– So ist es. Die ursprünglichen Anomalien werden zu Auswahlkriterien umfunktioniert, die man zwangsläufig durch Inzucht festschreibt. So bekommt man Hunde, die einem bestimmten Standard entsprechen.

– *Und was bedeutet das?*

– Jede Rasse wird durch eine bestimmte Anzahl von morphologischen Merkmalen definiert, der jedes Exemplar möglichst genau entsprechen muss. Aber die übertriebene Selektion bestimmter äußerer Merkmale ist durchaus nicht ohne Risiko. Das erkennt man an der Häufigkeit genetisch bedingter Krankheiten bei bestimmten Hunderassen: Knochenerkrankungen, Augenkrankheiten, Störungen des Immunsystems, der Atemwege, des Herzens usw. So leiden zum Beispiel die kleinen Hunde, die man so gezüchtet hat, dass sie einen abgeflachten Schädel und große Augen haben, häufig unter Erkrankungen der Atemwege und unter Bindehautentzündungen.

– *Warum hat man die Hunde so klein gemacht?*

– Um das so genannte Kindchenschema zu befriedigen, und das hat schließlich zur Miniaturisierung der Haustiere, vor allem der Hunde, geführt.

Die Selektionen wurden so vorgenommen, dass auch beim erwachsenen Tier die Größe und das kindliche Verhalten des Welpen erhalten blieben. Diese Hunde haben ein flaches Gesicht, große Augen, kurze Gliedmaßen, einen rundlichen Körper und wirken dadurch immer ein wenig hilflos. Alle diese kindlichen Merkmale lösen bei den Herrchen oder Frauchen zärtliche Gefühle aus.

– *Jede Domestikation, Bemutterung oder Dressur richtet sich also im Grunde gegen die Interessen des Tieres ...*

– Ja, das stimmt wirklich. All das dient in erster Linie dem Menschen.

IM GUTEN WIE IM BÖSEN

– *Unser Verhältnis zu den Haustieren scheint sich nicht wesentlich von dem der Menschen in der Vergangenheit zu unterscheiden. Zwischen den Tieranbetern Kaliforniens, die neuerdings Turnhallen und Kulturzentren für Hunde planen, und den alten Städten wie zum Beispiel Cynopolis, der Stadt der Hunde, in der Medor König gewesen war, besteht also kaum ein Unterschied.*

– Zwei wesentliche Unterschiede lassen sich doch feststellen. Der erste hat etwas mit der Kommerzialisierung zu tun, über die wir bereits gesprochen haben, eben mit dem Phänomen des Tieres als Gesellschafter des Menschen in der westlichen Welt. Der zweite Unterschied liegt in der Vielfalt der Kulturen und damit in der Vielfalt der »Domestikationssysteme«, die sich mit der Zeit entwickelt haben. Während bestimmte Kulturen wie die unsere den Hund besonders schätzen, betrachten ihn andere, wie zum Beispiel der Islam, als unreines Wesen. Sie verachten ihn, weil er Abfälle frisst, sie verdammen sein inzestuöses Sexualverhalten und sein inniges Verhältnis zum Dreck. Außerdem sehen sie in ihm den Überträger der Tollwut …

    – *Und in Europa?*

    – Die Europäer haben den Hund schon immer geschätzt. Natürlich gab es dabei Unterschiede: Auf der einen Seite finden wir die Jagdhunde der Männer und die Schoßhunde der Frauen, die immer tun und lassen konnten, was sie wollten. Auf der anderen Seite gab es die Arbeitshunde (Wachhunde, Hütehunde), die strenger behandelt und mitunter sogar getötet wurden, wenn sie ihren Aufgaben nicht mehr gewachsen waren.

    – *Im Allgemeinen hatten die Hunde in Europa ein gutes Leben und genossen mehr Freiheiten als alle anderen domestizierten Tiere.*

    – Ja, die Begeisterung für diese Tiere führte im 19. Jahrhundert zu einer starken Zunahme der Zahl der Hunde. Durch die Einführung einer speziellen Steuer – in England bereits 1796, in Frankreich 1855 – hat man versucht, diese Entwicklung aufzuhalten.

    – *Warum leben heute eigentlich so viele Menschen mit Tieren zusammen?*

    – Dazu bedarf es einiger zusätzlicher Erklärungen. Der moderne Mensch hat Sehnsucht nach der Natur, sein gesteigertes ökologisches Bewusstsein trägt sicher auch dazu bei. Außerdem gibt es in vielen Familien noch ein anderes nostalgisches Motiv. Die Eheleute schaffen sich Tiere an, um die Kinder zu ersetzen, die sie nicht haben. Und schließlich spielen vor allem der Rückgang der traditionellen gesellschaftlichen Kontakte, die Unsicherheit am Arbeitsplatz und im Beruf und die Entwertung der Familie eine Rolle. So kommt es, dass die Menschen von heute der Treue eines Hundes oder dem Freiheitsdrang einer Katze einen immer größeren Wert

beimessen. Anders ausgedrückt: Die Schoßtiere vermitteln unseren Zeitgenossen ein Gefühl der Überlegenheit, und das ist für das Selbstgefühl dieser
Menschen unverzichtbar. Sie missbrauchen die Tiere
für ihre Projektionen und sehen sich selbst in ihnen
wie in einem Spiegel. Sie sehen dann womöglich
nur ein Zerrbild, aber es ist zumindest ein schmeichelhaftes.

3. Szene: Das Tier als Sache

Die Geschichte der Tiere vollzieht sich sozusagen im Kielwasser der Geschichte des Menschen. Aber manchmal, wenn er versucht, die Evolution zu manipulieren, macht er alles nur noch schlimmer.

PFERDEFLEISCH

– *Die Europäer haben sich von jeher für die Tiere begeistert. Das hat sie allerdings nicht daran gehindert, sie als Maschinen zu betrachten und sich ihrer entsprechend zu bedienen. Die Bibel war die erste, die das Tier aus der Schöpfungsgeschichte ausgeschlossen hat. René Descartes hat ihm dann den Gnadenstoß versetzt.*

– Descartes' mechanistisches Konzept ging von der Beobachtung aus, dass die Tiere keine artikulierte Sprache besitzen. Grundlage seiner Theorie waren die monotheistischen Religionen. Sein Konzept bestärkte die Vorstellung von der Stellung des Menschen, der über alle anderen Lebewesen herrscht. Unter dem Einfluss Descartes' wurde das Pferd als Maschine betrachtet. Diese Ansicht lieferte einen sehr willkommenen Vorwand, diese Tiere auszubeuten. Die Dressur galt bei den Adligen als beste Erziehungsmethode, übrigens auch für die jungen Aristokraten, weil man meinte, dass diese dadurch später selbst Menschen besser führen könnten.

– *Von den Philosophen der Antike bis zu den ersten Tierschützern gibt es eine lange Liste derer, die sich gegen diese me-*

chanistische Auffassung gewandt haben. Es sollte jedoch noch bis zum 19. Jahrhundert dauern, bevor entschiedener Position bezogen wurde …

– Tatsächlich begann alles in den Wirren der Französischen Revolution. Und wirklich ernst wurde es erst, als man die Ideale von der Befreiung der unterdrückten Kreaturen in die Tat umsetzte: als man die Leibeigenen, die Sklaven und auch die Haustiere befreite … Und genau in der gleichen Epoche formulierte Jeremy Bentham, der englische Philosoph und Rechtswissenschaftler, das Problem der Tiere neu: »Die Frage ist nicht, ob sie schlussfolgern oder ob sie sprechen können, sondern ob sie leiden können.« In jedem Land gab es Kämpfe zwischen denen, die den Schutz der Tiere forderten, und denen, die dagegen waren. Der englische Adel hat sein Interesse gezeigt, indem er 1824 in London die erste Gesellschaft zum Schutz der Tiere gegründet hat. Die scheinbare Großzügigkeit dieser Initiative war in Wirklichkeit weniger auf das Mitleid mit den Tieren zurückzuführen, denn die Adligen hatten schließlich nichts gegen die Parforcejagd. Grundlage war die Idee des Patriarchats, das ein typisches Zeichen dieser Epoche war. Man wollte »das Volk erziehen«, damit es sich nicht mehr so verabscheuungswürdigen Vergnügungen wie Tierkämpfen hingab.

– *Und dann hat Königin Victoria 1830 die Gründung der Königlichen Gesellschaft zur Verhinderung von Grausamkeit gefördert, und die veränderte 1862 unter Napoleon III. die Bedingungen, unter denen in den Laboratorien des Collège de France und in den Veterinärschulen mit Tieren experimentiert wurde …*

– Ja. Diese erste Tierschutzbewegung wurde durch die Initiative des englischen Adels ins Leben gerufen und breitete sich bald in ganz Europa aus.

Von dort aus gelangte sie in die Vereinigten Staaten und fand in den Kreisen der Intellektuellen und Feministinnen begeisterte Anhänger. Zum ersten Mal wurde 1850 auf Drängen des Bonapartisten Jacques Delmas, Graf von Grammont, in Frankreich ein Gesetz erlassen, demzufolge Misshandlungen an Haustieren unter Strafe gestellt wurden. Infolgedessen kam es zu einer großen Kampagne zugunsten des Verzehrs von Pferdefleisch.

— *Der Verzehr von Pferdefleisch als Maßnahme zum Schutz der Tiere, das soll wohl ein Witz sein?*

— Absolut nicht. Im Jahre 1856 hat man in Frankreich im Rahmen einer Kampagne, die von zwei verschiedenen Seiten ausging, begonnen, Pferdefleisch zu verzehren. Positivistische Gelehrte wie Isidore Geoffroy Saint-Hilaire argumentierten von einem »hygienischen« Standpunkt aus und hatten das Ziel, die Lebensqualität und die Gesundheit der ständig zunehmenden Großstadtbevölkerung zu verbessern. Die anderen unter der Führung des Militärveterinärs Emile Decroix verfolgten »protektionistische« Ziele und arbeiteten mit der SPA (Société protectrice des animaux, entspricht dem deutschen Tierschutzverein) zusammen. Man wollte das unwürdige Schauspiel beenden, das man in den Straßen immer wieder mit ansehen musste, wenn nämlich die Kutscher so lange auf die verbrauchten Pferde einschlugen, bis sie dann auf der Straße verendeten. Man sagte sich damals, wenn man an gesundem Fleisch interessiert war und vom Metzger noch einen guten Preis für ein altes Pferd kassieren wollte, musste man dafür sorgen, dass das Tier bis zum Schlachthaus in guter Verfassung war. Noch heute gibt es in den skandinavischen Ländern Tierschutzorganisationen, die das Schlachten von Pfer-

den befürworten und sogar entsprechende Koch-
rezepte verteilen.

– *Das Pferd, das einst dem Menschen seine Kraft zur Verfügung gestellt, ihn im Krieg begleitet und ihm als Arbeitswerk-
zeug gedient hat, ist also auf dem besten Weg, eine Art Haustier
zu werden?*

– Viele Pferde werden heute von den Profis bereits als »Cheval-potager« betrachtet, also sozusagen als »Gemüsegartenpferde«. Man bringt ein Pferd
einfach in einer Ecke seiner Garage oder im Garten
unter. Das wird schon häufig gemacht. Das Pferd ist
eine gute Illustration der Stellung zwischen den
Nutztieren und den Haus- oder Schoßtieren, die die
Pferde im System der westlichen Domestikation
nach und nach einnehmen. Inzwischen respektiert
man das Pferd nicht mehr, sondern »man liebt es«
und sucht in ihm den »Freund fürs Leben«. Man
hätte hoffen können, dass allein seine durchschnitt-
lichen Dimensionen – 500 Kilo und 1,60 Meter Höhe
am Widerrist – ausgereicht hätten, um so ein Tier
davor zu bewahren, ein Schoßtier zu werden. Aber
seit man in den Vereinigten Staaten ein »Pferd
für die Wohnung« gezüchtet hat – das Pony Fala-
bella – das nur 50 Zentimeter hoch ist, kann man
diese Hoffnung wohl begraben, zumal man vor kurzem auch noch ein Bett für diese Pferde entwickelt
hat.

– *Inzwischen hat das Tier in den Haushalten der westlichen
Welt einen bedeutend höheren Status erlangt.*

– In den fünfziger Jahren galt es noch als unmo-
ralisch, seine Bindung an ein Tier zu zeigen, wo doch
die Welt gerade noch in Flammen gestanden hatte
und so viel Blut geflossen war. Ein halbes Jahrhundert später trägt das Haustier zur seelischen Gesundheit seines Besitzers bei, hat seinen Platz im

Haus erobert und ist ein vollwertiges Mitglied der
Familie geworden.

*– Das ist eine paradoxe Situation. Zumindest besteht hier ein
unschöner Gegensatz zwischen der fatalen Neigung, einerseits
Hunde und Katzen zu vermenschlichen, andererseits keinerlei
Interesse an den Tieren zu zeigen, die man verzehrt.*

    – Genau so ist es. Dieses Paradox ist der Kern des
»Domestikationssystems« in der westlichen Welt.
Man muss sich sogar fragen, ob die Tatsache, dass
wir unsere Haustiere so sehr lieben, nicht ausschließlich dem Zweck dient, uns in irgendeiner
Form zu erlösen, von der Schuld freizusprechen,
dass wir allein in Frankreich jedes Jahr eine Milliarde
Tiere aller möglichen Arten töten: Vieh, Geflügel
usw. Und diese Tiere ignorieren wir, wir verachten
sie, sie sind uns völlig gleichgültig.

    – Man hat keine wirklichen Schuldgefühle?

    – In allen Religionen ist der Verzehr von Fleisch
an bestimmte Regeln gebunden. Es gibt Verbote und
komplexe Rituale, die das Gefühl, einen Fehler zu
machen, indem man ein Tier opfert, das man selbst
großgezogen hat, unterdrücken sollen. Wie wir gesehen haben, gab es in den Gesellschaften der Jä-
ger/Sammler Versöhnungsrituale mit den Tieren,
die man tötete, denn man befürchtete, dass sie sich
organisieren könnten, um dem Menschen zu entkommen. Man hat sich tatsächlich mit den lebenden Tieren verbrüdert, sie nach ihrem Tod um Verzeihung gebeten und darauf geachtet, dass nur so
viele Tiere getötet wurden, wie die Gemeinschaft be-
nötigte. So adoptierte und verwöhnte man zum Bei-

spiel die Jungen der getöteten Tiere. Ähnlich ist es mit uns westlichen Fleischfressern: Wir glauben, nicht das Recht zu haben, bestimmte Tiere zu verzehren, wenn wir nicht gleichzeitig andere Tierarten ganz besonders lieben. Diese Kluft zwischen den Haus- und Schoßtieren, die eine bevorzugte Stellung einnehmen, und den Nutztieren, die als Sache betrachtet werden, ist ein typisches Merkmal der westlichen Zivilisation. Und diese Kluft wird ständig größer. Wir tragen dazu bei, indem wir den Schoßtieren einen immer höheren Wert beimessen, während wir die Nutztiere immer geringschätziger behandeln. Das stützt meiner Meinung nach die Hypothese von der Erlösungsfunktion.

– *Das Schauspiel des Todes ist aus unserem alltäglichen Leben verschwunden. Offenbar hat die Banalisierung und Verleugnung des Tötens das Ziel, uns die verlorene Unschuld wiederzugeben, damit wir ein mehr oder weniger gutes Gewissen haben können.*

– Die Beziehung zwischen Mensch und Nutztier wird immer unpersönlicher, das Tier wird schlecht behandelt, damit man es leichter töten kann. Auf diese Weise erspart man sich schlimme Schuldgefühle – all das gehört mit zu diesem Prozess. Noch im 19. Jahrhundert wurden die Tiere unter den Augen aller Bürger mitten im Ort geschlachtet. In der zweiten Hälfte des 19. Jahrhunderts hat man dann die Schlachthäuser an den Stadtrand verlegt. Das Schlachten selbst wurde automatisiert, es ist anonym und unsichtbar geworden, und das nicht nur aus hygienischen oder organisatorischen Gründen …

– *Man opfert nicht mehr und man tötet nicht mehr, fortan schlachtet man. Und das ist ein Ausdruck, der für den Anthropologen Noëlie Vialles bedeutet, dass das Tier »desanimalisiert« wird.*

– Genau so ist es. Und diese Verleugnung geht so weit, dass man jedes Zeichen, das noch auf das Tier hinweisen könnte, an den Ständen der Metzger verschwinden lässt. Die perfekt abgepackten Fleischwaren sollen den ursprünglichen Zustand des Tieres verbergen.

– *Man möchte gern das Fleisch essen, aber nicht das Tier?*

– So ist es. Wir haben nichts dagegen, Carnivoren, also Fleischfresser zu sein, wehren uns aber dagegen, als Zoophagen (Leute, die Lebendiges essen) betrachtet zu werden, um die Begriffe aufzugreifen, die Noëlie Vialles benutzt hat.

DIE INDUSTRIALISIERTEN TIERE

– *Die Industrialisierung der Tierzucht hat das Verhältnis zwischen dem Züchter und seinen Tieren erheblich verändert. Die Hirten, die auf der Weide in direktem Kontakt mit ihren Schafen leben, sind zu einer aussterbenden Art geworden.*

– Heutzutage werden neun von zehn Tieren industriell aufgezogen. Die Automation der Aufzucht erlaubt es einem einzigen Menschen, 20000 Hühner, 3000 Schweine und 100 Kälber zu versorgen oder über 80 Kühe pro Stunde zu melken. Außerdem kann er aus der Entfernung per Satellit die Bewegungen seiner Herde auf der Weide beobachten. Resultat: Die Versicherungen der Landwirte stellen fest, dass die Zahl der Unfälle bei den Züchtern steigt, weil sie nicht mehr wissen, wie man mit den Tieren umgeht.

– *Wie ist es zu dieser Form der Tierzucht gekommen?*

– Es hat sich nach und nach so entwickelt. Der ständig steigende Bedarf erforderte auch eine Erhöhung der Produktion. Der wissenschaftliche und technische Fortschritt ermöglichte eine Lösung dieser Probleme, die mit der Zeit jedoch immer komplexer wurden. Schon im 17. Jahrhundert ging man dazu über, Pflanzen für Tierfutter anzubauen. Man kultivierte die Wiesen, wählte Tiere aus, die besonders gut für verschiedene Aufgaben geeignet waren, und rottete all jene Tiere aus, die die Herden dezimiert hatten. Neue Disziplinen entstanden, darunter die Tiermedizin und die wissenschaftliche Tierzüchtung. Im Jahre 1762 wurden in Lyon und 1766 in Maisons-Alfort die ersten Schulen für Veterinärmediziner gegründet. Im 19. Jahrhundert begann dann mit der industriellen Revolution das goldene Zeitalter der Landwirtschaft.

– *Paradoxerweise?*

– Nein. Man musste damals die Bedürfnisse der immer größer werdenden Stadtbevölkerung befriedigen, die das Land verlassen hatte und in der Industrie arbeitete. Damals wurden die großen Schlachthäuser gebaut, und dann folgte gegen Ende der fünfziger Jahre des 19. Jahrhunderts, mit dem »Ende der Bauern« und der »Zweiten französischen Revolution«, die Einführung der großen industriellen Tierzüchtungen. Um die Produktivität zu steigern, ersetzte man die Handarbeit des Melkens durch Melkmaschinen. Die Eier der Hühner, die man in Legebatterien großzieht, werden automatisch eingesammelt. Auf einigen dieser Hühnerfarmen leben bis zu 50000 Tiere. Und die trächtigen Mutterschweine sind nicht mehr und nicht weniger als Maschinen, die Ferkel produzieren. Zwei Jahre lang liegen sie ständig festgebunden am Boden. Die kleinen Kälbchen werden bereits acht Stunden nach ihrer Geburt von der Mutter getrennt und monatelang in Boxen eingesperrt.

– Hat es solche Praktiken nie zuvor in der Geschichte der Tierhaltung gegeben?

– Aber sicher. Man hat die Tiere eingesperrt und isoliert, damit sie Fett ansetzen. In der Antike hat man ihnen Fußfesseln angelegt und sie geblendet. Der Unterschied liegt im Ausmaß und in der systematischen Anwendung dieser Methoden. Der Stress der modernen Tierhaltung ist für die Tiere so groß, dass er schwere physiologische Störungen und Verhaltensveränderungen zur Folge hat, die dann wiederum mit Medikamenten behandelt werden. Tiere werden verstümmelt, indem man zum Beispiel den Hühnern den Schnabel stutzt, den Schweinen den Schwanz amputiert, den Rindern die Hörner abschneidet. Oder man verpasst ihnen Scheuklappen. Diese fürchterlichen Prozeduren stehen in einem derart krassen Gegensatz zu den wissenschaftlichen Erkenntnissen der Tierzucht, dass man sich wirklich fragen muss, ob diese Art der Tierhaltung nicht Folge einer völlig gewissenlosen, wenn nicht gar einer sadistischen Einstellung ist. Der Überdomestikation, der Überbeschützung und Überbewertung der Schoß- und Haustiere steht diese Entdomestizierung, die Misshandlung und Missachtung der Nutztiere gegenüber … Aber es muss auch gesagt werden, dass die neuen Methoden nicht nur Schlechtes mit sich gebracht haben. Sie haben auch große Fortschritte bei der Bekämpfung bestimmter ansteckender Krankheiten ermöglicht. Man darf außerdem nicht vergessen, wie die traditionelle Tierhaltung ausgesehen hat: unhygienische, völlig verschmutzte Ställe, unterernährte Tiere, deren Gesundheit angegriffen war …

QUOTEN UND RENDITEN

– *Wurde durch die Industrialisierung der Tierhaltung nicht auch der Viehbestand vereinheitlicht und auf diese Weise die genetische Vielfalt der domestizierten Arten so weit reduziert, dass bestimmte von ihnen inzwischen ganz verschwunden sind?*

– Aber ja. Und das ist in gewisser Weise Selbstmord, denn die Bewahrung der genetischen Vielfalt ist für unsere Zukunft absolut lebensnotwendig. Und das ist zu einem ernsten Problem geworden. Jede Woche verschwindet auf der Welt eine Rasse. In Frankreich sind etwa 200 domestizierte Rassen gefährdet. Sie besitzen große Widerstandskraft gegen Epidemien, sind sehr robust und verfügen über ein genetisches Erbmaterial, von dem eines Tages die Zukunft der Viehzucht auf der ganzen Welt abhängen kann.

– *Was sind die Ursachen für dieses Problem?*

– Da ist zunächst die übertriebene Kommerzialisierung der landwirtschaftlichen Produktion. Sie hat auf der einen Seite zur Folge, dass bestimmte Rassen, die im Hinblick auf die Fleisch-, Woll- oder Milchproduktion nicht so rentabel sind, aufgegeben wurden. Außerdem wurden die Tiere, die früher bei der Arbeit eingesetzt worden waren, also zum Beispiel die Zugpferde, nicht mehr benötigt. Auf der anderen Seite hat die Einführung der künstlichen Befruchtung ihren Teil dazu beigetragen, denn jetzt braucht man nur noch eine verhältnismäßig kleine Zahl von männlichen Tieren. Dadurch wurden die großen Rassen wie zum Beispiel die Holsteiner Milchkühe und die Charolais-Rinder, die das Fleisch liefern, besonders anfällig. Sie sind jetzt allein für den größten Teil der Produktion verantwortlich.

– *Unterscheiden sich die Zuchtmethoden von Land zu Land?*

– Heute finden wir auf unserem Planeten alle Formen der Tierhaltung: Es gibt das Weidesystem der Nomaden, wie im Iran, die intensive Stallhaltung und schließlich die extensive moderne Tierhaltung, wie man sie in den großen Ebenen Australiens, Nordamerikas oder auch in der argentinischen Pampas antrifft, wo die geringen Niederschlagsmengen für eine Agrikultur nicht ausreichen…

– *Und die Ziele, die man verfolgt, sind auch nicht bei allen Arten und in allen Kulturen die gleichen.*

– So ist es. In Indien zum Beispiel, wo es die größten Rinderherden der Welt mit etwa 200 Millionen Tieren gibt – das bedeutet, dass auf jeweils vier Einwohner ein Rind kommt – und wo der Verzehr dieses Fleisches aus religiösen Gründen verboten ist, werden Büffel und Zebus bei der Arbeit eingesetzt. Es gibt darüber hinaus aber auch wirtschaftliche Entwicklungen. Seit 1840 nimmt die Zahl der Schafe in Frankreich ständig ab. Das hängt mit der Konkurrenz aus Australien und Neuseeland zusammen, wo sehr viele Schafe gezüchtet werden.

– *Die genetische Verbesserung durch Auswahl und Kreuzung existiert jedoch schon seit dem Beginn der Tierhaltung…*

– Ja, aber sie hat gegen Ende des 17. Jahrhunderts eine entscheidende Wende genommen, sich von 1950 an vielerorts durchgesetzt und zur Verbesserung der Produktion geführt. Bei den Schafen hat sie dazu beigetragen, dass man immer längere, feinere und stabilere Wollfasern bekam. Die Leistung der Milchkühe hat zugenommen. Zum Vergleich: Die besten Milchkühe Frankreichs – die Holsteiner und die Normannischen – liefern pro Kuh und Jahr bis zu 10 000 Liter Milch, während der durchschnittliche

Ertrag in Afrika unter 1000 Litern liegt. Ganz allgemein ist es so, dass die hoch entwickelten Länder einen derartigen Überschuss an Milch produzieren, dass man in der Europäischen Union Produktionsquoten festlegen musste, um die Milcherzeugung zu drosseln und so dem Markt gerecht werden zu können.

DAS VERMENSCHLICHTE TIER

– *Die natürliche genetische Auslese und die künstliche Befruchtung sind eine Sache, heute kann man die Erbanlagen eines Tieres aber auch schon direkt verändern.*

– Man nennt das Gentransfer. Über eine Genveränderung verbessert man ständig das Potenzial bestimmter Tierarten: Man beeinflusst ihr Wachstum, stärkt ihre Widerstandskraft gegenüber bestimmten Erregern und verringert ihren Fettanteil. In der Grundlagenforschung werden genmanipulierte Tiere in Zukunft dazu benutzt, um therapeutische Substanzen für die Menschen zu erzeugen, vor allem solche, deren Mangel die Ursache der Erkrankung ist.

– *Wie wird das gemacht?*

– Man verändert die Erbanlagen der Tiere, indem man menschliche Gene in sie einführt, um sie so denen des Menschen ähnlicher werden zu lassen. Mit der gleichen Methode will man auch Organe von Tieren in Menschen transplantieren, die das Immunsystem des Empfängers nicht abstößt. Im Jahre 1992 entstand in einem englischen Labor das erste genveränderte (transgene) Schwein. Seitdem wurden bereits über 1000 Schweine desselben Genotyps produziert. Man rechnet mit einem jährlichen

Gewinn von sechs Milliarden Dollar, die bei 400 000 solcher Transplantationen, die man für die kommenden Jahre geplant hat, zusammenkommen werden.

– Es gibt bestimmte Industrielle, die sich bereits Farmen eines neuen Typs vorstellen. Dort würden »vermenschlichte« Schweine, Schafe und Ziegen gezüchtet, das heißt, wieder einmal werden den Machenschaften bestimmter Züchter Tür und Tor geöffnet. Wie sehen Sie das?

– Ich meine, dass die Züchtung solcher Tiere, falls sie sich als notwendig erweisen sollte, nicht dem kommerziellen Wettbewerb überlassen sein dürfte, weil es sonst möglicherweise zu abwegigen Entwicklungen kommen kann. Vor allem muss man befürchten, dass sich Unternehmen bestimmte Genome patentieren lassen. Um die Zukunft der Menschheit und der Tiere wäre es dann sehr schlecht bestellt.

– Käme es dadurch langfristig nicht zu einer Verwischung der Grenzen zwischen Mensch und Tier?

– Wenn so etwas passieren würde, bestünde tatsächlich eine Gefahr für die biologische Vielfalt. Aber um es noch einmal zu sagen, was mir wirklich Angst macht, ist das Phänomen der Patentierung des Lebendigen und die damit verbundenen Kapitalinteressen. Das ist eine Entwicklung, die man sehr sorgfältig beobachten muss. Man sollte sich viel häufiger die Frage stellen: »Ist dieses Projekt gut für die Zukunft der menschlichen Rasse und für die Welt, in der sie lebt«, statt zu fragen: »Wie viel Gewinn kann uns das bringen?« Das würde die ganze Situation verändern.

– Man hat die Tiere gejagt, um sie zu verzehren, dann hat man sie gezähmt, domestiziert, gezüchtet. Man hat ihr Fell benutzt, ihre Kraft und ihren Körper ausgebeutet. Heute hofft man

nun, auch ihre Organe benutzen zu können. Es ist ein alter Traum des Menschen, sich die Lebenskraft der Tiere zunutze zu machen.

– Vielleicht… Der Unterschied ist nur, dass die manipulierten Tiere von heute nicht mehr viel besitzen, um das wir sie beneiden könnten.

Dritter Akt

Die Zeit der Veränderung

1. Szene:
Die Tiere in unseren Köpfen

*Die Tiere, die uns Tag für Tag begleiten, beschäftigen uns auch
in unseren Gedanken. Sie sind Symbole unseres Glaubens,
spielen in unseren Märchen und Legenden eine Rolle
und regen unsere Fantasie an. Über sie gelangen wir zu
einem besseren Verständnis unserer selbst.*

DIE GEHEIMNISSE DER HÖHLEN

– *Die Tierdarstellungen in der Höhlenmalerei, die chinesische
Kalligrafie, die ägyptischen Reliefdarstellungen und die Bilder
von Géricault – sie alle vermitteln uns einen Eindruck davon,
wie stark uns die Tiere schon immer beschäftigt haben.*

– BORIS CYRULNIK: Das stimmt. Zu allen Zeiten
hat die Tierwelt die Fantasie der Menschen ange-
regt.

– *Um uns selbst besser verstehen zu können?*

– Um das Rätsel der Welt und das des Menschen in der Welt verstehen zu können. Um unseren Glauben zu festigen, eine Religion, eine Moral
oder unsere Weltanschauung zu symbolisieren …

– *War das auch schon bei unseren Vorfahren aus dem
Magdalenien, also um 15000 bis 9000 v. Chr., so?*

– Die auf den Felswänden abgebildeten Tiere
aus dieser Zeit, dem Höhepunkt der eiszeitlichen
Kultur, sind sehr detailliert und erstaunlich realistisch dargestellt. Daraus kann man schließen, dass
sie auf die Menschen damals einen starken Eindruck gemacht haben müssen. Auf der anderen

Seite lässt sich feststellen, dass unsere Vorfahren nie Tiere gemalt haben, die ihnen nahe standen, und auch kein menschliches Wesen, es sei denn in der Form eines Strichmännchens, wie sie heute von unseren Kindern gezeichnet werden.

– *Aus welchem Grund bevorzugen die Kinder denn diese Form?*

– Wenn Kinder anfangen zu malen, stellen sie zuerst die Dinge dar, die sie beunruhigen, und zwar auf eine naturalistische Weise. Während Objekte, denen sie sich verbunden fühlen – die Eltern, die eigene Person – in einer eher distanzierten Art und Weise zu Papier gebracht werden. Man malt das, was einen beunruhigt, möglichst realistisch. Das andere wird eher in symbolischer Manier dargestellt. Unsere Vorfahren waren von den Tieren, die sie gejagt haben, sehr beeindruckt, so zum Beispiel von den Auerochsen, den Pferden und den Mammuts. Die Wölfe haben sie wohl nicht so stark beeindruckt, denn die standen ihnen näher.

– *Von den Tieren beeindruckt zu sein, ist eine Sache. Aber woher kam das Bedürfnis, sie zu malen?*

– Die Tierzeichnungen schmiegten sich so an die Unebenheiten der Felswände an, dass es im Licht der flackernden Fackeln mitunter so aussah, als seien sie lebendig. Die Menschen hatten vielleicht das Gefühl, dass die Tiere sich auf der anderen Seite des Steins befänden und mit ihrer Kraft einen Abdruck auf der Felswand hinterlassen hätten. So waren beispielsweise auch die Christen des Mittelalters davon überzeugt, dass die Sonnenstrahlen, die durch die Kirchenfenster fielen, ein Stück von Gott seien.

– *Die Felsmalereien hatten also auch schon einen gewissen sakralen Charakter?*

– Ich würde sagen, sie hatten eine spirituelle Dimension. Diese Tiere gab es wirklich, man hat sie lebendig gesehen. Sie repräsentierten etwas, das nicht da war, besaßen also schon eine metaphysische Funktion. Die ersten Formen der Kunst waren Grabstätten und Tierdarstellungen. Die Kunst war entstanden, um den Menschen die Angst vor der Vorstellung des Todes zu nehmen. Damals hat man den Körper des Verstorbenen nicht einfach entsorgt, denn man wusste genau, dass er einem nachts in den Träumen wieder begegnen würde, das heißt in einer anderen Welt. Damit sich die Toten in dieser anderen Dimension wohl fühlten, gaben ihnen die Überlebenden Nahrung, Schmuck, Federn, Knochen, Halsbänder aus Zähnen und Schildpatt und Figuren von Speerwerfern in Tiergestalt mit auf die Reise.

DER ERSTE STEIN

– *Menschliche Objekte in Tiergestalt?*
– Ja. Seit man das Schneidewerkzeug erfunden hatte, mit dem man die ersten Waffen herstellen konnte, haben die Menschen sich der technischen Entwicklung verschrieben. Die Vorstellungen, die der Mensch von der Natur und von sich selbst hatte, veränderten sich völlig und gleichzeitig wurde auch unser Verhältnis zu den Tieren ein anderes.
– *Auf welche Weise?*
– Man glaubt, dass der Mensch die Tiere anfangs mit Feuersteinen beworfen hat. Und die meisten Tiere haben den Stein gebissen, der sie traf, und nicht die Hand, die ihn warf.
– *Warum?*

– Weil sie eine andere Vorstellung vom Raum haben als wir. Wenn Menschenaffen von Leoparden bedroht werden, werfen sie Steine, Äste und Blätter in ihre Richtung, und das reicht in der Regel auch aus, um die Raubkatzen zu vertreiben. Sie beißen dann auf diese Gegenstände und verziehen sich.

– *Unsere Vorfahren haben also angefangen, Steine zu werfen, um sich der Tiere zu erwehren, von denen sie bedroht wurden?*

– Die Verwendung dieses ersten, sehr einfachen Werkzeugs brachte den Menschen wahrscheinlich auf den Gedanken, dass er auf diese Weise die Natur ein wenig in den Griff bekommen und den Raubkatzen entkommen könnte. Dann hat die Jagd dieses Gefühl der Überlegenheit noch weiter verstärkt, denn der Mensch hatte inzwischen gelernt zu töten.

– *Der Mensch hat das Tier auf der Jagd getötet und so endlich das Leben gemeistert?*

– Genau so. Der Mensch der Vorzeit zerlegte das Tier und wurde so Herr und Meister über die Natur. Das hat mit Sicherheit auch den Vorwand geliefert, bestimmte Riten einzuführen und Fabeln zu erfinden, die sich auf das soziale Leben bezogen. Mit ihrer Hilfe versuchte man auch, das Reich des Übernatürlichen zu erklären. Seit Anbeginn der Menschheit ist Fleisch etwas Elementares. Das Ritual des Teilens der Beute gab es bereits bei den Tieren: Man kann es bei einem Wolfsrudel beobachten. Dort werden die Fleischstücke entsprechend der Hierarchie verteilt. Auch bei den Menschenaffen finden wir dieses Phänomen: Derjenige, der mit den anderen teilt, besitzt vorübergehend die Macht. Das ist ein tierisches Ritual, noch kein

menschliches. Aber es ermöglicht ein Zusammenleben und die Koordination bei einer gemeinsamen Aufgabe, wie zum Beispiel der Jagd oder dem
Teilen der Beute. Man erkennt die Entstehung einer
sozialen Struktur, die sich um den bildet, der getötet hat.

– *Das Tier hat also eine entscheidende Rolle bei der Art
und Weise der Sozialisierung des Menschen gespielt?*

– Die Tiere haben auf den Menschen einen zivi-
lisatorischen Einfluss ausgeübt. Die Rentiere fühlen
sich zum Beispiel von unserem Urin angezogen,
aber sie haben Angst vor uns. Es ist deshalb möglich, mit ihnen zusammenzuleben, obwohl man sie
nicht wirklich domestizieren kann. Das hat zur Bildung der so genannten Rentierzivilisation geführt.
Hauptkriterien waren das Nomadentum, das Leben
in Zelten und das Jagen, das sich jedoch in Grenzen
hielt. Die Wiederkäuer dagegen, die wie die Kühe
vier Mägen besitzen, wandern weniger schnell. Sie
sind daher leichter zu erziehen und sesshaft zu machen. Als in der Jungsteinzeit die ersten Siedlungen
entstanden waren und man das Privateigentum
eingeführt hatte, haben sie wahrscheinlich eine
wichtige Rolle gespielt. Die Rentiere förderten dagegen die Zivilisation des Nomadentums und den
Zusammenhalt der Gruppe.

DRACHEN UND SIRENEN

– *Wir haben gerade vom Tod gesprochen. War das Tier in vielen Kulturen nicht auch ein Begleiter der Seelen?*

– Ja, in jeder Zivilisation haben unterschiedliche
Tierarten diese Rolle gespielt. Diese Tiere waren
»Seelenbestatter«, das heißt, sie brachten die See-

len ins Jenseits. In der ägyptischen Mythologie ist das Anubis, der Gott mit dem Hundekopf. In den Schamanenriten der Altai-Völker führt das Pferd die Seele des Verstorbenen. In der griechischen Mythologie beschützt der Löwe die Seele des Toten. In China symbolisiert der weiße Hahn die Wiederauferstehung der Seele, die über den Tod triumphiert. In Griechenland ist die Schlange ein Symbol für die Reinkarnation der Seele des Verstorbenen. Die Liste ist lang und die menschliche Vorstellungskraft treibt viele Blüten...

– *Man erfindet sogar Fabeltiere, die man in der Zoologie überhaupt nicht kennt?*

– Ja. Man hat lange Zeit an die Existenz des Greifs, einer Mischung aus Adler und Löwe, geglaubt. Der Historiker Herodot wollte uns sogar weismachen, dass sein Nest aus Gold gemacht sei. Auch die Feuer speiende Chimäre ist eine wichtige Figur der griechischen Mythologie, genauso wie das Einhorn, das im 4. Jahrhundert v. Chr. von einem griechischen Arzt beschrieben wurde. Er behauptete, dass ein Pulver, das aus seinem Horn gewonnen wird, Epilepsie heilen könne. Im Mittelalter wurden die Stoßzähne von Mammuts als Hörner des Einhorns verkauft. Die Zentauren, die halb Mensch, halb Pferd waren, sollten die Einheit der animalischen Kraft und der menschlichen Intelligenz symbolisieren, der Phönix das Leben nach dem Tod, denn er wird aus seiner eigenen Asche wiedergeboren. Noch heute fasziniert der Yeti die Menschen, genauso wie das Ungeheuer von Loch Ness, von dem man bereits seit dem 6. Jahrhundert spricht. Die Legende gewann noch mehr an Glaubwürdigkeit, als Gastwirte im Jahre 1933 die Existenz dieses Tieres bezeugt hatten, das sich angeblich nur zwei Schritte von ihrem Hotel-Restaurant befunden habe.

– *Und der Drache?*

– Sein Ursprung reicht bis in die Antike zurück. Die Wikinger hatten den Bug ihrer Schiffe – die »drakkar« hießen – mit Drachenköpfen geschmückt. Während das Christentum den Drachen mit dem Teufel in Verbindung bringt, ist er in China das Symbol der Spiritualität, ein Tier, das Gutes verheißt.

– *Und alle diese Tiere haben den Stoff für Hunderte von Legenden, Märchen und Traditionen geliefert …*

– … die sich von einer Zivilisation zur anderen erstaunlich ähneln. Solche Ungeheuer geben uns die Möglichkeit, unseren Ängsten, aber auch unseren Hoffnungen Ausdruck zu verleihen. Es ist schwer, die Tiere in den Mythologien zu beurteilen, denn es sind so viele und sie sind so unterschiedlich. Eines kann man jedoch als allgemeine Regel sagen: Alle diese Tiere haben die Funktion, ein Element der Conditio humana darzustellen. Das ist auch heute noch so, wenn man von dem schlauen Füchslein, dem treuen Hund oder der fleißigen Ameise spricht. Diese Tiere spielen eine moralische Rolle, denn in den Fabeln sagen sie etwas über den Menschen aus. Sie werden zu kulturellen Helden. Und die Tiere, mit denen wir tagtäglich zusammenleben, fügen noch eine fantastische Komponente hinzu: Der Hund kann zwar nicht sprechen, aber er versteht seinen Herrn. Ähnlich ist es mit den Sternbildern, die wir seit den Anfängen der Sterndeutung als Tierformen wahrnehmen.

– *Die Tierkreiszeichen?*

– So ist es. Bei den meisten Völkern spielten Tiere in der Astrologie schon immer eine wichtige

Rolle – bei den Inkas, den Azteken, den Chinesen – und natürlich auch in der westlichen Astrologie, in der tatsächlich existierenden Tieren wie auch Fabeltieren eine Bedeutung zukommt.

– *Aber auch die Fantasietiere sind nicht ganz ohne zoologische Grundlage. So sagt man zum Beispiel, dass die Legende von den Sirenen auf die Entdeckung der Seehunde und Seekühe zurückzuführen sei.*

– Das stimmt. Bestimmte Tiere, die Reisende mit viel Fantasie nur ungenau gesehen haben, wurden später von ihnen mit sehr viel Einbildungskraft rekonstruiert. Das war zum Beispiel der Fall bei der ersten Entdeckung der Orang-Utans zu Beginn des 17. Jahrhunderts, was zu der Vorstellung des Satyrs und des Affenmenschen geführt hat. In Europa war einer der populärsten Reiseberichte des Mittelalters ein fantastisches Werk des Schriftstellers Jean de Bourgogne, der Sirenen und andere Tiere aus dem Reich der Fantasie beschrieb. Sein Buch wurde mehrere Jahrhunderte lang als Referenz betrachtet. Als Marco Polo dagegen aus Asien zurückkehrte und unter anderem von Tigern, Nashörnern und anderen tatsächlich existierenden Tieren berichtete, lachte man ihn aus und bezichtigte ihn der Lüge.

DER SÜNDENBOCK

– *Insgesamt kann man sagen, dass der Mensch die Tiere dazu benutzt hat, seinen Fantasien, seiner Religiosität, seiner verborgenen Seite und seiner Kraft Ausdruck zu verleihen...*

– Ja. Die Formen, das Verhalten, die Lauf-, Schwimm- und Flugfähigkeiten der Tiere müssen dem Menschen geradezu als Magie erschienen

sein, deshalb hat er sie auch zuerst auf den Felswänden verewigt. Dann bekamen diese Attribute Mo-
dellcharakter, wurden von der Kultur interpretiert
und dazu benutzt, Aussagen über die menschlichen
Existenzbedingungen zu machen. Vom Verhalten eines jeden Tieres wurden Beschwörungsformeln,
Gefühle und religiöse Überzeugungen abgeleitet, die
von Zivilisation zu Zivilisation variierten. So ist zum
Beispiel in den meisten Religionen, vor allem im
Mittelmeerraum, der Bock ein Symbol, das mit
einem Fluch behaftet ist. Während er bei den Indianern Nordamerikas ein Wohltäter ist, hatte er in Israel lange Zeit die Aufgabe, die Sünden der Juden zu
tilgen, daher auch der heutige Name »Sündenbock«.
Am so genannten Versöhnungstag musste der Pries-
ter einen Bock opfern und einen zweiten mitten in
der Wüste aussetzen, der symbolisch mit allen Sünden der Menschen beladen war.

DAS RITUALISIERTE TIER

*– Spielen die Tiere auch bei den Gründungsmythen eine
Rolle?*
   – Im 2. Jahrhundert v. Chr. opferte der Perser Mith-
ras, Gott des Lichts, einer Legende zufolge einen Stier,
um das Leben entstehen zu lassen. Das sollte ein
Symbol für den Sieg des Menschen über seine ani-
malische Natur sein. Diese Fabel wurde im alten Rom
zum Gegenstand eines Kults, dessen Anhänger dieses
Opfer wiederholt und im gesamten Mittelmeerraum
verbreitet haben. In Italien schnitten die Initiierten
des Mithraskults einem Stier die Kehle durch und ließen sein Blut über diejenigen laufen, die wiedergeboren werden wollten. Auch heute noch muss das Blut

des Tieres, das geopfert wird, in Kontakt mit dem »besessenen« Menschen kommen, um das Böse aufzusaugen und den Menschen zu reinigen.

– *Geht der Stierkampf auch auf diese Traditionen zurück?*

– Auf Kreta gab es bereits vor etwa 5000 Jahren Stierkämpfe. Es handelte sich damals um einen Initiationsritus, bei dem sich der Mensch einer Gefahr aussetzen musste. Im 18. Jahrhundert wurden in Frankreich, in den Landes, Stierkämpfe veranstaltet, bei denen der Mensch häufig sein Leben lassen musste. Erst unter dem Einfluss Napoleons III. und Goyas konnte man sich für die heutige Form der Corrida begeistern. Bei diesen Veranstaltungen wird der Tod des Stiers im Rahmen eines erotischen und metaphysischen Rituals in Szene gesetzt, bei dem der Mann mit femininen Attributen (Haarknoten, eng anliegende Kleidung, herumwirbelndes Cape, das wie ein Kleid wirkt) das prächtige Tier tötet.

– *Solche Traditionen sind nicht so leicht totzukriegen.*

– Aber Rituale entwickeln sich und verschwinden schließlich wieder. Noch vor wenigen Jahren warfen die russischen Fischer ein Pferd in dem Augenblick, in dem das Eis zu schmelzen begann, in die Wolga, um sich für den kommenden Sommer einen guten Fischfang zu sichern. Das Gleiche geschah in Indien. Krönungsriten werden heute zum Beispiel über Satelliten im Fernsehen übertragen und von speziellen Journalisten kommentiert. Im 12. Jahrhundert vollzog der zukünftige irische König symbolisch die Vereinigung mit einer weißen Stute. Das Ganze fand im Rahmen einer feierlichen Zeremonie statt, zu der alle Würdenträger des Königreichs, das Volk und zweifellos auch die Journalisten jener Zeit eingeladen wurden. Der Anwärter auf den Thron wiederholte damit symbolisch den Mythos von der Vereinigung des Himmels mit der Erde. Der zukünftige König spielte die Rolle Gottes, der die Erde, die durch die Stute symbolisiert wurde, befruchtet. Danach wurde das Tier geopfert und in einem großen Kessel gekocht, in dem anschließend der Thronfolger baden musste. Das Fleisch des Pferdes wurde dann unter die Leute verteilt.

GESCHUNDENE KATZEN

– Hat sich der Status der Katzen auch weiterentwickelt?

– In Tibet werden die Katzen heute praktisch als Halbgötter verehrt. Bei uns in den westlichen Ländern schlafen sie in unseren Betten. Im Mittelalter galten sie jedoch zumindest in Frankreich als Abgesandte des Teufels. Im alten Ägypten hatte man sie vergöttert und vor allem als Opfer und bei der Entenjagd verwendet.

– Katzen konnten Enten jagen?

– Es gibt hierfür viele Zeugnisse, zum Beispiel an den Wänden der Gräber oder auch in Form von Textüberlieferungen. Die Bauern hatten eine ganz besondere Beziehung zu diesen Tieren, die von den Künstlern der damaligen Zeit häufig dargestellt wurde: so zum Beispiel Mensch und Katze, die sich bei der Jagd auf eine Ente im Schilf verstecken. In den westlichen Ländern wurden die Katzen dagegen vom 15. bis zum 17. Jahrhundert auf tausenderlei Arten gequält: Man warf sie von hohen Türmen hinunter, hing sie auf, mauerte sie bei lebendigem Leibe in die Fundamente oder Mauern von Häusern oder Schlössern ein. So wollte man Unheil abwenden oder den Teufel austreiben. Im Mittelalter hat man sogar ein ganz seltsames Musikinstrument entwickelt: die Katzenorgel.

– *War das ein Folterinstrument?*

– Es bestand aus einem Kasten, in dem die Katzen so eingesperrt wurden, dass ihre Schwänze durch Löcher nach außen hingen. Man zog die gefangenen Tiere dann heftig an den Schwänzen oder stach sie mit einer Nadel, damit sie vor Schmerz und Angst laut miauten. Im Mittelalter, nach den ersten Kreuzzügen, verbrannte man Katzen und stellte sich dabei vor, es seien Araber oder gar der Teufel. Am Johannistag, an dem die Erntezeit beginnt, steckte man Katzen in Säcke oder Fässer, die über dem Feuer aufgehängt waren. Die jubelnde Menge wartete, bis der Sack oder das Fass herunterfielen und die Katzen ins Feuer stürzten und brannten. Wenn sie dann wie eine lebendige Fackel schreiend weglaufen wollten, bestand das Spiel darin, dass man auf sie sprang, in die Hände klatschte und sich freute, dass das Übel, das heißt Araber und Teufel, sich praktisch in Nichts auflöste. Da das Böse besiegt war, konnte die Ernte nur noch hervorragend werden.

– *Das berühmte Johannisfeuer, das es auch heute noch gibt, geht also auf diesen schrecklichen Brauch zurück?*

– Ja. Ein Beweis dafür, dass sich der Geist weiterentwickelt hat. Eine Verbrennung dieser Art fand in Paris statt und hatte eine besondere Bedeutung. Der zukünftige König Ludwig XIII. bat damals seinen Vater Heinrich IV. um Gnade für die zum Tode verurteilten Tiere und hatte damit Erfolg.

VOM TEUFEL BESESSENE TIERE

– *Gnade für die Katzen. In den westlichen Ländern glaubte man offenbar, dass der Teufel vor allem in den Tieren wohnte?*

– Irgendwann sind alle Tiere einmal mit dem Bösen identifiziert worden: die Katzen, die um sich schlugen, wenn man sie in ein Weihwasserbecken warf, und die Fledermäuse, die man damals »Fliegen der Hölle« nannte. In Neapel waren es die Schweine. Eulen nagelte man an die Scheunentore, Kröten wurden bei lebendigem Leib begraben. Maulwürfe verhießen Unheil, weil sie schwarz sind. Nachttiere und Albinos symbolisierten den Bruch mit Gott, der das Licht ist… Auch viele blinde Menschen sind so auf dem Scheiterhaufen gelandet. Und schließlich die Schlange aus der Bibel, die das erste Tier war, das mit dem Teufel in Zusammenhang gebracht wurde und Eva den Apfel angeboten hat.

– *Die Beziehung zwischen Mensch und Tier stand also zu Anfang eher unter einem schlechten Stern.*

– Das kann man wohl sagen. Man hat zum Beispiel auch behauptet, der Teufel habe den Affen erschaffen, um es Gott, der den Menschen erschaffen hat, gleichzutun.

– *Sind Sie sicher, dass wir dabei sind, die schönste Geschichte der Tiere zu erzählen?*

– Ja, denn die Riten haben sich weiterentwickelt, und heute schlafen die Katzen in unseren Betten und schnurren auf den Schreibtischen der Schriftsteller. Die Geschichte geht weiter und die Situation verbessert sich mit der Zeit immer mehr. Einst hat man Kinder großgezogen, um sie dann zu opfern. Abraham hat den Monotheismus begründet und gegen die Kinderopfer gekämpft, dann hat man Lämmer statt der Kinder geopfert.

– Von den alten Ägyptern über die Brahmanen und Buddhisten zu den nordamerikanischen Indianern und den afrikanischen Kulturen gab es zahlreiche Zivilisationen, in denen Tiere heilig waren. Nur das Christentum ist so grausam mit ihnen umgegangen. Und das, obwohl die vier Evangelisten von Tieren begleitet sind und der Heilige Geist durch eine Taube symbolisiert wird …

– In vielen Völkern wird das Tier als kleiner Bruder betrachtet. Die belebte Welt ist eine Einheit und der Mensch ist ein Teil von ihr. Auf der anderen Seite hat der Mensch, der in den westlichen Zivilisationen lebt, sich selbst in seinem anthropozentrischen Weltbild bestärkt. Er betrachtete sich als das Ebenbild Gottes, der ihm die Macht verliehen hat, sich die Natur untertan zu machen. Diese Vorstellung ist noch nicht alt, denn sie tauchte erst mit dem Monotheismus zu Beginn unserer Zeitrechnung auf. Im Mittelalter hat sich diese Auffassung noch weiter verstärkt, obwohl der heilige Franz von Assisi im 13. Jahrhundert versucht hat, die Tiere wieder in das Reich der Gottesgeschöpfe zu integrieren.

– Hat der Gott des Alten Testaments, am Ursprung der drei großen monotheistischen Religionen, dem Menschen alle Macht gegeben und das Tier zum Sündenbock erklärt?

– Tatsächlich hat das jüdisch-christliche Konzept bei unseren Vorfahren dazu geführt, dass die Grausamkeit den Tieren gegenüber immer weiter zunahm. Und diese Auffassung ist auch heute noch für unsere Gleichgültigkeit ihrem Leiden gegenüber verantwortlich. Aber man muss auch sagen, dass die jüdische, islamische und die christliche Religion das Tier in unterschiedlicher Weise betrachten. Im Islam sind alle Tiere ein Synonym für etwas Beflecktes. Vor allem Schweine und Hunde. In den

Augen der jüdischen Religion ist nicht jedes Tier würdig, geopfert zu werden. Eine Liste unterscheidet die reinen Tiere von denen, die für alle Zeiten unrein sind. Trotzdem erkennen die Juden die Sensibilität der Tiere an und betrachten die Fauna als ein Werk Gottes, das geachtet werden muss.

– *Haben sich diese Riten auch auf die Ernährungsweise ausgewirkt?*

– In der Thora steht, dass das Fleisch eines Tieres von seinem Lebensprinzip, also dem Blut, getrennt werden muss. Es stellt den Teil dar, der Gott, dem Herrscher über Leben und Tod, vorbehalten ist. Es ist ebenfalls verboten, Fleisch, das das Blut des Lamms repräsentiert, mit Schafsmilch zu vermischen, das wäre gleichbedeutend mit Inzest. Rein ist nur das Geflügel, weil es fächerförmige Füße hat, Fische mit Flossen und Herbivoren, die wiederkäuen und Klauen haben.

– *Hat das Schwein nicht auch solche Klauen?*

– Ja, aber es ist weder ein Pflanzenfresser noch ein Wiederkäuer, also darf es nicht verzehrt werden. Auch Muscheln gelten als Tiere außerhalb der Norm, sie stehen nicht im Einklang mit der Weltordnung, wie sie von den Juden des Altertums definiert worden ist. In großen Teilen Afrikas und Asiens fallen auch Hühner und ihre Eier unter dieses Verbot. Was das magische Denken anbetrifft, demzufolge das Fleisch eines Tieres auf denjenigen, der es verzehrt, seine guten Anlagen und Tugenden überträgt, so ist es über Jahrhunderte hinweg lebendig geblieben. Noch heute verbindet man mit rotem, noch blutigem Fleisch Kraft. In der Opotherapie (Organtherapie) setzt man Hirn in der Neurochirurgie und Leber gegen Störungen des Verdauungstrakts ein.

SCHWEINE AUF DEN SCHEITERHAUFEN

– *Pascal Picq hat es uns erklärt. Seit Darwin uns klar ge-*
macht hat, dass der Mensch nicht Gegenstand eines besonde-
ren Schöpfungsaktes ist, sondern Teil einer langen Geschichte
des Lebens – oder, was noch schlimmer ist, dass er Merkmale
seiner Vorfahren, der Affen, in sich trägt. Das war ein schwerer
Schlag für unsere Eigenliebe. Unsere Auffassung von den Tie-
ren hat sich seitdem geändert.

   – Ja. Die Scham vor unserem Ursprung hat das
schöne Bild des Menschen als einer Kreatur, die vom
Himmel gefallen ist, zerstört. Das erklärt auch die
heftigen Reaktionen, wenn es um unsere Abstam-
mung von den Affen geht. Bei der »Schlacht von Oxford« vom 28. bis zum 30. Juni 1860, die bei einer Ver-
sammlung der »Royal Society zur Förderung der
Wissenschaften« ausgefochten wurde, stellte sich
Samuel Wilberforce, der Bischof von Oxford, gegen
Thomas Huxley, der den Spitznamen »Darwins Bull-
dogge« trug und die Thesen des abwesenden Darwin
vertrat. Man berichtet, dass Lady Brewster gerade
noch sagen konnte: »Wenn der Mensch tatsächlich
vom Affen abstammen sollte, hoffe ich, dass niemand davon erfährt«, dann fiel sie in Ohnmacht.
Huxley reagierte auf die Arroganz von Wilberforce,
der voller Sarkasmus nach seinem Verwandtschafts-
grad zu den Affen gefragt hatte, indem er antwortete,
er zöge es bei weitem vor, einen Affen als Vorfahren
zu haben, als einen Menschen wie Wilberforce, der
seine Position und seinen Einfluss missbrauche, um
ein schlecht informiertes Publikum dazu zu bringen,
den Fortschritt der Ideen zu behindern.

   – *Wir sind von den Tieren fasziniert, aber wir hassen sie*
auch: Sie lassen das nach außen sichtbar werden, was wir vor
uns selbst verbergen wollen.

– Ich schäme mich meines Ursprungs, ich schäme mich wegen des Tieres, das in mir lebt.

– *Scham vor dem eigenen Ursprung?*

– Der Monotheismus hat uns das Gefühl vermittelt, über der Natur zu stehen, während das Tier als ein niederes Wesen betrachtet wird. In vielen anderen Kulturen glaubt man, dass die Tiere mit uns verwandt sind und dass wir bei der Seelenwanderung eines Tages in Gestalt eines Tieres wieder auferstehen werden. So ist es beispielsweise bei den Hindus, bei den Buddhisten, bei den nordamerikanischen Indianern, den südafrikanischen Buschmännern und bei den Völkern, die von der Jagd leben. Bei den Azteken war der Kolibri das Tier, in dem die Seelen der Verstorbenen wohnten.

– *Welche Kriterien wurden bei dieser Hierarchie zwischen den Menschen und den Tieren angelegt?*

– Die Tiere können nicht sprechen, sie besitzen keine Seele und haben deshalb auch keine Rechte.

– *Es gab aber auch eine Zeit, in der man sie für alles Mögliche verantwortlich gemacht hat. Man stellte die Tiere sogar vor Gericht und verurteilte sie so, als wären sie Menschen.*

– Man hat sich dabei auf die symbolische Repräsentation bezogen. Man meinte nicht das tatsächlich existierende Tier, sondern verurteilte den Dämon, der angeblich in ihm wohnte. Das war eine Einstellung, die sich an der Bibel orientierte. Schon Moses hat erklärt, dass ein Rind, das einen Mann oder eine Frau getötet hat, gesteinigt werden sollte. Vom Mittelalter bis zur Aufklärung haben solche Prozesse die weltlichen und kirchlichen Gerichte beschäftigt. Die Gerichtsdiener durchstreiften das Land, um Raupen und Waldmäuse vorzuladen.

– *Und wenn die dann nicht erschienen sind, was meistens der Fall gewesen sein dürfte?*

– Dann wurden sie exkommuniziert. Jederzeit konnten Schädlinge verurteilt werden, weil sie die Ernte zerstört hatten. Wie hart das Urteil war, hing von der Reihenfolge ab, in der die Tiere einst in die Arche Noah gestiegen waren. Wenn das Tier eines Verbrechens für schuldig befunden worden war, lautete das Urteil entweder Scheiterhaufen, Galgen oder Lebendig-begraben-Werden. Man hat Katzen aufgehängt, weil sie an einem Sonntag Mäuse getötet hatten, man hat Schweine auf dem Scheiterhaufen verbrannt, weil sie an einem Karfreitag, also an einem Fastentag, Menschen angegriffen oder geweihte Hostien verschlungen hatten. Unzählige Schweine, Stiere und Pferde endeten am Galgen, nachdem man sie in der Regel vorher in Menschenkleider gesteckt hatte.

– *Warum denn das?*

– Damit man sie als Personen betrachten und als solche zur Verantwortung ziehen konnte. Man verurteilte nicht das Tier, sondern das Böse, das in ihm steckte. Danach wurden die Kadaver zur Schau gestellt oder von einem Pferd durch den Ort geschleift. Zum Schluss wurden sie unter den Augen der Bauern verbrannt. Man hatte sie mitsamt ihren Schweinen zu diesem Spektakel eingeladen, um ein Exempel zu statuieren.

– *Man glaubt zu träumen, wenn man solchen Blödsinn hört.*

– In diesen schrecklichen Zeiten, in denen es etwas Alltägliches war, dass vor allem viele Kinder verhungerten, musste man eine Möglichkeit finden, die Bevölkerung von ihren Ängsten abzulenken. Die Menschen wollten sich überlegen fühlen, indem sie sich als Sieger darstellten. Im Rückblick können wir diese Epoche als »verblödet« bezeichnen, ich bin jedoch fest davon überzeugt, dass auch wir in unserem aufgeklärten Zeitalter Dinge tun, die unsere Nachfahren verächtlich belächeln werden.

– *Werden auch heute noch Tiere aus dem gleichen Grund geopfert, nämlich um die Menschen von ihren Ängsten zu befreien?*

– Ja. Sowohl in Afrika als auch in Europa oder in den Vereinigten Staaten findet man Heiler, die die Krankheiten ihrer Patienten durch Austreibung der bösen Geister kurieren. Angeblich lassen diese Geister, wenn sie verärgert sind, den Körper des Menschen, in dem sie wohnen, krank werden. In Form einer Zeremonie, bei der getrommelt und getanzt wird und die Trancezustände von Gesängen begleitet werden, wird die Heilung zu einem kollektiven Akt. Die ganze Gemeinde, der der Kranke angehört, nimmt an der Therapie teil. Damit sie erfolgreich ist, verlangt sie natürlich auch nach einem Tieropfer.

– *Und zu welchem Zweck?*

– Um die bösen Geister, die in dem Kranken steckten, auf das Tier zu übertragen, das zu ihren Ehren geopfert worden ist.

– *Schon wieder ein Sündenbock.*

– Ja. Das Problem der Menschen ist, dass ihr Blick durch ihre Ideen und Vorstellungen getrübt ist. Das hat zur Folge, dass sie das Universum nur vorurteilsvoll betrachten können. Aus diesem Grund hängt die Geschichte der Tiere von unserer jeweiligen Kultur und von unseren eigenen Denkprozessen ab, die immer noch von der Vorstellung besessen sind, dass wir Menschen uns an der Spitze einer Pyramide befinden, also die Krone der Schöpfung sind.

– *Wenn man an die große Bedeutung denkt, die die Tiere in der Fantasie der Menschen haben, ist es nur natürlich, dass wir ihnen in unseren Träumen wieder begegnen. Wie lässt es sich sonst erklären, dass die Tiere sogar in den Wahnvorstellungen des Delirium tremens auftauchen?*

– Angst und Ekel sind tief in unserer eigenen Geschichte und in unserer Beziehung zu den Tieren verwurzelt. Solche Ängste stehen in Zusammenhang mit dem Weichen, Kalten, Schleimigen, Behaarten. Alles, was Hörner hat, was sich im Dunkeln aufhält, was Gift übertragen oder verletzen kann, löst Angst aus. Beim Delirium produziert das Gehirn des Alkoholkranken seltsamerweise optische Halluzinationen, bei denen er abstoßende kleine Tiere sieht, denen er sich ausgeliefert fühlt, wie zum Beispiel Ratten und Schlangen.

– *Aus welchem Grund?*

– Weil es Tiere sind, die starke Gefühle auslösen, die sich unauslöschlich in das Gedächtnis des Menschen eingeprägt haben. Und wenn ein Mensch im Delirium ist, erlebt er sehr intensive Bilder.

– *Gut. Aber warum ausgerechnet Schlangen und Ratten?*

– Weil sie im gesellschaftlichen Kontext den absoluten Horror darstellen. Alles, was kriecht, wimmelt und was behaart ist, löst sowohl beim Menschen als auch beim Tier unkontrollierbare Gefühle aus. Unsere Angst vor Schlangen ist atavistisch und lässt sich bei allen Primaten beobachten: Von frühester Jugend an geraten auch die Affen beim Anblick einer Schlange in Panik. Wir haben vor allen Tieren Angst, deren Körper länglich ist, während uns rundliche Tiere wie die Bären in Sicherheit wiegen, weil sie uns an den dicken Bauch unserer Mutter erinnern. Wir haben Angst vor kleinen Tieren, zum Beispiel Insekten und Mäusen, die bei Nacht aus ihren Schlupfwinkeln kommen, weil sie für uns nicht zu fassen sind und weil sie aktiv sind, während wir schlafen. Die Spinnenangst wird durch die vielen behaarten Beine dieser Tiere ausgelöst.

— *Diese Ängste haben also keine rationale Grundlage.*

— Nein. Der Beweis: Man hat Angst vor Wölfen, obwohl sie in der Geschichte der Menschheit absolut weniger gefährlich waren als die Schweine, die eine große Anzahl von Säuglingen gefressen haben. Trotzdem bevölkern die Wölfe die Träume der Kinder, nicht die Schweine. Man hat Angst vor Tieren, die man nicht kennt.

— *Es ist seltsam, dass sich diese Angst vor dem Wolf erhalten hat, obwohl unsere Vorfahren sich so weit mit ihm angefreundet hatten, dass sie ihn sogar domestizierten.*

— Wir haben kleine Wölfe domestiziert und davon profitiert, das heißt, wir haben heute gehorsame Hunde, die vom Menschen abhängig sind. Der Wolf in seinem Urzustand ist dagegen die Inkarnation der wilden Natur. Der Mensch erlebt ein Gefühl der Angst, wenn er die Kraft des Lebendigen spürt. Er bemüht sich verzweifelt, ein zivilisiertes Wesen zu sein, weil er Angst hat, er könnte in den animalischen Zustand zurückfallen.

— *Die Jäger der Vorzeit hatten aber einen gewissen Respekt vor dem Wolf.*

— Das ist der Grund, warum es trotz zahlreicher Massaker immer noch Wölfe gibt. Beim Menschen war diesbezüglich schon immer eine Ambivalenz vorhanden, deren Ursprung man in allen Kulturen, Legenden und Mythen finden kann. Die Völker der Jäger haben sich so sehr mit dem Wolf identifiziert, dass sie sogar sein Verhalten, das heißt seine Art zu jagen, imitierten. Sie haben sich die Wölfe zum Vorbild genommen, einen Mythos aus ihnen gemacht, sie mitunter sogar als eine Art Vorfahren betrachtet. Man bewundert oft die Kraft derjenigen, die man fürchtet.

   – Als der Mensch dann begann, Tiere zu züchten, und sich sein Verhältnis zur Umwelt änderte, wurde der Wolf gnadenlos bekämpft. Wird der Mensch durch das Tier immer wieder an die Geißel erinnert, gegen die er ankämpfen muss, um wirklich menschlich zu sein?

   – Ja. Die Tiere geben unseren psychischen Projektionen eine lebendige Form. In der christlichen Welt ist der Wolf das Tier, das Gott geschickt hat, um die Menschen zu strafen, er ist der Todfeind des Lamms Gottes. Noch heute zählt er zu den Tieren, die beim Menschen ein irrationales Verhalten auslösen können, so wie die Katzen im Mittelalter. Das wirft ein bezeichnendes Licht auf die Entwicklung unserer Mentalität.

DIE »NIEDEREN« LEBEWESEN

   – Es besteht jedoch fortan eine Kluft zwischen den Haustieren, die sich auf unseren Fensterbänken räkeln, und den anderen, die wir verzehren. Wir haben diese Tiere zu einer Sache gemacht, und wenn wir sie schlachten, geschieht das in einer derart anonymen und sterilen Weise, dass wir praktisch nichts davon mitbekommen.

   – Sie sagen »steril«. Ich würde eher sagen »technisiert«. Die technische Effizienz der heutigen Schlachthöfe und die industrielle Züchtung der Tiere haben dazu geführt, dass wir in einer Art virtueller Welt leben, in der die Gemeinschaft der

Sterblichen nicht mehr in der Lage ist, sich das Tier als Lebewesen aus Fleisch und Blut vorzustellen. Wenn man früher ein Schwein getötet hat, sahen alle Kinder zu, wie es geschlachtet wurde, nachdem sie vorher seine Schreie gehört hatten.

– *Was hat das für Folgen?*

– Ich glaube, dass die unbewusste Grausamkeit verstärkt wird, weil man sich den Tod des Tieres nicht mehr vorstellen kann. Kinder machen sich nicht klar, dass das, was sie da essen, einmal ein Lebewesen war.

– *Aber auch, wenn wir in der industrialisierten Aufzucht dem Leiden der Tiere zunehmend gleichgültig gegenüberstehen, kann das nicht verhindern, dass man von jetzt an das Tier als Opfer des Menschen betrachtet, und so etwas hat es – im nichtreligiösen Sinn des Wortes – vorher nie gegeben.*

– Das stimmt. Abgesehen von einigen seltenen Konflikten, die zwischen verschiedenen Kulturen oder Gruppierungen ausgetragen wurden, wie zum Beispiel zwischen den Ägyptern aus Luxor und den Juden des 5. Jahrhunderts v. Chr. (weil die Juden die Schafe opferten, die von den Ägyptern verehrt wurden), hat man dem Schrecken über die Brutalität den Tieren gegenüber nie lautstark Ausdruck verliehen. Das geschah erst in der Mitte des 19. Jahrhunderts. Auf der anderen Seite wurde die Liebe zu den Haustieren ein kultureller Wert. Das Tier fand nicht nur Eingang in das Haus des Menschen und sagte etwas über den sozialen Status seines Besitzers aus, es fand sogar Zugang zu seinen Wohnungen und wurde in die Familie aufgenommen.

– *Was kann man daraus schließen?*

– Dass das Tier dazu dient, den Schmerz der Einsamkeit seines Besitzers zu lindern. Man muss aber auch sagen, dass diese Revolution gegen die Verfolgung der Tiere und die Tendenz, sie als Gesellschafter gegen die Einsamkeit zu benutzen, eine positive Veränderung darstellen. Unsere Vorstellung von den Tieren verleiht ihnen eine große Bedeutung. Wenn man beispielsweise im 19. Jahrhundert ein Fohlen im Bergwerk arbeiten ließ, wurde es am Ende seines Lebens wieder nach oben ans Tageslicht gebracht und nicht selten für seine Verdienste ausgezeichnet. Anderswo hat man dagegen Pferde, die sich eine Verletzung zugezogen hatten, wie kaputte Werkzeuge nicht behandelt, sozusagen weggeworfen.

– *Konnte man sie nicht behandeln, oder wollte man es nicht?*

– Eine Wissenschaft, die dem Wohle des Menschen dienen sollte, durfte nicht bei Tieren angewandt werden, so wollte es lange Zeit der Klerus.

– *Hippokrates, der griechische Mediziner der Antike, lehnte es ab, Tiere in den Genuss der medizinischen Kunst kommen zu lassen. Sie sollte allein den Menschen vorbehalten sein.*

– Das stimmt. Bis zum 18. Jahrhundert wurde die Gründung von Veterinärschulen verhindert. Sie sind erst mit Diderot und den Enzyklopädisten entstanden. Damals hat man es endlich gewagt, die Tiere, also »niedere« Lebewesen, in den Genuss des Wissens der Menschen kommen zu lassen, die man als »höhere« Lebewesen betrachtete. Diese Schulen waren gegründet worden, weil man sich mit den Tierseuchen auseinander setzen musste, denen eine große Zahl von Pferden zum Opfer gefallen war, und die auch die Gesundheit der Menschen bedrohten. Sehr schnell dehnte sich die Forschung und Lehre auf den gesamten Viehbestand aus.

– *Was halten Sie selbst von Formulierungen wie »niedere«
und »höhere« Tiere, die vielfach auch heute noch verwendet
werden?*

– Sie sind Folge einer Auffassung vom Leben,
die völlig falsch ist. Sie ist genauso wenig legitim
wie die Einteilung der Tiere in nützliche und schäd-
liche Arten. Der Fuchs wird als »Schädling« bezeichnet, obwohl er Ratten jagt und auf diese Weise
den Ausbruch von Epidemien verhindert und die
Ernten schützt. Die Begriffe »nieder« und »höher«
haben ihren Ursprung in einer gesellschaftlichen
Vorstellung der Menschen, in der es einst auch
»Blaublütige« und wertlose Menschen gab.

– *Die Tiere werden also erst seit ungefähr 30 Jahren als
Opfer betrachtet?*

– So ist es. Vorher konnte man das Tier nicht so
sehen, denn seit den dreißiger Jahren des 17. Jahrhunderts handelte es sich bei ihnen der cartesia-
nischen Logik zufolge um eine Maschine ohne Vernunft, die im Gegensatz zum denkenden Menschen
stand, der eine Seele besaß.

– *Musste man das Tier erst entwerten, um es ausbeuten
zu können?*

– Ja. Manche unter uns glauben auch heute
noch, dass zwischen Mensch und Tier eine Kluft
besteht und dass wir nichts mit den Tieren gemein
haben, weder körperlich noch seelisch. Die Folge
ist, dass derjenige, der das Wort und die Waffen
hat, auch das Recht hat, denjenigen auszubeuten
und zu schlachten, der das alles nicht besitzt. Und
zwar ohne sich vor dem Gesetz der Menschen ver-
antworten zu müssen.

– *Diese Denkweise hatte Folgen für die Menschen.*

– Ja. Wenn man eine Population eliminieren
will, muss man nur dafür sorgen, dass sie gesell-

schaftlich verwundbar ist, vor allem, indem man diesen Menschen den Zugang zu bestimmten Berufen verwehrt. Dann erklärt man ihnen, dass sie weniger intelligent sind als die Norm, und schließlich »vertiert« man sie, indem man Vergleiche zwischen ihnen und bestimmten Tierarten zieht, die man als Schädlinge betrachtet, also zum Beispiel Ratten, Schlangen oder Füchse – Tiere, die Schrecken oder Abscheu hervorrufen –, und dann ist es ganz einfach und sogar »moralisch«, diese Menschen zu eliminieren.

– *Insgesamt kann man sagen, dass uns das Gefühl oder der Hass, den wir Tieren gegenüber empfinden, dabei geholfen hat, andere Menschen abzulehnen.*

– Genau so ist es. Und man kann auch sagen, je besser man die Tiere kennen lernt, umso stärker betont man die Conditio humana. Die Tiere haben eine Geschichte, aber wir sind es, die diese Geschichte schreiben, und unsere eigenen Gefühle und Vorstellungen gehen in diese Geschichte mit ein.

– *Ihre Geschichte ist also letzten Endes die Geschichte unserer Sichtweise, die sich im Laufe der Zeit und an verschiedenen Orten verändert hat.*

– So ist es. Die Realität ist woanders. Sie liegt in der geistigen Welt der Tiere …

2. Szene: Ihre eigene Welt

*Auch wenn wir es nur mit Hilfe der Tiere geschafft haben,
Menschen zu werden, haben wir bis heute nie versucht, sie
wirklich kennen zu lernen. Und es gibt so viele verschiedene
Welten, wie es Arten gibt.*

JEDEM SEIN EIGENES UNIVERSUM

– *Wo genau verläuft denn die Grenze zwischen Mensch und
Tier?*
– Die Sprache bietet scheinbar eine gute Abgrenzungsmöglichkeit: Sie wurde im Westen vor
2500 Jahren von den Griechen definiert. Aber wenn
das so ist, wo bleiben dann die Neugeborenen,
Taubstummen, die Aphasiker und die Komatösen,
die keinen Zugang zur Sprache haben? Sind das
keine Menschen?
– *Sind solche Abgrenzungen zwischen Mensch und Tier
dafür verantwortlich, dass wir die Lebewesen in eine hierarchische Ordnung gebracht haben?*
– Ja. Die Gehörlosen waren nicht in der Lage,
Gedanken auszudrücken, und das machte sie automatisch zu Debilen. Als man ihnen die Zeichensprache beigebracht hatte, verschwand auch ihre
Debilität. Kinder, die nicht sprechen konnten, wurden als unfähig betrachtet, Schmerz zu empfinden.
Den Frauen gestand man wenigstens noch eine
Seele zu. Die Grenze zwischen Mensch und Tier ist
rein ideologischer Natur. Erst seit gerade einmal
20 Jahren versetzt uns die moderne Technologie in

die Lage, uns die geistige Welt der Tiere zu erschlie-
ßen. Und die Neurobiologie erlaubt es uns, den
Begriff der Vorstellung genauer zu definieren.

– *Und woraus besteht sie?*

– Ein Organismus kann sich etwas vorstellen,
wenn er fähig ist, eine Information aus der Vergangenheit zu reproduzieren. Das heißt, wenn er sich
an ein vergangenes Ereignis erinnern, also lernen
kann. Der Scanner demonstriert uns, wie das Gehirn seine Fähigkeiten unter dem Druck der Umwelt erwirbt. Die Positronenkamera zeigt, dass ein
Lebewesen auch auf innere Reize, die also aus dem
Gehirn und aus der Erinnerung kommen, reagieren
kann, nicht nur auf äußere Reize. Der größte Teil
der Tiere besitzt diese Fähigkeit.

– *Die Vorstellung, ein Tier besitze keine Intelligenz und sei*
ausschließlich instinktgesteuert …

– … ist völlig falsch. Auch in diesem Fall handelt
es sich um ein ideologisches Konzept, das im
18. Jahrhundert entwickelt worden ist, um Körper
und Seele voneinander zu trennen und aus den
Tieren Maschinen zu machen, die man nach Gebrauch wegwerfen konnte. Schon vor 2400 Jahren
hat Aristoteles, der auch einer der ersten Naturwissenschaftler war, erklärt, dass es zwischen Mensch
und Tier im Hinblick auf die Intelligenz einen flie-
ßenden Übergang gibt. Jedes Lebewesen hat eine
ihm eigene Intelligenz, das gilt für den Regenwurm
so gut wie für den Menschen. Für jedes Wesen besteht die Welt aus Zusammenhängen und hat einen
Sinn. Die Welt der Blutegel unterscheidet sich von
der Welt der Menschen und die Welt der Mäuse
sieht natürlich wiederum anders aus.

– *Das heißt?*

– Eine Schlange lebt in einer Welt des Infraroten, in der sie die kleinste Temperaturabweichung wahrnehmen kann. Eine Fledermaus entwickelt sich in einer Welt des Ultraschalls, die völlig anders ist als die Infraschallwelt der Elefanten. Vögel leben in einer Umwelt, in der die kleinste Veränderung des wahrgenommenen Bildes oder einer Farbe eine extrem wichtige Information darstellt. Die Blutegel nehmen Schatten und Veränderungen der Feuchtigkeit wahr. Affen können Gesichtsformen und Lautstrukturen wiedererkennen. Menschen nehmen dagegen häufig das wahr, was sie denken, und nicht das, was tatsächlich da ist.

– *Gibt es wirklich so viele geistige Welten, wie es Tierarten gibt?*

– Ja. Jedes Lebewesen nimmt in der gleichen Umwelt verschiedene Bedeutungen wahr. Der deutsche Naturwissenschaftler Jacob von Uexküll hat in den dreißiger Jahren des 20. Jahrhunderts den Begriff »Umwelt« geprägt. Er meinte damit die subjektive Welt eines Tieres (Merkwelt und Wirkwelt), die durch seine arteigenen Sinnesorgane definiert wird. Jedes Tier nimmt die Welt so wahr, wie sie ihm von seinem Nervensystem präsentiert wird.

DUFTLANDSCHAFTEN

– *Jeder lernt also seine Welt so kennen, wie es ihm sein Sinnesapparat erlaubt.*

– Auf seine eigene Art. Ein bestimmtes Tier wird womöglich von einem anderen nur als ein verschwommener, uninteressanter Schatten oder aber als verlockender Duft, als möglicher Leckerbissen oder als Gefahr wahrgenommen. So hat die Fliege, deren Auge aus 3000 Facetten besteht, ein Gesichtsfeld von 360 Grad. Sie kann damit 100 Bilder pro Sekunde unterscheiden, und damit zehnmal mehr als wir. Sie ist auf die Wahrnehmung von ultraviolettem und polarisiertem Licht und auf die Verarbeitung bewegter Bilder spezialisiert. Eine Schnecke reagiert auf Feuchtigkeit und auf Veränderungen des Lichts. Der nach vorn ausgerichtete Gesichtssinn ermöglicht den Raubtieren, die Landschaft räumlich wahrzunehmen und Entfernungen einzuschätzen. Die Pflanzenfresser können mit ihrem Panoramablick Bewegungen wahrnehmen, ohne jedoch die Entfernung abschätzen zu können. Eine Schlange nimmt das Wärmeprofil eines Warmblüters und seine Temperaturveränderungen wahr. Sie besitzt zu diesem Zweck zwei Nervengrübchen, die sich zwischen den Augen und den Nasenlöchern befinden. Wale und Elefanten verständigen sich mit ganz tiefen Tönen, die für uns Menschen nicht hörbar sind. Sie können auf diese Weise über mehrere Dutzend Kilometer miteinander kommunizieren, weil solche niedrigen Frequenzen kaum durch irgendwelche Hindernisse aufgehalten werden. Haie reagieren auf extrem schwache elektrische Felder, die von den Körpern der Beutetiere erzeugt werden, die sich im Sand verstecken. Darüber hinaus können schon zwei Blutmoleküle ihre Aufmerksamkeit erregen.

– Jedes Tier verfügt also über ganz spezielle sensorische Fühler, deren Sensibilitätsspektrum völlig anders ist als unseres?

– Ja. Es gibt eine Vielzahl von sensorischen Modalitäten, die die Wahrnehmung einer ganzen Welt von Objekten ermöglichen und die uns daran erinnern, dass das, was wir sehen, letztlich das Ergebnis einer Informationsverarbeitung durch spezielle

Rezeptoren ist. So erklärt es sich zum Beispiel, dass Tiere, deren Augen sich zurückgebildet haben, wie beim Maulwurf oder bei bestimmten Fischarten, die in der Tiefsee leben, über Nervenstrukturen verfügen, mit deren Hilfe sie sich zurechtfinden, mit anderen kommunizieren und sich ernähren können. Beim Maulwurf ersetzen die Tasthaare (Vibrissen), die an die Schnurrhaare der Katzen erinnern, und andere taktile Mechanismen weitgehend das mangelnde Sehvermögen. Bei den Delfinen und bei den Fledermäusen spricht man in diesem Zusammenhang von »Echoortung«.

– *Was bedeutet das?*

– Das ist ein Wahrnehmungssystem, das es zum Beispiel den Walen erlaubt, Objekte und ihre Form wahrzunehmen. Sie stoßen Klicklaute aus, die im Ultraschallbereich liegen, also zwischen 25 und 250 kHz, und analysieren dann das Echo.

– *Die geistigen Vorstellungen der Tiere sind uns also nicht zugänglich?*

– Sagen wir einmal, sie sind uns fremd. Die Vorstellung, die ich mir von einem Tier mache, hat absolut nichts damit zu tun, wie dieses Tier seine Umwelt und mich selbst wahrnimmt. Das erklärt auch, warum ein Hund, der mich nicht kennt und dem ich mich mit ausgestreckter Hand, Handfläche nach vorn, nähere und dabei so breit lächle, dass meine Zähne sichtbar werden, sich von mir bedroht fühlt. Er sieht in mir jemanden, der ihn unterwerfen will, obwohl ich ihn einfach nur streicheln möchte.

– *Dann ist es also so, dass die Tiere, die in der gleichen Umgebung, zum Beispiel im Wald, leben, sich in ihrem eigenen Raum-Zeit-Gefüge befinden, das sich von dem ihres Nachbarn unterscheidet?*

– Jedes Individuum erlebt seine Umwelt anders. So hat eine Blume für einen Pflanzenfresser nicht die gleiche Bedeutung wie für eine Biene, die den Honig sammelt, für eine Spinne, die dort ihre Eier ablegt, oder eine Frau, die ihren Duft einatmet. Trotzdem stehen diese Welten miteinander in Verbindung. Jede einzelne wirkt sich auf die andere aus, aber jedes Lebewesen nimmt sie auf seine eigene Art wahr.

– *Man kann sich kaum vorstellen, dass das von seinem Nervensystem abhängt…*

– Aber sicher. Mit nur 20000 Neuronen kann ein Meeresblutegel alle seine Probleme lösen und ein glückliches Leben führen. Ein Vogel besitzt ein Gehirn, mit dem er schon eine Menge komplexer Probleme lösen kann. Ein Säugetier kann in einem Universum leben, ohne es wahrzunehmen, und ein Mensch ist in der Lage, sich in einer Welt, die aus verbalen Zeichen besteht, allein über das Wort weiterzuentwickeln. Je besser ein Gehirn sich etwas vorstellen kann, umso besser kann es sich auch in eine nicht vorhandene Welt hineindenken. Es kann also Informationen aus der Vergangenheit verarbeiten und ist nicht nur auf Wahrnehmungen angewiesen.

DENKENDE INSEKTEN

– *Unterscheidet sich das Gehirn der Tiere sehr von dem des Menschen?*

– Unser Gehirn ist nach den gleichen Prinzipien aufgebaut wie das der Tiere. Schematisch lässt sich das so darstellen: Das ursprüngliche Gehirn, das, was man bei den einfachsten Lebewesen vorfindet,

und das für die Überlebensfunktionen wie den
Schlaf, die Körpertemperatur, die Hormonaus-
schüttungen usw. verantwortlich ist, ist von dem
Gehirn der Gefühle umgeben. Dieser Teil ist bei den
Reptilien weniger entwickelt als bei den Säugetieren. Über diesem Teil des Gehirns befindet sich das
so genannte Denkhirn, das vor allem für die Assoziationen, die visuellen und akustischen Vorstellungen und beim Menschen für die Sprache zuständig ist.

   – Und das Lernen?

   – Ja. Das heißt, dass sich die verschiedenen Ge-
hirne im Laufe der Evolution weiterentwickelt haben und komplexer geworden sind. Es gibt daher
keine Kluft zwischen dem Menschen und dem Tier.
Wir alle leben gemeinsam mit den Schlangen in
einer Welt und sind den gleichen elementaren
Bedürfnissen ausgeliefert. Seit der Entstehung der
Sprache leben wir Menschen jedoch auch in einer
künstlichen Welt, einer Welt der Symbole und bestimmter Techniken, die ein besonderes Merkmal
unserer Art sind.

   *– Kann man davon ausgehen, dass auch die Tiere ein Be-
wusstsein haben oder denken können? Oder ginge das zu weit?*

   – Das Bewusstsein gab es in der belebten Welt
schon lange, bevor der Mensch erschien. Es hat
weder etwas mit Spiritualität noch mit dem Übernatürlichen zu tun, und es ist genauso wenig das
Ergebnis einer neurochemischen Kombination. Damit dieses Bewusstsein entstehen kann, muss das
Lebewesen auf eine Vorstellung reagieren können
und darf nicht nur auf seine Wahrnehmungen antworten. Und wie man gesehen hat, ist eine solche
Vorstellung möglich, sobald das Phänomen der
Erinnerung auftaucht. In diesem Augenblick ist das

Lebewesen in der Lage, zu lernen und nicht mehr nur auf das zu reagieren, was es wahrnimmt, sondern auch auf das, was es sich vorstellt. Die Fähigkeit der Tiere, sich ein Bild von sich selbst zu machen, Gefühle zu erleben, sich etwas zu merken und zu träumen, ist daher absolut real, auch wenn es zwischen den einzelnen Arten in dieser Beziehung Unterschiede gibt.

– *Aber nur das Nervensystem der Wirbeltiere ist in der Lage, solche Vorstellungen zu entwickeln.*

– Keineswegs. Zahlreiche Insekten, Weichtiere und Krebstiere können sich ebenfalls erinnern und sogar lernen. Jedenfalls sind die Wirbellosen keinesfalls nur Automaten ohne Bewusstsein. Die Informationsverarbeitung läuft bei ihnen in Form von komplexen Prozessen ab, deren neurobiologische Grundlagen mit denen des Gehirns der Wirbeltiere identisch sind.

– *Wie unterscheidet sich das Bewusstsein der Tiere von unserem?*

– Genau wie sie besitzen auch wir ein Bewusstsein, das von unserem Nervensystem erzeugt wird. Aber das, was uns erlaubt, zu sprechen oder uns in die Lage eines anderen Menschen zu versetzen, verleiht unserem Bewusstsein eine zusätzliche Qualität. Wenn die Worte des anderen unser Bewusstsein verändern, kann man von einem geteilten Bewusstsein sprechen.

– *Besitzen die Tiere auch die Fähigkeit, die Zukunft vorwegzunehmen?*

– Wenn ein Hund sich vor die Tür stellt, den Türknauf anblickt, und dann uns anschaut und das Ganze mehrmals wiederholt, dann heißt das, dass er etwas Bestimmtes erwartet. Die Menschenaffen haben eine noch ausgeprägtere Erwartungshaltung,

denn sie pflücken sich dünne Zweige von einem
Ast ab, um daraus eine Art Angelrute zu machen,
mit der sie einige Stunden später Ameisen oder
Termiten aus ihrem Bau angeln. Ein Fischotter, dem
es nicht gelingt, eine Muschel aufzuknacken, legt
sie beiseite, sucht sich erst einen passenden Stein
und öffnet sie dann später.

DIE SCHÖNE UND DAS BIEST

– *Zwischen allen Lebewesen besteht also eine faszinierende
Kontinuität.*

– Aristoteles hatte Recht. Zwischen Mensch
und Tier gibt es sehr wohl ein gemeinsames Reper-
toire, das beweist uns heute auch die vergleichende
Verhaltensforschung. Es geht vor allem darum, die
Analogien zu entwirren, ohne dabei das Wesen des
Menschen mit dem des Tieres zu verwechseln.

– *Kann uns das Studium der Tiere zu einem besseren Verständnis der Entstehung des menschlichen Verhaltens führen?*

– Ja. So ist es. Die Bezeichnung Ethologie (Verhaltensforschung) wurde etwa 1790 von dem französischen Biologen Étienne Geoffroy Saint-Hilaire
geprägt. Er war einer der Ersten, der gemeinsam
mit seinem Lehrer Georges Cuvier die vergleichende Anatomie eingeführt hat. Aber es sollte
noch bis in die dreißiger Jahre des 20. Jahrhunderts
dauern, bis echte Pioniere wie Jakob von Uexküll,
Konrad Lorenz, Nikolaas Tinbergen und Karl von
Frisch das Verhalten der Tierarten erklärten. Bis zu
dieser Zeit bestanden die wissenschaftlichen Beobachtungen der Tiere darin, dass man sie unter
rein mechanistischem Aspekt im Labor unter-
suchte und mit dem Menschen verglich. Man

stellte ihnen Aufgaben, bei denen sie bestimmte Probleme lösen sollten, ohne dabei die Besonderheiten einer Ratte, einer Taube oder eines Menschen zu berücksichtigen.

– *Und wie unterscheiden sich die Methoden der modernen Forscher davon?*

– Sie konzentrieren sich auf die Beobachtung der Tiere in ihrer natürlichen Umwelt. Wenn man ein Tier im Labor beobachtet, wird es niemals das gleiche Verhalten zeigen wie in der freien Natur. Wenn der Wissenschaftler glaubt, er habe eine Ratte durch Belohnung konditioniert, irrt er sich gewaltig. Denn man weiß inzwischen, dass das Tier sein Verhalten bereits in dem Augenblick verändert, in dem der Mensch die Klinke des Labors berührt. In der natürlichen Umwelt können die heutigen Forscher mit Hilfe von Ferngläsern und speziellen Kameras das spontane und realistische Verhalten der Tiere aus großer Entfernung beobachten.

– *Gibt es eigentlich einen Unterschied zwischen den Auffassungen der weiblichen Verhaltensforscher und denen der männlichen?*

– Aber sicher. Zunächst einmal sind Frauen viel eher bereit, mit den Tieren in deren natürlicher Umgebung zu leben. Wenn das heute auch die Männer machen, dann nur, weil die Frauen den Anfang gemacht haben und die ersten waren, die dieses Experiment wagten. Das trifft vor allem auf jene Frauen zu, die man nach ihrem Mentor, dem Paläanthropologen Louis S. Leaky, »Leakys Engel« genannt hat. Jane Goodall hat Anfang der sechziger Jahre des 20. Jahrhunderts Schimpansen in Tansania studiert. Diane Fossey wurde 1985 bei der Beobachtung von Gorillas in Ruanda von Wilderern getötet. Biruté Galdikas studiert seit 30 Jahren die Orang-Utans von Borneo in ihrer natürlichen Umgebung. Andere, wie Shirley Strum, haben ihr Leben den Pavianen gewidmet… Im Gegensatz zu den Männern stellen Frauen nicht mit Gewalt Kontakt zu den Tieren her. Sie erregen nicht die Feindseligkeit der Männchen, sondern eher deren Neugier. Sie begegnen den Forscherinnen mit Toleranz, wenn nicht sogar mit offensichtlicher Gleichgültigkeit.

– *Aber wie unterscheiden sich konkret die Beobachtungen der Frauen von denen der Männer?*

– Frauen stellen ihre Beobachtungen in anderer Weise dar, und auch Worte haben ein Geschlecht. Wenn ein männlicher Verhaltensforscher das Wort »Dominanz« verwendet, so schwingt darin immer so etwas wie Gewalt, Konkurrenz und Revieranspruch mit. Bei einer Frau bezeichnet derselbe Ausdruck mit Bezug auf die Beobachtung einer bestimmten Tiergruppe einen anderen Ausschnitt der Realität: Es geht um das Tier, dem die meisten Nahrungsangebote gemacht werden, und das das größte Maß an Zuneigung der anderen erfährt…

– *Ergebnis: Wenn ein Mann und eine Frau das Dominanzverhalten innerhalb einer Gruppe von Tieren studieren, so beschreiben sie nicht dasselbe Tier?*

– Ja, so ist es. Die Beobachtung ist stark vom Geschlecht beeinflusst. Man verwendet zwar dieselben Wörter, aber sie haben nicht dieselbe Bedeutung. Alle Verhaltensforscher geben allerdings den Tieren, die sie beobachten, einen Namen, damit sie sie sich merken können. Wenn man einem Tier einen Namen gegeben hat, kann man es nicht mehr mit einem anderen verwechseln, dann hat es sozusagen eine Persönlichkeit.

– Eine Methode, die von den Wissenschaftlern nicht gern gesehen wird?

– Man hat diese Frauen häufig kritisiert, weil sie kein klassisches Universitätsstudium abgeschlossen hatten. Aber das ändert nichts daran, dass sie diese Disziplin revolutioniert haben. Sie haben es gewagt, mit den Tieren zu leben, und haben hervorragende Arbeiten vorgelegt.

– Warum sind die Tiere Frauen gegenüber weniger aggressiv?

– Die Sexualmerkmale werden von den Tieren wahrgenommen. Sie wissen ganz genau, ob sie es mit einem Mann oder mit einer Frau zu tun haben. Bei einem Mann ist die Fluchtdistanz immer größer. Eine Frau lassen sie dagegen näher an sich heran. Frauen haben bewiesen, dass sie mehr Geduld haben und sich unterwerfen oder zurückziehen können, wenn es nötig sein sollte. Ihre Bewegungen sind langsam und fließend, ihre Stimme ist sanfter. Deshalb ist es ihnen auch gelungen, einen Zugang zur Welt der Tiere zu finden, sich in die Gruppen zu integrieren oder aber auch an der Peripherie zu bleiben, um sie bei ihren alltäglichen Aktivitäten beobachten zu können. Aber es läuft natürlich nicht immer reibungslos. Es kann durchaus passieren, dass weibliche Affen die Besucherinnen mit ihren Exkrementen bewerfen, jedoch nicht die männlichen Besucher. Es gibt also auch schon über die Arten hinweg so etwas wie weibliche Rivalität.

– Welche grundsätzlichen Veränderungen haben diese Forscherinnen letztlich bewirkt?

– Sie konnten die Vorurteile im Hinblick auf die Abgrenzungen zwischen Mensch und Tier revidieren. So ist und war zum Beispiel das Werkzeug ein Kriterium, das Mensch und Tier unterschied. Als

Jane Goodall aus Afrika zurückgekehrt war und beweisen konnte, dass Schimpansen Äste entblät-
tern, um damit Ameisen und Termiten in deren
Löchern aufzustöbern, oder dass sie Steine und
Baumstümpfe benützten, um Nüsse zu knacken,
hatte man Zweifel. Der Kampf, den Diane Fossey in
ihren Bergen ausgefochten hat, hat in der Öffent-
lichkeit einen starken Eindruck hinterlassen. Die
Geschichte der Entwicklung der Primatologie hat
große Auswirkungen auf unsere Betrachtungsweise
der Tierwelt gehabt. Während man zuvor davon
ausgegangen war, dass die Hierarchie und die gesamte Organisation der Gruppen ausschließlich
von den dominanten Männchen bestimmt wird,
konnten die Frauen nachweisen, wie komplex die
soziale Organisation bei den Primaten in Wirklichkeit ist. Darüber hinaus haben sich die Methoden
der Informationssammlung parallel dazu weiterentwickelt.

VÖGEL LIEBEN DAS SCHÖNE

– *Die Tiere benützen also Werkzeuge. Ist das ein Beweis für
ihre Intelligenz?*
    – Intelligenz ist nicht messbar, auch wenn die
Leute, die die Tests entwickelt haben, mit denen
man angeblich den Intelligenzquotienten eines
Kindes messen kann, das immer wieder behaupten. Sie ist nicht einmal bei Menschen direkt zu beobachten, wie sollte es da bei einem Tier möglich
sein?
    – *Das frage ich Sie.*
    – Sagen wir einmal, dass uns die Beobachtung des
Verhaltens der Tiere Hinweise auf ihre kognitiven Fä-

higkeiten gibt. Tiere können Regelmäßigkeiten erkennen, sie können Probleme lösen, die sich auf die
räumliche Dimension beziehen, und sie benutzen
Werkzeuge. Darüber hinaus besitzen sie die Fähigkeit, zu verallgemeinern und sich etwas bildlich vorzustellen. Sie können eine psychologische Strategie
entwickeln wie zum Beispiel lügen, eine Verletzung
vortäuschen, um die Aufmerksamkeit eines Räu-
bers, der eines ihrer Jungen bedroht, abzulenken.
Und sie können warten. So wartete ein bestimmter
Menschenaffe so lange, bis der Wärter gegangen
war, um dann seinen Käfig zu öffnen. Sie können
komplexe Handlungsabläufe organisieren und komplizierte Techniken erlernen. Der Webervogel zum
Beispiel baut kunstvolle Nester, und auch ein Termi-
tenbau ist eine Art Wunderwerk. Um diese geomet-
rische Perfektion zu erreichen, ist eine Zusammenarbeit zwischen den Artgenossen erforderlich. In
diesem Fall ist nicht jedes einzelne Tier intelligent,
sondern alle lösen das Problem gemeinsam, indem
sie tausend verschiedene kleine Lösungen finden.

   – *Aber wie gehen sie dabei vor? Gibt es bei ihnen eine Methode, die sich genetisch auf alle überträgt, oder machen sie
sich je nach Situation vorher ein Bild von dem Projekt?*

   – Das hängt ganz von der Art ab. Bienen, die einen
Stock bauen, werden dabei grundsätzlich von ihren
Erbanlagen gesteuert. Letzten Endes korrigiert aber
jede einzelne Biene den Fehler, den eine andere gemacht hat. Beim Biber ist es anders. Wenn er einen
Bruch in seinem Damm abdichten will, orientiert er
sich an einer bestimmten Vorstellung und besitzt
die Fähigkeit, seine Aktionen vorher entsprechend
zu planen.

   – *Wenn die Laubenvögel von Neuguinea ihre Partnerin-
nen verführen wollen, sammeln sie verschiedene Materialien*

und verbringen unendlich lange Zeit damit, aus diesen Gegen-
ständen Lauben zu bauen. Zum Schluss schmücken sie das
Ganze noch mit allen möglichen Dingen von unterschiedlichen
Formen und Farben: mit Glasscherben, Schneckenhäusern,
Früchten, Blumen… Haben diese Tiere einen Sinn für Schön-
heit?

– Wenn es eine Physiologie der Schönheit gibt,
wie es gewisse Neurologen behaupten, kann man
meiner Ansicht nach sagen, dass diese Vögel beweisen, dass sie im Hinblick auf diese verschieden-
farbigen Gegenstände so etwas wie einen Schönheitssinn besitzen. Sie stellen ihre Kunstwerke zur
Schau, um das anspruchsvolle Weibchen anzulocken. Die Auserwählte sucht sich das Ornament
aus, das sie am meisten reizt und, wenn man so
will, ihren Schönheitssinn anspricht.

– *Das zwingt die Männchen dazu, sich den Kopf zu zer-*
brechen, wie sie am besten mit den Konstruktionen des Nach-
barn konkurrieren können.

– Genau. Und auf einer solchen Baustelle wird
oft monatelang gearbeitet. Manche gehen so weit,
dass sie sich aus einem Stück faseriger Borke einen
Pinsel machen und ihn dann in eine Mischung aus
Beerensaft und Wasser tauchen, um damit den Weg
zu ihrem Liebesnest zu markieren.

DIE BATATENWÄSCHER

– *Können Tiere Erfindungen machen?*

– Ich würde in diesem Zusammenhang eher
von »Innovation« oder »Anpassung« sprechen.
Aber das Leben setzt die Fähigkeit zur Innovation
voraus. Die Menschenaffen sind in der Lage, eine
Vielzahl von Problemen zu lösen: Sie können Tü-

ren öffnen, Kisten aufeinander stapeln, um einen
zu hoch hängenden Gegenstand zu erreichen, sie
können sich vor dem Regen schützen, indem sie
sich aus Laub einen Regenschirm basteln, sie können Schwämme herstellen, indem sie ein paar
Blätter kauen... Die Tiere besitzen die Fähigkeit,
sich an das Unbekannte anzupassen und neue Lösungen zu finden. Sie können Erfahrungen sammeln und die Ergebnisse auf andere Situationen
übertragen. Eines der bekanntesten Beispiele ist
das der Makaken, die auf der japanischen Insel Ko-
schima leben.

– *Und was machen die?*

– Eines Tages beschloss ein junges, 18 Monate
altes Weibchen, am Meeresstrand den Sand von
den Kartoffeln abzuwaschen. Die Kleinen beobach-
teten ihre Mutter und machten es ihr nach. Die Methode wurde dann auch von den anderen Weibchen übernommen und zuletzt auch von den
älteren Männchen, die jeder Veränderung stets den
größten Widerstand entgegensetzen. Nach drei Generationen bekamen die Jungen, die ihre Kartoffeln
nicht wuschen, einen Klaps.

– *Und das lässt darauf schließen, dass ein Lernprozess
stattgefunden hat?*

– Ja. Anfang des 20. Jahrhunderts wären zum
Beispiel die Möwen beinahe ausgestorben, wenn
nicht die Städte mit ihren Müllkippen sie gerettet
hätten. Unser Fortschritt hat bei den Möwen eine
wahre Kulturrevolution ausgelöst, die sie dann
auch an ihre Nachkommen weitergegeben haben.
Als dann später Müllverbrennungsanlagen gebaut
wurden, haben die erwachsenen Möwen ihren
Jungen wieder das Jagen beigebracht. In der gleichen Weise haben die englischen Meisen gelernt,

Milchflaschen zu öffnen, während die französischen das nicht können.

– *Kann eine Verhaltensänderung von einer ganzen Gruppe gelernt werden?*

– Ja. Bestimmte Schimpansengruppen lernen, wie man eine Kokosnuss knackt, und ihre Technik ist anders als die der Nachbargruppe.

– *Trifft das auch auf die Gesänge der Vögel und der Wale zu, die neue Töne in ihr musikalisches Repertoire aufnehmen?*

– Der Gesang ist teilweise erlernt. Jeder Vogel, jeder Wal und jeder Wolf besitzt eine bestimmte, eigene musikalische Signatur, die das arteigene genetische Programm ergänzt. Jede Gruppe vermittelt eine Art »mündlicher Tradition« von einer Generation zur nächsten. So lassen sich zum Beispiel bei den Schimpansen, den Walen, den Vögeln und den Wölfen regionale Dialekte beobachten. Vögel und Wale sind darüber hinaus in der Lage, Klänge nachzuahmen und sie in ihr eigenes Programm aufzunehmen.

– *Zahlreiche Spezialisten, die insgesamt 150 Jahre lang Schimpansen beobachtet haben, können bestätigen, dass der Mensch die Kultur nicht für sich allein gepachtet hat...*

– Das stimmt. Erst kürzlich konnten zwei Primatenforscher, die im senegalesischen Nationalpark von Niokolo-Koba Gruppen von Schimpansen und Pavianen beobachtet hatten, nachweisen, dass diese Affen in der Lage sind, Wasser zu filtern. Sie versuchen auf diese Weise, Krankheitskeime zu entfernen, die in den Tümpeln enthalten sind. Die Paviane graben zu diesem Zweck mit den bloßen Händen Löcher in den Sand, die Schimpansen benützen dazu einen Stock... In beiden Fällen füllt sich das Loch mit Wasser und der Sand filtert die Unreinheiten heraus.

– Was kann man über die kollektive Intelligenz sagen? Stimmt es, dass Bienen oder Ameisen nur in Gruppen leben können?

– Ja. Man kann nicht von der Intelligenz einer einzelnen Biene oder Ameise sprechen, sondern muss von der Intelligenz des Bienenstocks oder des Ameisenhaufens ausgehen, denn bei diesen Tieren lösen die Kollektive die Probleme…

– Wie kann in einer Gruppe mit derart geringen kognitiven Fähigkeiten überhaupt Intelligenz entstehen?

– Ein einzelnes Insekt kann mit seiner eigenen sensorischen Ausstattung kaum ein Problem lösen. Die Gruppe dagegen kann Lösungen erstaunlich komplexer Probleme finden, denn sie bildet eine Einheit, die auf der Kooperation und Interaktion der einzelnen Individuen basiert. Plötzlich bilden sich Strukturen, einzelne Kasten innerhalb eines Volkes, die sich stark unterscheiden. Das trifft auf die Insekten zu, aber auch auf die Pinguine, wenn sie zum Beispiel mit einem Schneesturm mit Windgeschwindigkeiten von über 150 km/h und Temperaturen unter minus 50 Grad konfrontiert sind. Sie bilden in einer solchen Situation Gruppen und wechseln sich regelmäßig ab. Das heißt, diejenigen, die am Rand stehen, werden abgelöst, bevor sie zu stark auskühlen. Auf diese Weise gelingt es der Gruppe, in ihrem Innern eine konstante Temperatur aufrechtzuerhalten. Wenn sie dagegen einzeln blieben, würden alle erfrieren.

– Und das nennt man Kooperation?

– Ja, und es ist vor allem eine gute Metapher für die menschliche Existenz. Allein schaffen wir so gut wie nichts, als Gruppe können wir sowohl gewaltige Fortschritte machen als auch schreckliche Dinge anrichten.

GEFANGENE IHRER WAHRNEHMUNG

– Aber die Gruppe zeigt nicht immer Vernunft. So verbrennen sich zum Beispiel Schmetterlinge und Falter die Flügel an Glühbirnen, und die Lemminge, diese nordamerikanischen Nagetiere, stürzen sich ins Wasser und verenden dort.

– Sie sind Gefangene der Reizübermittlung. Im Fall der Lemminge folgt ein Tier dem anderen, wenn es zu einer Überbevölkerung gekommen ist. Wenn sie an eine Steilküste oder ans Wasser kommen, reagiert jedes Tier nur auf die Reize, die vom Vordermann ausgehen. Für den menschlichen Beobachter sieht das dann wie kollektiver Selbstmord aus.

– Und wir selbst sind frei und nicht nur Sklaven unserer Wahrnehmung?

– Ja, aber wir besitzen auch die Freiheit, uns sozialen und kulturellen Vorstellungen zu unterwerfen und selbst auferlegte Normen anzuerkennen. Wir haben also nur die Sklaverei verändert. Das ist ein Kriterium der Conditio humana. Im Gegensatz dazu reagieren die Falter, die in die Lampe fliegen, auf den Lichtreiz, der für sie eine unwiderstehliche Anziehungskraft hat. Man nennt dieses Verhalten eine »Taxis« und meint damit die Reaktion eines Organismus auf einen spezifischen Reiz. Das Insekt fliegt dahin, wohin es seine Flügel zwingen.

– Werden die Wanderungen der Tiere auch durch solche Reize ausgelöst?

– Die Wanderzüge der Tiere stehen in den meisten Fällen mit der Nahrungssuche oder der Fortpflanzung in Zusammenhang. Die Languste bewegt sich Hunderte von Kilometern über den Meeresboden, das Gnu läuft etwa 1000 Kilometer über die Ebenen Afrikas, die Wale ziehen bei ihren Wanderungen sogar bis zu 7000 Kilometer über das Meer. Aber die Vögel halten wohl den absoluten Höhen- und Weitenrekord. So legt zum Beispiel die ark- tische Seeschwalbe bei ihrem Hin- und Rückflug über 30000 Kilometer zurück. Die meisten dieser Tiere besitzen einen inneren Kalender, eine Art von biologischer Uhr, die direkt mit den physiologi- schen Rhythmen ihres Organismus verbunden ist. Ein bestimmter hormoneller Zustand passt sich an die Informationen aus der Umwelt an, motiviert die Tiere und sagt ihnen, dass die Zeit gekommen ist, abzureisen.

– *Lernen die Jungen die Zugwege von ihren Eltern oder ist das angeboren, also in den Genen enthalten?*

– Wahrscheinlich beides. Bei den Lachsen, den Vögeln oder auch bei den Aalen, die Tausende von Kilometern ziehen, ohne von ihrer Route abzuwei- chen, um sich in der Sargasso-See fortzupflanzen, läuft der Wanderzug über Reaktionen auf be- stimmte Eindrücke und Reize aus der Umwelt. Die Lachse orientieren sich an Duftstoffen und erken- nen ihren Weg am Geruch des Wassers. Wenn sich der Geruch ändert, verlassen sie es. Die Vögel rea- gieren auf Reizungen des Innenohrs. Kalzium und bestimmte Magnetkörperchen (Statolithen) verset- zen sie in die Lage, ihren Weg zu finden, indem sie sich am Sonnenstand orientieren.

DER BIENENTANZ

– *Sie benutzen die Sonne also wie einen Kompass?*

– Bestimmte physische Indikatoren versetzen sie in die Lage, den Kurs dank ihrer Wahrnehmung des Magnetfeldes der Erde zu halten, genau wie ein

Pilot seine Flugrichtung an seinem Kompass abliest.

Die Vögel haben außerdem ein Erinnerungsbild der Topografie der wichtigen Orte, die auf ihrer gewohnten Route liegen, zum Beispiel Berge und Meere. Darüber hinaus können sie die Infraschallsignale der Luftströme hören, die ihnen sagen, dass sich in großer Entfernung ein Fluss oder eine Bergkette befindet.

– *Wie orientieren sich die Bienen in ihrer Umwelt?*

– Der berühmte Bienentanz wurde durch den deutschen Verhaltensforscher Karl von Frisch entdeckt. Er konnte nachweisen, dass sich die Bienen zur Orientierung und Kommunikation einer »Sprache« bedienen. Sobald eine von ihnen eine neue Nahrungsquelle entdeckt hat, teilt sie das den anderen im Bienenstock mit, indem sie einen bestimmten »Tanz« aufführt. Sie informiert die Arbeitsbienen über die genaue Position und die Entfernung vom Stock. Außerdem teilt sie ihnen den Sonnenstand, die Richtung und die Geschwindigkeit des vorherrschenden Windes mit. Den Winkel zur Sonne, den sie bei ihrem Tanz hat, die Größe der Kreise, die sie beschreibt, die Intensität und die Dauer des Schwänzelns mit dem Unterleib, all das ist eine Art Sprache, mit der sie den anderen Bienen Informationen über die Richtung, die Entfernung, die Menge des Honigtaus oder die Größe eines Blumenbeets mitteilt.

– *Ursprung dieses erstaunlichen Verhaltens ist ein genetisches Programm, eine Art »Computerchip«, der die Biene in die Lage versetzt, so zu »tanzen«. Vererbt sich diese Art der Orientierung von Generation zu Generation, von einem Bienenstock zum anderen?*

– Ja. Wenn wir dagegen die Säugetiere betrachten, gibt es bei ihnen sozusagen eine Übertragung von Körper zu Körper, die nichts mit den Genen zu tun hat.

– *Zum Beispiel?*

– William Mason führte 1965 als Erster ein Experiment durch, das diesen Gedanken veranschaulicht. Er setzte ein Makakenweibchen in einen Käfig und sorgte dafür, dass es von jeder Sinneswahrnehmung abgeschirmt war. Es konnte also weder etwas sehen noch etwas hören. Das ist ungefähr das Schlimmste, was einem Tier widerfahren kann. Da das junge Weibchen mehrere Wochen lang von jedem sozialen Kontakt isoliert war, kam seine Entwicklung zum Stillstand. Als es sowohl emotional als auch im Hinblick auf sein Verhalten völlig gestört war, wurde es in seine ursprüngliche Gruppe zurückgebracht, wo es seine Entwicklung wieder aufnahm. Da es jedoch nicht in der Lage war, die Werbungsrituale seiner Art zu verstehen, war eine Paarung unmöglich. Mason kam daraufhin auf die Idee, das Tier künstlich zu befruchten… Von Geburt an litt auch das Junge unter den gleichen »Störungen« wie die Mutter und konnte sich ebenfalls nicht normal entwickeln. Schuld daran war das sensorische Feld der Mutter. Das Junge wurde nach und nach immer unsicherer und schaffte es nie, seine eigene Welt zu entdecken. Es war nicht in der Lage, sich von der Mutter zu lösen, sondern blieb in totaler Abhängigkeit von ihr gefangen. Auch dass sie ihm das Futter stahl, es auf den Kopf trat, bedrohte und wie einen Hampelmann am Fuß hinter sich herzog, konnte daran nichts ändern.

– *Und was passierte später, als der junge Affe in die Pubertät kam?*

– Er war nicht in der Lage, um die Weibchen zu werben, denn er hatte bei der Interaktion die gleichen Störungen wie seine Mutter. Das trifft auch auf all die Tiere zu, denen die Mutter fehlt. Bei diesen Tieren lassen sich außerdem ausgedehnte paradoxe Schlafphasen beobachten.

– *Wenn die Tiere träumen, weiß man wie und wovon?*

– Der Schlaf ist ein großes Programm aller Lebewesen. Nur Fische, Amphibien und Reptilien, also Tiere, deren Körpertemperatur von der Umgebung abhängt, träumen nicht. Alle Säugetiere und Vögel, deren Temperatur konstant bleibt, haben dagegen einen orthodoxen (Non-REM-) und einen paradoxen (REM-) Schlaf. Im Verlauf des Schlafes kommt es periodisch zu Phasen der Gehirntätigkeit, die wir »paradox« nennen, weil sie im Augenblick des tiefsten Schlafs auftreten. In dieser Phase ist die Muskulatur völlig entspannt, aber die Augäpfel bewegen sich schnell (REM = rapid eye movement) und auch das Elektroenzephalogramm, das die elektrische Aktivität des Gehirns registriert, zeigt eine erhöhte Aktivität an. Daher die Bezeichnung paradoxer Schlaf. Die Hirnaktivität ist identisch mit der des Wachzustandes, aber die Muskelentspannung ist total. In dieser Phase des Schlafs treten auch die Träume auf.

– *Warum sind die Muskeln völlig entspannt?*

– Ein bestimmter Schaltkreis des Gehirns blockiert die Muskelaktivität, damit nur das Gehirn den Träumen Ausdruck verleihen kann und der Körper sie nicht miterlebt. Wenn man diese Nervenbahnen durchtrennt, wie es der Neurobiologe Michel Jouvet in den fünfziger Jahren im Rahmen seiner Untersuchungen über den Schlaf der Katze gemacht hat, kann man sehen, wie das Tier seine Träume durchlebt: Es sträubt das Fell, spuckt, beißt, kratzt und verfolgt eine imaginäre Beute ...

– *Heißt das, dass die Tiere genauso träumen wie wir?*

– Ja, genau wie wir. Sie träumen von Dingen aus ihrem Hunde-, Kuh- oder Affenleben ... Die Dauer variiert von Art zu Art. Interessant ist, dass die Raubtiere diejenigen sind, die am meisten träumen, denn sie brauchen beim Einschlafen keine Angst zu haben. Pflanzenfresser haben seltener paradoxe Schlafphasen, außer wenn sie sich geschützt im Stall oder in ihrem Bau befinden.

– *Und wie ist es mit der eigentlichen Dauer des Schlafes?*

– Einige Tiere, zum Beispiel die Löwen, die bis zu 18 Stunden schlafen können, schlafen durch. Andere, wie die Pferde, schlafen mit Unterbrechungen. Der Hase macht Pausen, die nur einige Sekunden dauern. Schmetterlinge und auch Motten falten ihre Fühler zusammen und neigen den Kopf, manche Fischarten graben sich zum Schlafen im Sand ein.

– *Und wenn die Tiere noch klein sind?*

– Wenn sie zu einer Art gehören, in der die Jungen viel von der Mutter und von ihrer Umgebung lernen, träumen sie mehr als die erwachsenen und die alten Tiere. Sie werden mit einem unvollständig entwickelten Nervensystem geboren. Mit Hilfe des paradoxen Schlafs können sie ihre Entwicklung zu Ende bringen. Die Dauer des paradoxen Schlafs ist bei den Nesthockern – also bei denen, die von den Eltern großgezogen werden – nicht die gleiche wie bei den Nestflüchtern, deren Entwicklung bereits bei der Geburt abgeschlossen ist. Bei der ersten Gruppe sind die paradoxen Schlafphasen länger als bei der zweiten, denn sie müssen noch lernen und sich biologisch weiterentwickeln. Bei den anderen ist die Dauer der paradoxen Schlafphasen von der Geburt bis zum Tod in etwa gleich.

– *Warum?*

– Weil sie nicht mehr viel von ihrer Umwelt lernen müssen. Sie passen sich an, denn sonst würden sie sterben. Junge Ratten haben zum Beispiel im Laufe ihrer ersten Lebenstage sehr viele paradoxe Schlafphasen, fallen dann aber schnell auf ein geringeres Maß zurück, das dann bis zu ihrem Tod gleich bleibt.

– *Was hat das zu bedeuten?*

– Dass ihnen nur ein paar Stunden bleiben, um sich an ihre Gruppe anzupassen. Sie müssen in dieser kurzen Zeit die notwendigen Fähigkeiten entwickeln, um die Probleme lösen zu können, mit denen sie in ihrer arttypischen Umwelt konfrontiert werden. Bei den Affen dauert das mehrere Monate. Was die kleinen Menschen anbetrifft, so bestehen in den ersten Lebensjahren etwa 80 Prozent des Schlafs aus solchen paradoxen Phasen. Der paradoxe Schlaf reduziert sich bis zum Alter von etwa 65 Jahren, ab da bis zum Lebensende hat er nur noch einen Anteil von 15 Prozent. Das heißt, dass die Menschen bis zum Ende ihres Lebens lernen können, wenn auch nicht mehr so schnell.

DIE GUTE PRÄGUNG

– *Man spricht häufig von »Prägung«. Was ist damit gemeint?*

– Bestimmte Verhaltensweisen, die als »Prägung« bezeichnet werden, erklären, dass ein Tier das erste bewegte Objekt, das es in den Stunden nach seiner Geburt wahrnimmt, als »Mutter« annimmt. Zwischen der 13. und 16. Stunde, die auf seine Geburt folgt, kann sich das Junge an alles binden. Das kann ein Traktor, eine Zahnbürste, ein anderes Tier oder auch ein Mensch sein. Wenn das Objekt dann aus seiner Welt verschwindet, ist das Junge völlig hilflos und verwirrt. Die Angst verhindert das Lernen, und nach ein paar Stunden hat es schließlich gelernt, nicht mehr zu lernen.

– *Aber gehen wir von einer geglückten Prägung aus, verändert sie die Bedingungen des Lernens für das Junge?*

– Absolut. Man bezeichnet diese Periode, die sich von Art zu Art unterscheidet, als »sensibel«. Es handelt sich dabei um einen Zeitraum, in dem der Organismus aufnahmebereit und besonders lernfähig ist. Das Kleine lernt zuerst von der Mutter, dann von der Umwelt. All das, was die Sensibilität dieses Organismus verändert, bringt die Prägung völlig durcheinander. Dieses Phänomen, das den Bauern seit der Antike vertraut ist, wurde von dem österreichischen Verhaltensforscher Konrad Lorenz untersucht. Die kleinen Enten folgten ihm, weil er das erste Lebewesen war, dass sie nach ihrer Geburt gesehen haben. Von diesem Augenblick an war er ihre Mutter.

– *Je langsamer ein Tier sich entwickelt, umso größer ist seine Lernfähigkeit?*

– Ja. Aber das Individuum muss Kontakt zu seiner Mutter haben, bevor es sich mit den physischen und gesellschaftlichen Ereignissen auseinander setzen kann. In der Schule der Tiere sind die Spiele perfekte Übungen, um die guten Manieren der eigenen Art zu erlernen. Die jungen Wölfe, die sich um einen Knochen streiten, lernen auf diese Weise die Regeln ihrer hierarchisch aufgebauten Gesellschaft, die für den Zusammenhalt der Gruppe unerlässlich sind.

    – *Das Spiel dient dem Erwachsenwerden?*

    – Das Spiel beginnt bereits im Bauch der Mutter und geht nach der Geburt weiter, denn es ermöglicht eine Strukturierung des Sozialverhaltens und bereitet die Jungen auf das gesellschaftliche Leben vor. Eine kleine Antilope, die wilde Bocksprünge macht, ahmt die Bewegungen nach, die es ihr später ermöglichen, den Raubtieren vor der Nase zu entwischen. Die Sprünge ins Wasser, die die kleinen Ohrenrobben vollführen, ihre Spiele mit Algen, die sie werfen und unter Wasser wieder auffangen, dienen dazu, ihnen das Meer vertraut zu machen. Die einsamen Spiele der kleinen Füchse bereiten sie auf die Jagd vor, die sie später als Einzelgänger unternehmen werden. Mit den simulierten Kämpfen und mit ihrer spielerischen und freundschaftlichen Unterwerfung wiederholen die jungen Löwen ein Ritual, das sie davor schützt, sich später bei einem Konflikt gegenseitig zu töten. Bei den Affen, Kängurus und Elefanten kommen solche Spiele häufiger vor. Sie werden von den jungen Männchen häufiger initiiert und simulieren echte Kämpfe, die sie später ausfechten müssen. Die Kleinen spielen natürlich in der Regel unter sich, aber auch mit den Erwachsenen, die dabei eine wahre Engelsgeduld zeigen. Die Großen setzen aber auch Grenzen, die nicht überschritten werden dürfen. Sie beteiligen sich gutmütig an ihren Spielen und bringen so den Jungen bei, Kontakte zu ritualisieren und ihre Aggressionen unter Kontrolle zu halten.

– Unterscheiden sich die Erwachsenen, die als Junge auf diese Weise gespielt haben, von denen, die keine Möglichkeit dazu hatten?

– Die, die gespielt haben, können sich später besser mit den Problemen des Lebens auseinander setzen und lernen. Das Spiel ist ein Schritt auf dem Weg zur Freiheit. Kleine Katzen, die ihr Leben lang Räuber bleiben, greifen alles an, was sich bewegt: einen Zweig, ein Wollknäuel oder den Schwanz ihrer Mutter. Bei den kleinen Hunden beobachtet man eher hierarchisch organisierte Kämpfe, die Kaninchen üben plötzliche Fluchtbewegungen und Täuschungsmanöver.

– Spielen auch verschiedene Arten miteinander?

– Ja, es gibt bei den Tieren auch Spiele unter verschiedenen Arten, und das ist ein echtes Rätsel. Kleine Hunde und Katzen spielen miteinander, Affen spielen mit Rehkitzen.

Was die erwachsenen Tiere anbetrifft, so kann man häufig Delfine beobachten, die sich mit einem Mondfisch amüsieren, den sie als Ball benutzen, während Orcas Seehunde und Pinguine in die Luft werfen. Diese Spiele geben den erwachsenen Tieren Gelegenheit, ihren Bindungen an die Artgenossen Ausdruck zu verleihen und sie zu festigen.

– Und die Hunde und Katzen, die in unseren Wohnungen spielen?

– Wenn sich die Tiere an die Menschen angepasst haben, bleiben sie länger jung und kindlich, also spielen sie auch mit der Zeit immer länger, was beweist, dass das Spiel die Funktion des Lernens hat.

LACHENDE KATZEN

— *Haben Tiere die gleichen Gefühle wie wir?*

— Alle, die für das Überleben nötig sind: Angst, Hunger, sexuelle Gefühle, Muttergefühle, Freude.

— *Lachen die Tiere auch?*

— Tierärzte haben mir gesagt, dass sie fest davon überzeugt sind, dass Katzen und Hunde lachen. Man weiß inzwischen, dass Schimpansen lächeln. Sie bedecken dabei die Zähne des Oberkiefers mit der Oberlippe, denn das Zeigen der Zähne ist bei ihnen ein Zeichen von Aggressivität. Man sagt, auch Ratten könnten lachen.

— *Wenn man einen Hund anlächelt, so hält er das oft für eine Bedrohung.*

— Wenn man nur mit dem Mund lächelt, ist das für ihn ein Zeichen von Aggression. Andere Signale, wie zum Beispiel die Körperhaltung und die Stimmlage, können die Aggressionszeichen aber relativieren, die unser Mund vermittelt, und der Hund begreift, dass es sich nicht um eine echte Aggression handelt. Das Tier weiß ganz genau, wie es die Signale interpretieren muss, die von unserem Körper ausgehen. Es kennt den Unterschied zwischen Spiel und echter Aggression. Wenn Sie mit ihm spielen, tut es so, als wolle es weglaufen oder sich unterwerfen. Es wehrt sich, greift wieder an und provoziert Sie. Es tut also so, als ob, und das ist ein schlagender Beweis für seine Intelligenz.

— *Aber es ist doch bestimmt nicht so leicht für die Tiere, sich an unsere Welt anzupassen und sie zu verstehen …*

— Die domestizierten Tiere vermenschlichen sich in gewisser Weise, sie machen Fortschritte und bringen intellektuelle Leistungen, die weitaus beeindruckender sind als die der Tiere, die in der

freien Wildbahn leben. Die Hunde bellen und die
Katzen miauen und schnurren außerdem beim
Menschen bedeutend mehr als in der Natur.

– *Aus welchem Grund?*

– Weil sie begriffen haben, dass der Mund beim
Menschen ein akustischer Kommunikationskanal
ist, den die Menschen favorisieren, also sind die
Tiere so nett und bellen und miauen, wenn sie sich
an uns wenden, während ihnen innerhalb ihrer Art
Geruchssinn und Körperhaltungen zur Kommunikation ausreichen.

– *Es kommt ja wohl nur selten vor – aber wie kann man
es erklären, dass Hunde und Katzen ihre Herrchen und Frauchen wiederfinden, auch wenn sie dazu Hunderte von Kilometern laufen müssen?*

– Sie leben in einer anderen Welt als wir. Wie die
Vögel verfügen sie über kosmologische Informationen, das heißt, sie orientieren sich am Sonnenstand. Hinzu kommt die enge Bindung an den jeweiligen Besitzer, die vor allem bei Hunden stark
ausgeprägt ist, denn sie sind Rudeltiere, die sich mit
den anderen Mitgliedern ihrer Gruppe eng verbunden fühlen. In ihrem Gedächtnis gibt es eine starke
Prägung, die biologischer Natur ist, und das ist eine
enge Bindung. Wenn Vögel eine Beziehung zu je-
mandem aufnehmen, prägt sich in ihrem Gehirn
die gleiche Bindung ein.

– *Das Gehirn des Tieres wird also durch eine solche Bindung geformt?*

– So ist es. Was die Katzen anbetrifft, so binden
sie sich am ehesten an einen Platz, an ein Haus, an
einen geografischen Ort. Das erklärt auch, warum
sie oft nach einem Umzug ihres Besitzers wieder in
das alte Haus zurückkehren.

– *Gibt es bei Tieren so etwas wie Liebe oder Freundschaft?*

– Man sollte in diesem Zusammenhang eher von »Anhänglichkeit« sprechen, denn das, was zwischen den Lebewesen entsteht, hat eine biologische und eine erworbene emotionale Komponente. Wenn man von »Liebe« spricht, so besagt das, dass es sich um ein Gefühl handelt, das durch eine verbale Vorstellung und einen emotionalen Überschwang ausgelöst wird. Ein Tier, das ein starkes Gefühl erlebt, besitzt jedoch keine Möglichkeit, sich verbal auszudrücken und dieses Gefühl zu verarbeiten. Das ist auch der Grund, warum Tiere unter bedeutend schlimmeren psychosomatischen Beschwerden leiden können als der Mensch. Unter Stress entwickeln sich bei ihnen Magengeschwüre, es kann zu Magenblutungen oder hohem Blutdruck kommen, durch den das Gehirn sehr schnell zerstört werden kann. Affen, die unter Stress gestanden hatten, brauchten mehrere Wochen, um ihr inneres Gleichgewicht wiederzufinden. Bei einem Menschen, der unter Stress leidet, reicht es dagegen häufig aus, wenn er über seine Probleme reden kann, um die somatischen Beschwerden zu beenden.

– *Dann leiden Tiere also intensiver als wir. Hängt das damit zusammen, dass ihnen die Vorstellungskraft fehlt, um sich ihrer selbst versichern zu können?*

– Genau so ist es. Zu einem Kind, das den Verlust der Mutter beklagt, kann man sagen: »Mama kommt wieder.« In diesem Fall kann die simple verbale Vorstellung das Kind trösten. Ein Tier leidet in der gleichen Situation so sehr, dass es körperliche Symptome entwickelt.

BEWUSSTSEIN FÜR DEN TOD

– *Dinge, die man zum Beispiel beobachten kann, wenn Tiere in Gefangenschaft geraten?*

– Die meisten domestizierten und wilden Tiere verhalten sich ganz ähnlich: Sie reiben ihre Schnauze an den Gitterstäben, sie lecken sich so lange, bis sie kahle Stellen bekommen, oder reißen sich die Krallen aus. In den Zoos hat man zwar durchaus beachtliche Fortschritte gemacht, aber das Phänomen des Eingesperrtseins spielt immer noch eine große Rolle.

– *Und wie ist es mit der Massentierhaltung?*

– Diese Tiere werden wie Sachen und nicht wie Lebewesen behandelt. Man ignoriert ihre Schönheit, missachtet ihre Gefühle und ihre geistige Welt. Ich bin nicht der Meinung, dass man bei der Behandlung dieser »Konsumtiere« Fortschritte gemacht hat. Aber wir verdanken es den Bemühungen der Verhaltensforscher und Tierärzte, dass wir die Welt der Tiere besser verstehen können. Man stellt sich inzwischen kritische Fragen und hat ein gewisses Einfühlungsvermögen für die Tiere entwickelt. Vielleicht wird man ja eines Tages aufhören, sie zu quälen. Je intensiver man versucht herauszufinden, wie der andere ist, und je mehr man sich bemüht, sein Universum zu verstehen, umso mehr achtet man ihn.

– *Muss man zwischen Leid und Schmerz unterscheiden?*

– Sicher. Schmerz ist eine physiologische Information, während Leiden eine Vorstellung von sich selbst erfordert. Tiere kennen sowohl Schmerz als auch Leiden, denn sie verfügen über sinnliche Vorstellungen und besitzen ein Gedächtnis.

– *Stress ist ein Leiden?*

– Stress ist eine allgemeine Reaktion des Organismus auf eine aggressive Situation. Sogar beim Menschen kann es vorkommen, dass er unter Stress leidet, ohne dass ihm das bewusst wird, wenn nämlich die Aggression nicht unmittelbar erkennbar ist. Ein Tier kann an einem Ort krank sein, wo man es verletzt hat, und kann wieder gesund werden, wenn es diesen Ort verlassen hat. Bienen können vor Stress sterben, wenn man sie daran hindert, zu ihrem Stock zurückzukehren. Das Gleiche gilt für Mäuse, die man im Rahmen eines Experiments in regelmäßigen Abständen mit einer Katze konfrontierte. Überbevölkerung kann sozialen Stress erzeugen und zu körperlichen Schäden führen, die häufig irreversibel sind. Die Tiere in den Legebatterien müssen ständig unter den fürchterlichsten Bedingungen leben, denn man respektiert nicht einmal ihre elementarsten natürlichen Bedürfnisse. Man kann sie dagegen nicht verbal verletzen wie einen Menschen.

– *Haben die Tiere ein Bewusstsein für den Tod?*

– Sie sehen den toten Körper eines anderen Tieres, können sich aber den Tod nicht im Zeitgefüge vorstellen.

Die Wahrnehmung des Todes unterscheidet sich außerdem von Art zu Art. Insekten trampeln einfach über ihre toten Artgenossen hinweg, während Affen und Elefanten durch den Tod eines der Ihren so aus der Bahn geworfen werden können, dass sie fast daran sterben. Sie beginnen sich den Tod vorzustellen.

Tiere, die geschlachtet werden, erleben den Tod aus physiologischer Sicht. Die Gerüche, die Schreie und die Ängste der Artgenossen, die sie wahrnehmen, verstärken ihre eigene Angst und beschleunigen ihren Puls. Deshalb versuchen auch viele von ihnen zu fliehen.

– *Kann ein Tier verrückt werden?*

– Im emotionalen Sinn, also wenn das Tier unter Bindungsproblemen oder Entwicklungsstörungen leidet, ja. Andererseits hat das Wort »verrückt« keine besondere Aussagekraft. Wenn es zu einer falschen Prägung kommt, wenn zum Beispiel eine Antilope ganz früh in ihrem Leben auf ihren Tierpfleger geprägt wird und wenn sie ihn dann nach der Pubertät einem Männchen ihrer eigenen Art vorzieht, kann man sagen, dass sie atypisch reagiert. Wenn zum Beispiel männliche Brautenten ohne Weibchen aufwachsen, erfolgt die Prägung des einen auf den anderen und in der Pubertät kommt es zu einer gegenseitigen Werbung. Wenn ein Vogel stark auf die Person fixiert ist, die ihn füttert, verhungert er, wenn sie kurze Zeit nicht da ist. Tatsächlich stirbt er aus Kummer.

– *Aus Kummer?*

– Ja. Vögel sind sehr gut zu prägen. Sie sind in einer bestimmten kritischen Periode, die, wie wir bereits erwähnt haben, von Art zu Art zwischen einigen Stunden und einigen Tagen variiert, von der Bezugsperson abhängig. Wenn das Wesen, auf das die Prägung erfolgt ist, verschwindet, ist die Welt des Vogels plötzlich auf brutale Weise leer, also lässt er sich sozusagen sterben. In diesem Sinne existiert in der Tierwelt so etwas wie »Verrücktheit«, genauso wie es Erbkrankheiten, toxische Hirnstörungen, Tumoren, Verletzungen und emotionale Störungen gibt.

– *Wenn ein Tier ein aggressives Verhalten an den Tag legt, kann man dann sagen, dass es wütend ist?*

– Wut ist eine Emotion, Aggressivität dagegen ein Trieb, der eine bestimmte Form annimmt, indem er sich gegen ein Objekt oder ein anderes Individuum richtet.

– *Und Grausamkeit? Gibt es so etwas auch in der Tierwelt?*

– Wenn die Katze mit der Maus spielt, hat sie zärtliche Gefühle, denn sie amüsiert sich dabei und sie trainiert. Dann durchbeißt sie der Maus die Hinterbeine und bringt sie ihren Jungen, damit sie jagen lernen können. In der Vorstellungswelt der Katze ist das ein Akt der Zärtlichkeit. Es ist ein erzieherisches Spiel. Die Maus sieht das allerdings völlig anders.

– *Aggressivität und Sexualität sind oft miteinander verbunden. Konrad Lorenz hat gesagt, in der Natur gäbe es keine Vergewaltigung, aber das scheint nicht immer zu stimmen. Wenn man zum Beispiel den See-Elefanten betrachtet, so gewinnt man angesichts der Gewalttätigkeit der Paarung, bei der das Weibchen offenbar Widerstand leistet, den Eindruck, dass es sich hier doch um eine Vergewaltigung handelt. Ist das nur eine anthropomorphisierende Vorstellung oder entspricht das der Realität?*

– Das Wort »Vergewaltigung« ist in der Tierwelt nicht angebracht. Was nicht heißen soll, dass die sexuellen Rituale nicht oft diesen Eindruck erwecken.

– *Das abgewiesene Männchen ist auch eine Realität, vor allem wenn es bedeutend kleiner ist, so wie bei der südamerikanischen Nephila-Spinne, bei der das Männchen tausendmal kleiner ist als das Weibchen.*

– Man kennt das gleiche Problem bei bestimmten Mückenarten, bei denen das Männchen vom Weibchen getötet wird, wenn es sich nach der Paarung nicht schnell aus dem Staub macht. Bei den Skorpionen ist es ähnlich.

– *Wie schaffen es die Männchen, diesem verhängnisvollen Schicksal zu entrinnen?*

– Der Skorpion bereitet für das Weibchen ein kleines Säckchen mit Spermien vor, das er an einem sicheren Platz versteckt. Das Schwierigste ist dann, seine Partnerin an diesen Ort zu bringen und sie dazu zu bewegen, ihre Genitalöffnung an dieses kostbare Säckchen zu legen. Aber trotz all dieser Vorsichtsmaßnahmen passiert es oft, dass das Männchen vom Weibchen getötet wird. Bei allen Paarungsritualen kommt die Aggressivität zum Ausdruck, um die Sexualität in bestimmte Bahnen zu lenken, in der Regel wird sie jedoch kontrolliert. Das Problem, das wir mit dem Wort »Gewalt« verbinden, hat etwas mit der Muskelkraft des Männchens oder Weibchens zu tun.

– *Und das Töten der Jungen?*

– Wenn eine Tiermutter im Laufe ihrer Entwicklung emotional gestört ist oder während der Trächtigkeit unter Stress stand, kann es sein, dass sie nicht genügend Milch produzieren kann, um ihre Jungen zu säugen. Möglicherweise besitzt sie auch zu wenig Hormone, um genügend olfaktorische Markierungen setzen zu können. Sie betrachtet ihre eigenen Jungen dann als Fremde und tötet beziehungsweise frisst sie.

– *Man sagt dann, dass sie eine schlechte Mutter sei, dass man sie zu Recht als Bestie bezeichnen könne, die keinen Mutterinstinkt kennt.*

– All das sind Argumente, die einem kulturellen Anthropomorphismus entspringen. Aber dieses

Verhalten in der Tierwelt ist nichts anderes als eine
Wahrnehmungsstörung. Was den Graben zwischen
Mensch und Tier anbetrifft, den man rechtfertigen
möchte, indem man darauf hinweist, dass es Katzen, Schweine und Affenweibchen gibt, die ihre
Jungen töten, so vergisst man dabei oft, dass es
auch bei den Menschen Frauen gibt, die ihre Kinder
töten. Sie tun das aus denselben Gründen: aus
einer gestörten Wahrnehmung heraus, wegen biologischer Störungen oder kultureller Vorstellungen.
Die Tötung eines Kindes war in zahlreichen Zivilisationen sogar zugelassen; man hielt das nicht für ein
Verbrechen, weil die Tötung im Rahmen einer religiösen Opferhandlung durchgeführt wurde.

   – *Wie erklärt es sich, dass ein Männchen die Jungen eines
anderen Männchens der gleichen Art tötet?*

   – Solche aggressiven Handlungen beobachtet
man vor allem in Gesellschaftsformen, in der die
Männchen einen Harem unterhalten, also bei den
Löwen, den Affen, den Mäusen und den europäischen Katzen. Wenn die neuen Männchen versuchen, die Weibchen zu erobern, töten die Sieger
die Jungen. Dieses Töten der Jungen hat Vorteile
für das Männchen, das die Macht übernommen
hat. Denn die Weibchen hören auf zu stillen und
die Aktivität der Ovarien wird wieder angekurbelt,
sodass sie für eine neue Paarung zur Verfügung
stehen.

   – *Und wieso ist das so interessant?*

   – Diese Weibchen gebären neue Träger der Gene
des neuen Männchens. Über Untersuchungen des
Blutes und des Immunsystems konnte man feststellen, dass die Männchen nur die Jungen getötet
hatten, die nicht von ihnen stammten. Sie reagieren auf ein Pheromon, das von diesen anderen

Jungen ausgeschieden wird und bei ihnen Aggressionen auslöst.

– *Sie reagieren also auf einen Reiz…*

– Und nicht auf eine Vorstellung. Diese »Morde« geschehen nicht absichtlich.

– *Aber man bringt sich auch in der Tierwelt gegenseitig um.*

– Im Falle eines Nahrungsmangels opfern einzelne Tiere ihre Geschwister oder Eltern. Bei den Präriehunden begraben die Weibchen andere schwangere Weibchen bei lebendigem Leibe in ihrem Bau. Oft sind eines oder mehrere Junge aus einem Wurf dazu verdammt, den zuerst geborenen als Nahrung zu dienen, oder sie verhungern, weil die Eltern den Älteren bevorzugen. Die Krähe tötet die Jungen ihrer Nachbarin, um sie aus ihrem Revier zu vertreiben. Ameisen verhalten sich ähnlich. Sie reißen sich gegenseitig die Fühler aus oder köpfen sich sogar. Am Eingang eines Bienenstocks überprüfen die »Wachposten« die Identität eines jeden Ankömmlings, der sich mit Hilfe von Duftstoffen und über taktile Reize ausweisen muss. Wenn eine von den Bienen versucht, mit Gewalt in den Stock einzudringen, wird sie verfolgt und getötet. Bei den Fuchshaien zum Beispiel bringen sich die Embryos sogar schon im Mutterbauch gegenseitig um.

– *Im Bauch?*

– Genau, so etwas kommt auch bei den Menschen vor. Es gibt zahlreiche Zwillinge, von denen einer verschwindet, weil ihn der andere umgebracht hat, indem er ihm den Platz und die Plazenta weggenommen hat. Man kann häufig feststellen, dass der überlebende Zwilling eine Geschwulst hat, die in Wirklichkeit Reste seines Bruders oder seiner Schwester sind. Alle Lebewesen tun das, nicht nur

Haie und Menschen. Der Unterschied besteht nur darin, dass die Menschen sich weiterhin im Namen irgendeiner Überzeugung gegenseitig umbringen, wozu die Tiere nicht fähig sind. Alle Verbrechen gegen die Menschlichkeit wurden nach diesem Muster begangen. Die Gewalt ist ein Merkmal der menschlichen Welt, die sich radikalen kulturellen Vorstellungen hingibt, während die Tiere das in dieser Weise nicht ausleben.

GAR NICHT SO GEWALTTÄTIG ...

– *Wieso können sie sich so beherrschen?*

– Wenn man einem Tier Gelegenheit bietet, sich in aller Ruhe in einem relativ friedlichen ökologischen und sozialen Milieu zu entwickeln, verfügt es über Rituale und Ausgleichsmechanismen, mit denen es die Gewalt unter Kontrolle halten kann.

– *Was ist das, ein tierisches Ritual?*

– Das können die Körperhaltung, die Mimik, Schreie oder Gerüche sein. Der gesamte Sinnesapparat wird eingesetzt, damit die Tiere in Frieden miteinander leben können. Wenn ein Wolf einem dominanten Artgenossen begegnet, zeigt er das so genannte Unterwerfungsverhalten, das den anderen besänftigt, sodass es nicht zu einem Kampf zwischen beiden kommt.

– *Trotzdem beobachtet man Wölfe und Menschenaffen, die sich gegenseitig umbringen.*

– Das stimmt. Ich habe Affen als Sündenböcke gesehen. Es bricht einem förmlich das Herz, wenn man mit ansehen muss, wie diese Tiere das Unglück förmlich anziehen. Sie haben Angst vor allem, sie fressen nicht, sie zittern, sie verlieren ihr

Fell. Schon wenn man ihnen einen Apfel zuwirft, geraten sie in Panik.

– *Vor dem Apfel?*

– Nein. Der Apfel, den sie wahrnehmen, löst bei ihnen Angst aus, weil sie genau wissen, dass die anderen kommen und sie schlagen und beißen werden. Wenn man ihnen also etwas zu fressen hinwirft, schützen sie sich. Wenn man einen solchen Sündenbock aus der Gruppe herausnimmt, weil man ihn retten will, suchen sich die anderen einen neuen Sündenbock.

– *Geschieht das systematisch?*

– Ja, und zwar auch bei den Hühnern, den Wölfen und den Zebras. Tiere, die in Gruppen leben, wählen sich häufig einen Sündenbock aus, der die Funktion hat, das innere Gleichgewicht der Gruppe zu stärken. Die gesamte Aggressivität der Gruppe entlädt sich dann auf dieses einzelne Tier, das alle Prügel bezieht und durch seine bloße Existenz dafür sorgt, dass zwischen den anderen Mitgliedern der Gemeinschaft kein Streit entsteht. Bei den Menschen, die Meister in der Auswahl von Sündenböcken sind, kann nichts ihre Gewalttätigkeit bremsen, denn sie reagieren auf bildliche Vorstellungen und Worte.

– *Versucht niemand in der Gruppe, einem solchen Wesen das Leben leichter zu machen?*

– Tiere kämpfen miteinander und töten sich auch, aber viele von ihnen sind auch Meister der Versöhnung. Das beobachtet man bei zahlreichen sozialen Gruppen, zum Beispiel bei Pferden und Walen. Bei den Affen sind es zumeist die Weibchen, die versuchen, Konflikte beizulegen. Sie eilen den Ausgeschlossenen zur Hilfe.

– *Warum sind es hauptsächlich die Weibchen, die guten Willen zeigen?*

– Weil sie gewöhnt sind, die Mutterrolle zu spielen, also zu trösten, zu erziehen und zu mäßigen. Wenn ein Schimpansenweibchen einen anderen erwachsenen Affen sieht, der panische Angst hat, betrachtet sie ihn automatisch wie ein Junges, bietet ihm Futter an, entlaust ihn ein wenig und versucht, ihn zu beruhigen. Der Außenseiter gewinnt dann wieder an Selbstvertrauen.

– *Unterscheiden sich die Versöhnungsrituale von einer Art zur anderen?*

– Bei den Affen kommt es vor, dass einer sich ein Junges schnappt und es zwischen sich und den Gegenspieler hält, mit dem er sich gerade streitet. Auch das Zeigen des Hinterteils oder des Bauchs ist eine Versöhnungsgeste. Um Spannungen abzubauen oder zu verhindern, dass ein Streit eskaliert, schürzt der Schimpanse die Lippen und streckt die Hände mit den Handflächen nach oben aus. Bei den Wölfen und den Mangusten beendet das dominante Paar eine Prügelei, indem es den beiden Kontrahenten mit dumpfem Grollen und gefletschten Zähnen droht. Ein Pferd legt zu diesem Zweck die Ohren an und streckt den Hals nach vorn. In der Regel reichen diese Gesten aus, um die Kontrahenten zu besänftigen oder einen Streit zu vermeiden.

– *Gibt es auch zwischen den verschiedenen Arten gegenseitige Hilfe?*

– Es gibt eine große Zahl von Arten, die in einer Symbiose leben. Beide profitieren von dieser Zusammenarbeit. So lassen sich zum Beispiel die Zackenbarsche von kleinen Fischen, so genannten Putzerfischen, die Zähne säubern. Die Lippfische leben in den Tentakeln der Seeanemonen, weil sie ihnen bei der Abwehr ihrer Feinde helfen. Zwi-

schen Affen verschiedener Arten existieren ebenfalls solche Verbindungen. Vögel wie zum Beispiel
Enten und Möwen nisten häufig in denselben Nischen zum Schutz vor Räubern. Bei den Ameisen
kann man Parasiteninsekten beobachten, die ihnen
das Leben erleichtern, indem sie sie von ihren eigenen natürlichen Parasiten befreien.

DIE »MORAL« DER TIERE

– *Kann man so weit gehen, hier von einer Art Moral zu sprechen?*
– Ich würde eher sagen, dass es die Fähigkeit
gibt, sich die Welt des anderen vorzustellen. Das
schließt jedoch nicht aus, dass wechselseitige Hilfe
und Gewalt gleichzeitig vorkommen. Die Menschenaffen sind in der Lage, in einem Konflikt zu vermitteln, sie können diplomatisch sein, sich solidarisch
verhalten, Trost spenden, Gruppenmitglieder miteinander versöhnen, weil sie das Schicksal des anderen berührt und weil sie wissen, dass eine Versöhnung bedeutend größere Vorteile mit sich
bringt als ein ständiger Konflikt.
– *Aber sie können auch töten?*
– Genau. Sie können eins ihrer Mitglieder durch
den Ausschluss aus der Gruppe so weit bringen,
dass es stirbt. Sie können außerdem im wahrsten
Sinne des Wortes in den Krieg ziehen und spontan
den benachbarten Klan angreifen, ohne vorher
provoziert worden zu sein. Sie können aber auch
ein ausgesprochen altruistisches Verhalten an den
Tag legen, und das gibt es nicht nur bei den Schimpansen. Der Turdoides squamiceps, eine Drosselart
aus der Negev-Wüste, versorgt auch die Brut von

Vögeln, die nicht mit ihm verwandt sind, und füttert sie. Man putzt sich gemeinsam.

– *Haben Tiere im Allgemeinen ein Bewusstsein für die Gefühle der anderen?*

– Die Übertragung von Gefühlen ist sowohl beim Menschen als auch beim Tier stark ausgeprägt. Ein Tier spürt sofort die Unruhe eines Artgenossen. Die Angst kann das dominante Tier anregen, das sich stärker fühlt als das nichtdominante. Angst und Stress, die von den Pflanzenfressern ausgestrahlt werden, lösen die Angriffe der Raubtiere, zum Beispiel der Wölfe, aus.

– *Können nichtdominante Tiere, wie zum Beispiel die Sündenböcke der Affen, wieder einen Platz in der Hierarchie erringen?*

– Nein. Außer wenn sie ihre ursprüngliche Gruppe verlassen haben und versuchen, sich einer anderen Gruppe anzuschließen. In diesem Fall bleiben sie zunächst Fremde, werden aufs Neue bedroht und müssen sich an der Peripherie des Gebiets aufhalten, das für den Clan reserviert ist. Aber auch in diesen Fällen kann man häufig beobachten, dass es die Weibchen sind, die das fremde Männchen oder Weibchen nach und nach in die Gruppe integrieren, wo es dann seinen neuen Platz findet.

– *Letzten Endes scheinen die Weibchen für die Lösung vieler Probleme zuständig zu sein: die Versorgung mit Futter, die Erziehung, die Sexualität, die Konfliktbereinigung …*

– Sie sind außerdem die Erfinder des Babysittens. In den Gruppen helfen sie sich gegenseitig bei der Aufzucht der Jungen, zum Beispiel bei den Löwen, den Katzen, den Wölfen, den Elefanten, den Mangusten und den Affen. Diese Strategie hat Vorteile, denn sie sorgt dafür, dass eine möglichst große Zahl überlebt.

3. Szene:
Auf dem Weg zur Versöhnung

Das Tier wird auch in Zukunft unsere Gedanken beschäftigen, es wird Gegenstand unserer Wünsche, unserer Kultur, unserer Überzeugungen und sogar unserer Liebe bleiben. Die Kommunikation zwischen den Tieren und uns war nie einfach...

SENSORISCHE BRÜCKEN

– Wir haben gesehen, dass jede Tierart in ihrer eigenen Welt lebt. Alle benutzen bestimmte Codes, um Informationen aus ihrer Umwelt aufnehmen und übermitteln zu können. Wie kommunizieren die Tiere mit den Menschen?

– Sie sehen uns anders als wir uns selbst, aber zwischen ihnen und uns gibt es bestimmte sensorische Brücken, andere Kommunikationskanäle. Sensibilität ist eine elementare Eigenschaft aller Lebewesen, es gibt sie bereits bei den Einzellern. Im Laufe der Evolution haben sich die Sinnesorgane verändert und ihren vielfältigen Aufgaben angepasst. So hat zum Beispiel das Licht bei den ersten Lebewesen dafür gesorgt, dass die gesamte Körperoberfläche stimuliert wurde. Inzwischen konzentriert sie sich auf die Augen. Die Informationen, die die Tiere von uns bekommen, laufen über Laute, Körperhaltungen, Blicke, Gesten und Körpersekrete, so genannte Pheromone...

– *Was ist das?*

– Pheromone sind hormonelle Substanzen, die

von den Drüsen produziert und nach außen abgegeben werden. Sie wirken als eine Art chemische Vermittler bei der Kommunikation jeder Tierart. Ein Tier
kann auf diese Weise mitteilen, dass es Angst hat
oder wütend ist, oder ein Weibchen kann dem
Männchen auf diese Weise klar machen, dass es
empfängnisbereit ist. Wenn ein Pfau von seinen Artgenossen getrennt ist, kann er sie auch bei Nacht und
über eine Entfernung von mehr als einem Kilometer
über den Geruch wahrnehmen. Diese Hormonab-
sonderung dient bei den Säugetieren auch dem sozialen Zusammenhalt. So kann die gesamte Gruppe
in Alarmzustand versetzt werden, wenn Gefahr
droht. In Gesellschaften, in denen die Hierarchie die
Paarung zweier dominanter Tiere vorsieht, hemmen
die Östrogene, die im Urin des dominanten Weibchens enthalten sind, die Empfängnisbereitschaft der
anderen Weibchen. Ein dominantes männliches Kaninchen hemmt die Aggressivität der Artgenossen,
die in seinem Gehege leben. Und ein dominanter
Hirsch verzögert durch seine bloße Anwesenheit das
Einsetzen der Pubertät der Junghirsche.

– *Das sind Informationen, die uns verschlossen bleiben,
da uns die entsprechenden Sinne fehlen. Woher wissen die
Tiere aber etwas über die Umwelt und unsere Launen?*

– Das geht so weit, dass bestimmte dominante
Hunde – aber es gilt auch für wilde Tiere – zur Ag-
gressivität neigen, sobald ein Kind der Familie, in
der sie leben und das sie vorher wie ein eigenes
Junges beschützt haben, in die Pubertät kommt.
Der Hund erlebt diese neue Entwicklung innerhalb
der Familie so, als würde die bisherige Hierarchie in
Frage gestellt. Tieren fällt es nicht schwer, unseren
Gemütszustand über Gerüche, Verhaltensweisen,
Gesten und andere Hinweise wahrzunehmen. Wenn

ein Hund ein Kind begrüßt, schnüffelt er an seinem Gesicht und an seinen Geschlechtsorganen. Die Absonderungen der Haut haben für ihn eine emotionale Färbung, die sich von Körperregion zu Körperregion unterscheidet. Wenn das Kind ihm fremd ist, wird er den analen und genitalen Bereich beschnuppern, um seine Identität festzustellen.

– *Ein Pferd weiß immer sofort, wen es vor sich hat: einen ängstlichen, zerstreuten oder einen selbstbewussten Reiter…*

– Ja und es reagiert entsprechend: verspielt, aggressiv, in panischer Angst oder in Harmonie.

– *Aber im Allgemeinen gehen uns die Tiere aus dem Weg.*

– Bestimmte Tiere sind mehr oder weniger hypnotisierbar und fasziniert von uns. Seehunde sind sogar völlig verrückt nach unserer Gesellschaft, genau wie die riesigen Seekühe, die man ganz leicht domestizieren könnte, wenn man es nur wollte. Im Senegal helfen Delfine den Fischern, obwohl sie gar nicht domestiziert sind. Diese Verbindung ist auf natürliche Weise zustande gekommen. In Indien fischen Fischotter und Kormorane gemeinsam mit den Menschen und werden dafür von ihnen belohnt. In anderen Fällen bleiben uns die Tiere fern oder nehmen uns gegenüber eine defensive Haltung ein. Wir dürfen dabei nicht vergessen, dass wir für die Tiere sehr seltsame Wesen sind, weil wir über eine Macht verfügen, die für sie zugleich faszinierend und erschreckend ist: die Sprache.

DAS GEWICHT DER WORTE

– *Sind Tiere empfänglich für Worte?*

– Sie reagieren nur auf den sinnlich wahrnehmbaren Klang, nicht auf die Bedeutung der Worte.

Unsere Sprache überrascht sie, in ihrem Verhaltensprogramm gibt es nichts, was dem entsprechen würde.

– Also verstehen unsere Katzen und Hunde kein einziges Wort von dem, was wir ihnen erzählen?

– Sie verstehen zum Beispiel Befehle, weil sie den Tonfall kennen, und sie reagieren darauf mit einem bestimmten Verhalten. Damit ein Tier – sei es Hund, Kuh, Nagetier, Delfin oder Papagei – überhaupt ein Wort verstehen kann, muss es dieses Wort mit einem bestimmten Gegenstand oder einer genau definierten Aktion in Zusammenhang bringen können. Wenn Sie ihm Ihre Lebensgeschichte erzählen, wird es die Freude oder den Schmerz spüren, der aus Ihren Worten klingt, nicht aber den Inhalt verstehen. Wenn Sie Ihrem Hund des Langen und Breiten erklären, dass es nicht richtig war, Ihre Schuhe anzuknabbern oder durch die offene Gartentür zu entwischen, versteht er nichts. Wenn Sie ihn anschreien, weil er sich nicht an Ihre Befehle gehalten hat, weiß er nicht einmal, warum Sie so wütend sind. Das hängt damit zusammen, dass er tatsächlich nichts begriffen hat. Ganz im Gegenteil: Sein Kummer wird dadurch nur noch verstärkt und er versteht noch weniger.

– Und was ist mit den Schimpansen, denen man die Taubstummensprache beigebracht hat? Verstehen sie denn im Gegensatz zu den anderen Tieren die Bedeutung der Wörter?

– Die Symbolsprache ist den Menschenaffen tatsächlich zugänglich. Die Art und Weise, wie sie ohne Worte denken, weil ihnen zum Sprechen die körperlichen Voraussetzungen fehlen, wurde durch die Experimente von Psychologen entdeckt. Wissenschaftler wie zum Beispiel Allen und Beatrice Gardner, Roger Fouts, David Premack, um nur

die Bekanntesten zu nennen, haben sich einge-
hend mit diesem Thema beschäftigt. Sie haben gelernt, über die Zeichensprache der Taubstummen
mit den Schimpansen zu kommunizieren. Für die
Affen ist das dann kein klingendes Wort mehr,
sondern ein Handzeichen, mit dem ein gegenwärtig nicht vorhandener Gegenstand oder ein Projekt
außerhalb seines Zusammenhangs bezeichnet
wird.

– *Wozu sollte es gut sein, wenn Affen die Zeichensprache
erlernen?*

– Seit man versucht, den Schimpansen, Orang-
Utans und Bonobos die Zeichensprache beizubrin-
gen, können wir auf der theoretischen Ebene die
Linguistik besser verstehen.

– *Seltsam, dass die Verhaltensforschung die Linguistik befruchten sollte.*

– Das ist tatsächlich ein unerwartetes Ergebnis.
Bis zu diesen Forschungsarbeiten haben sich die
Linguisten vor allem für die Inhalte einer Botschaft
interessiert. Den Schimpansen verdanken wir es,
dass wir jetzt verstehen können, dass auch die Art,
in der man etwas sagt, die Bedeutung des Gesagten
beeinflusst.

– *Was soll das heißen?*

– Dass man das Wort nicht vom Körper trennen
kann. Dank der Vermittlung der Zeichensprache an
die Affen konnte man feststellen, dass es noch andere Kommunikationskanäle gibt als die des ge-
sprochenen Wortes. Und diese Beobachtung versetzt uns in die Lage, Aphasiker durch Gesten und
Musik zu heilen beziehungsweise zu rehabilitieren.

– *Man denkt oft an die Möglichkeit eines Austauschs zwischen Menschen und Säugetieren, ja sogar mit den Vögeln. Ist
eine solche Beziehung auch zu einem Insekt möglich?*

– Es handelt sich dabei eher um eine Interaktion als um eine Beziehung, denn das Insekt nimmt uns als eine Masse wahr. Es kann daher keine sozialen Beziehungen zu uns aufnehmen. Bestimmte biologische Interaktionen rhythmischer Natur sind jedoch möglich, wenn man zum Beispiel das Zirpen einer Heuschrecke oder einer Zikade nachahmt. Auch Interaktionen über Gerüche sind möglich. Die Buttersäure, die von unseren Talgdrüsen abgesondert wird, kann Zecken anlocken, die froh sind, wenn sie unser Blut saugen können, um dann ihre Eier zu legen. Die Salzmoleküle, die von unserer Haut ausgeschieden werden, können Fliegen anlocken.

– *Und wie ist das bei den Fischen?*

– Unter den Wirbellosen erkennen die Kopffüßer den Menschen wieder, so spielen zum Beispiel die kleinen Kraken, die im Mittelmeer leben, mit den Tauchern. Bei den Fischen, die entgegen der landläufigen Meinung weder taub noch stumm sind, können Karpfen und Goldfische den Menschen erkennen, der ihnen das Futter bringt. Frösche und Eidechsen kommen und fressen dem befreundeten Menschen aus der Hand, gezähmte Pythonschlangen wickeln sich um ihr Herrchen. Im Jahre 100 v. Chr. brauchte der Konsul Marcus Crassus nur in die Hände zu klatschen, um seine Muränen herbeizurufen.

WIE DER HERR, SO'S G'SCHERR

– *Dienen uns die Tiere wirklich als Gesellschafter?*

– Statistisch gibt es die meisten Hunde in Familien mit mehreren Kindern, die im eigenen Haus

mit Garten wohnen. Das Gleiche gilt für Goldfische, Vögel, ein oder zwei Katzen und eine Schild-
kröte. Es sind meistens Paare, die das Leben von
der positiven Seite betrachten: Sie lieben alles
Lebendige, haben keinerlei Schwierigkeiten mit
dem Unterschied zwischen Katzen, Hunden und
Kindern. Jeder hat seinen Platz und alle leben
in schönster Harmonie miteinander. Das Tier ist
im Alltag immer dabei, es nimmt am Leben der
Familie teil, man lacht am Tisch über seine Strei-
che, es liefert immer Gesprächsstoff, aber es hat
keine Ersatzfunktion. Das ist die Situation, die
man auch heute noch in den meisten Fällen antrifft. Es gibt aber leider auch noch andere Auffassungen.

– *Welche denn?*

– In den Städten kann man Hunde sehen, die
den Narzissmus ihrer Besitzer erkennen lassen.
Das Tier ist eine Art Spiegel des Innenlebens seines
Herrn, in dem dieser sich wiedererkennt.

– *Also das Bild, das er von sich haben möchte?*

– Ja. Der Jagdhund suggeriert Kraft und Eleganz,
der Wachhund mit seinen breiten Kiefern das Gefühl eines Kämpfers, während der brave Labrador
einen robusten Eindruck macht und uns Respekt
einflößt. Wir sagen uns: Der ist wie ich. Die Eigenschaften, die wir den Hunden zuschreiben, sagen
im Grunde nur etwas über uns selbst aus.

– *Wie der Herr, so's G'scherr...*

– Das trifft tatsächlich ziemlich genau zu. Man
kauft sich einen Hund, der etwas in einem berührt.
Es könnte genauso gut ein Löwe, eine Vogelspinne,
eine Boa oder ein Wolf sein. Das Tier wird persona-
lisiert und an das Bild angepasst, das wir uns von
uns selbst machen. Wenn man sich einmal an-

schaut, unter welchen sozialen Bedingungen und an welchen Orten die Hunde leben, kann man Folgendes feststellen: Deutsche Schäferhunde leben in anderen Wohnvierteln als afghanische Windhunde. Normalerweise leben die Schäferhunde in Vororten und der Besitzer ist Arbeiter, Kaufmann oder Handwerker zwischen 30 und 50, der das Tier »dressiert« und ihm einen Namen gibt, der wie ein Befehl klingt. Die Windhunde findet man eher in den wohlhabenden Vierteln der Stadt, bei stillen Intellektuellen, die versuchen, ihren Hunden Manieren beizubringen und die ihnen Namen aus der Weltliteratur geben. Und auch in diesem Fall sagt der Name, den man einem Tier gibt, etwas über die Vorstellung vom Leben in der Gesellschaft aus. Der Hund verkörpert also zwangsläufig unsere Gefühle.

– *Wie können die Gedanken des Halters die biologische Entwicklung eines Hundes beeinflussen?*

– Wenn der Besitzer zum Beispiel ein Rassist ist, wird er entsprechende Signale aussenden, zum Beispiel wird sich sein Körper in einer ganz bestimmten Weise verspannen, wenn er einem Ausländer begegnet. Der Hund lernt dann, sensibel auf solche Signale zu reagieren und zu knurren, wenn er auf einen solchen Fremden trifft. Die Hunde passen sich an unsere Weltanschauung an. Im Jahre 1793 ist ein Hund zusammen mit seinem Herrchen hingerichtet worden. Man hatte ihm vorgeworfen, dass er Monarchisten nur ganz leise angebellt hat, während er in Anwesenheit von Patrioten und Leuten der Bürgergarde bedeutend aggressiver geworden war. Er wurde Opfer der Gedanken seines Herrchens. Die Weltanschauung, die man selbst hat, manifestiert sich im Verhalten des Hundes und bestimmt dessen Schicksal.

– *Die Hunde sind also gewissermaßen wie ein Schwamm?*

– Ja. Bei bestimmten seelischen Störungen wie zum Beispiel dem manisch-depressiven Irresein, wo der Patient mal melancholisch, mal euphorisch ist, kann man beobachten, wie der Hund sich den Stimmungen seines Besitzers anpasst. Wenn das Herrchen fröhlich ist, tollt der Hund herum, und wenn es traurig ist, zittert er und rührt sich nicht vom Fleck.

– *Ist das eine Art Gedankenübertragung?*

– Nein, absolut nicht. Der Hund reagiert ganz sensibel auf das geringste Zeichen, das vom Körper seines Besitzers ausgeht.

– *Gerade noch diente das Tier als Beweis der Liebe in all ihren Formen, jetzt ist es ein Mittel zur Beruhigung, ein Liebesersatz oder auch ein schmeichelhafter Spiegel, in dem sich der Besitzer wiedererkennt.*

– Die vermenschlichten Hunde leiden letzten Endes dann unter denselben Krankheiten wie die Menschen. Nehmen wir einmal den »Ersatzhund«. Man könnte das Beispiel aber auch auf alle anderen Tiere ausdehnen. Ein Hund stirbt und man ersetzt ihn sofort durch einen neuen Hund der gleichen Rasse und gibt ihm womöglich sogar denselben Namen, damit man ihn anstelle des gestorbenen Hundes lieben kann. Und man vergleicht ihn insgeheim ständig mit seinem Vorgänger. Resultat: Alle Interaktionen zwischen dem Herrchen und dem neuen Hund sind gestört, denn der Besitzer übermittelt dem Tier widersprüchliche Botschaften, die gleichzeitig aus Sympathie und Enttäuschung, aus Zuneigung und Zurückweisung bestehen. Er freut sich über das Tier und begegnet ihm gleichzeitig immer wieder mit Aggressionen. »Dieser Hund ist böse, der andere hätte so etwas nie gemacht ... der war viel lieber« usw. Der Tonfall der Stimme, die Körperhaltung und die Gesten sind für einen Hund die wichtigsten Signale. Und hier entstehen Verhaltensstörungen, denn ein Gefühl, das sich nicht beherrschen lässt, führt fast zwangsläufig zu einer körperlichen Störung. Der Hund steht unter Stress und der Tierarzt diagnostiziert bei ihm Bluthochdruck, Erschöpfung und Magengeschwüre. Um seine Angst zu bekämpfen, kann ein Tier sich so intensiv lecken, dass es sich selbst verstümmelt. Man spricht in diesem Zusammenhang von kompensatorischem Verhalten, und man kann es vor allem immer wieder in Zoos, Tierlabors und bei der Massentierhaltung beobachten, eben überall dort, wo das Tier Stress ausgesetzt ist.

EIN SEHR ANHÄNGLICHER KLEINER HUND

– *Gibt es noch andere Situationen, die die Entwicklung eines Tieres behindern können?*

– Ja, die Neigung zu vergessen, dass ein Tier in seiner eigenen Welt lebt. Um bei den Hunden zu bleiben: Man muss wissen, dass sie normalerweise in einem hierarchisch organisierten Rudel leben, das von einem Leithund geführt wird, den alle respektieren. Wenn man also einen Hund besitzt, ist es unumgänglich, bestimmte Regeln einzuführen, sich mit anderen Worten selbst zum Leithund zu machen. Wenn der Hund jedoch auf dem Bett schlafen, am Tisch mitessen oder sogar vor seinem Herrchen essen darf, die Türschwelle vor ihm überschreitet oder auf der Fensterbank sitzt und kontrolliert, wer kommt und geht, so wird er sich schließlich selbst für den Leithund halten. Auf diese Weise entsteht eine Situation, die eines Tages gefährlich werden kann. Wenn der Hund beißt oder knabbert und anschließend die Bissstelle leckt, schließt der Besitzer daraus, dass das Tier um Verzeihung bittet. Er fühlt sich geschmeichelt und vergisst dabei, dass er sich eigentlich durchsetzen müsste, denn der Hund leckt nur, um seine Position als Leithund über den Besiegten zu bestätigen. Wir ermutigen sie darüber hinaus, sich an uns zu binden, wie Welpen an die Mutter, und geben ihnen keine Chance, sich schon in jungen Jahren abzulösen. Und wir finden es völlig normal, sie manchmal einen ganzen Tag lang allein in einem Zimmer zu lassen oder sie in einem Zwinger einzusperren. Da das Tier Angst hat und frustriert und unruhig ist, heult es, bellt, zerkratzt die Möbel und uriniert auf den Teppich.

– *Was hat diese »Ablösung«, von der Sie gesprochen haben, für einen Sinn?*

– Wenn die Jungen ein bestimmtes Alter erreicht haben, macht die Mutter ihnen klar, dass sie nichts mehr mit ihnen zu tun haben will. Von einem gewissen Moment an stößt sie sie mehr oder weniger heftig, aber immer sehr wirkungsvoll zurück. Nach und nach akzeptieren die Kleinen die Situation und nähern sich der Mutter in einer unterwürfigen Haltung, die der Demutsgeste ähnelt. Jetzt ist für sie die Zeit gekommen, in der sie sich in eine soziale Gruppe integrieren müssen. Dazu gehört, dass sie die Codes dieser Gruppe übernehmen. Wenn die Ablösung nicht vollzogen ist, bevor die Pubertät einsetzt, bleibt der Hund infantil, kann die Abwesenheit seines Besitzers nicht ertragen, steht unter Stress und ruiniert die ganze Wohnung.

– *Wie sollte man denn vorgehen?*

– Man sollte beim Kontakt mit dem Hund immer die Initiative ergreifen. In den meisten Fällen geht alles gut, wenn die Leute, die sich einen Hund zulegen, dem Tier klar machen können, dass das Zusammenleben mit den Menschen das Einhalten bestimmter Regeln erfordert. Und das Tier darf nicht zu jung sein.

– *Wegen des Phänomens der Prägung, das wir bereits angesprochen haben?*

– Ja. Alle lebenden Organismen, ganz gleich welcher Art, besitzen eine »biologische Uhr«. Sie ermöglicht es ihnen, in einem bestimmten Augenblick ihres Lebens einen Neurotransmitter in Form eines Hormons, des Acetycholins, zu bilden. Und das ist die biologische Basis des Gedächtnisses. Bei den Vögeln erreicht diese Ausschüttung zwischen der 13. und 16. Stunde ihr Maximum.

– *Und das ist eine kritische Phase, eine echte Krise?*

– In diesen drei Stunden spielt sich alles ab, vorher oder nachher geht nichts. Ihr Erinnerungsvermögen ist so beschaffen, dass sie sich praktisch an jedes Objekt binden können, das in dieser kritischen Zeit auftaucht. Normalerweise ist das die Mutter. Es kann aber auch, wie der Zufall es will, etwas ganz anderes sein: ein Gegenstand oder ein anderes Tier. Man hat schon merkwürdige Verbindungen zwischen den Arten beobachten können, zum Beispiel zwischen Tigern und Rehkitzen, Ratten und Katzen, Ziegen und Pferden usw. Mir persönlich ist es schon passiert, dass mich eine 300 Kilo schwere Antilope verführen wollte. Das war das erste Mal, dass ich mir wie ein Sexualobjekt vorgekommen bin.

– *Und wann ist beim Hund dieses Maximum erreicht?*

– Zwischen der fünften und neunten Woche.

Wenn wir einen Welpen zu früh kaufen, prägt er sich auf uns.

– *Braucht ein Tier, um in unserer menschlichen Welt möglichst ausgeglichen leben zu können, eine doppelte Prägung, also eine tierische und eine menschliche?*

– Genau. Es gibt Verkäufer, die die Welpen isolieren, damit sie eine große Anhänglichkeit zeigen, wenn sie einen Menschen sehen. Solchen jungen Hunden muss man aber mit Misstrauen begegnen. Man wählt sie aus, weil sie sofort eine übermäßige Anhänglichkeit zeigen, die uns schmeichelt, aber in Wirklichkeit zeigen sie damit, dass sie bereits unter einer affektiven Entwicklungsstörung leiden. Es handelt sich um Hunde, die zu früh auf den Menschen geprägt worden sind, bevor sie eine Prägung auf ihre eigene Art erfahren konnten.

– *Sie betrachten sich selbst als Menschen und nicht als Tiere?*

– So ist es. Sie werden später Phobien entwickeln, die sich auf andere Lebewesen oder Gegenstände beziehen. Sie werden vor Angst aggressiv werden, Schwierigkeiten mit der Sozialisation haben und sogar sexuelle Störungen entwickeln, zum Beispiel nur das Bein ihres Besitzers bespringen und Artgenossen, die sich ihnen nähern, beißen.

DELFINE ALS THERAPEUTEN

– *Seit ungefähr 14000 Jahren haben sich Mensch und Hund gegenseitig geprägt…*

– … und diese gemeinsame Evolution hat die Hunde vermenschlicht und sie zu bestimmten intellektuellen Leistungen befähigt.

– *Aber die Domestikation hat sie doch auch infantilisiert?*

– Aber gerade diese Entwicklungsverzögerung hat den Hunden die Möglichkeit geboten, länger zu lernen.

– *Die Erfahrungen, die sich auf einen Austausch zwischen Menschen und wilden oder domestizierten Tierarten beziehen, sind kaum noch zu zählen. Vom Pferd über den Delfin zum Vogel, bis zur Ohrenrobbe, der Katze und dem Wolf. Oft kommt es sogar zu einer engen Bindung. Was macht diese Kommunikation möglich?*

– Die Tiere sind, wie gesagt, von uns fasziniert, von unseren Formen, unseren Gerüchen und von den Lauten, die wir beim Sprechen von uns geben. Und die Art des Austauschs ist so vielfältig, wie es Erfahrungen gibt. Die Entstehung einer Beziehung zwischen einem Menschen und einem Tier wird von zahlreichen Faktoren bestimmt. Wenn ein Mensch sich an die Verhaltenscodes bestimmter Arten hält und viel Geduld aufbringt, kann er es schaffen, sich in eine Gruppe zu integrieren. Wenn er, wie Konrad Lorenz, junge Gänse oder junge Raben auf sich prägt, hat er die Chance, akzeptiert zu werden und die Organisation einer Gesellschaft der Tiere zu verstehen. Mitunter kann dieser Austausch flüchtig sein und von den Tieren selbst gefordert werden. Ich erinnere nur an die Delfine, die kleinen Kraken und die Seehunde, die so gern mit den Badegästen spielen, oder an die Bären, die in unserem Müll herumstöbern.

– *Pferde, Hunde, Affen, Delfine – können Tiere auch eine therapeutische Funktion haben?*

– Die Tiere waren schon immer unsere Therapeuten. Die Menschen haben womöglich auch deshalb versucht, junge Wölfe zu domestizieren, weil ihre Anwesenheit sie beruhigt hat. Heute nimmt die Zahl der allein lebenden Menschen ständig zu, und sie kaufen sich ein Tier praktisch als Ersatz für

ein Beruhigungsmittel, mit dem sie ihre Existenz-
angst lindern können. Das Tier soll unsere Bedürfnisse an Liebe und Zuneigung kompensieren. Es
beruhigt uns, vermittelt uns ein Gefühl der Sicherheit, macht unser Leben angenehmer und hilft uns,
die Ungerechtigkeiten der Gesellschaft zu ertragen.

– *Was aber den eigentlichen therapeutischen Nutzen des
Tieres betrifft, so ist das nicht wirklich etwas Neues.*

– Das stimmt. Die Vorteile eines Tieres als Gesellschafter haben jedoch einen beträchtlichen
Aufschwung erfahren, vor allem durch die Arbeiten
des amerikanischen Psychologen Boris Levinson,
der bereits 1960 Erfahrungen mit einer so genannten »pet therapy«, also einer Behandlung durch ein
Schoßtier, gemacht hat…

– *Man kennt die Geschichte: Eines Tages kommt ein El-
ternpaar mit seinem autistischen Sohn in seine Praxis. Jingle,
der Mischlingshund von Levinson, zeigt plötzlich ein großes
Interesse an dem Jungen und leckt ihm die Hände. Unter den
erstaunten Augen seiner Eltern reagiert der Junge und streichelt
den Hund…*

– Genau. Wenig später hat der Junge sein Ver-
trauen auf den Therapeuten übertragen, dem es
dann gelang, seine Probleme zu verstehen und ihm
zu helfen. Heutzutage findet man Vögel, Fische,
Hunde und Katzen in Gefängnissen, Krankenhäu-
sern, Altenheimen und Kinderheimen. Sie sind
therapeutische Vermittler geworden, die Depres-
sionen und soziale Integrationsprobleme lindern
können. Sie können auch körperlich und geistig
Behinderten das Leben erleichtern… Untersuchungen haben gezeigt, dass es den Besitzern von Haustieren ein Jahr nach der Intensivbehandlung bedeutend besser geht als den anderen Patienten. Es
wäre jedoch gefährlich und respektlos den Tieren

gegenüber, wenn man sie auf Kosten ihrer eigenen
Entwicklung zu unserer Behandlung missbrauchen
würde. Wenn wir uns gemeinsam weiterentwickeln, wenn jeder seinen Teil beiträgt, um dem anderen zu helfen, ist der Vertrag der gegenseitigen
Hilfe in Ordnung. Wenn jedoch die Sorge für den
einen den anderen das Leben kostet, ist es Miss-
brauch.

TIERE UND KINDER

– *Kleine Kinder haben keine Angst vor Tieren, die bei der Entwicklung ihrer Intelligenz eine große Rolle spielen. Warum?*
     – Wenn es in einem Haushalt ein Haustier gibt,
gehört sein Name zu den ersten Worten, die das
Kind ausspricht, und das ist in allen Kulturen so.
Für das Kind gehört das Tier zur Familie. Seine Anwesenheit hilft ihm bei der Entwicklung seines
Denkens und bei der Einteilung der Welt in Lebewesen und unbelebte Dinge.
     – *Warum sind die Beziehungen zwischen einem kleinen
Kind und einem Tier im Allgemeinen unkomplizierter?*
     – Weil sie für beide unzweideutig sind. Ein Kind
sendet im Gegensatz zu den Erwachsenen keine
widersprüchlichen Signale. Wenn ein Tier die Wahl
hat zwischen einem Erwachsenen, der die Hände
ausstreckt und mit unverwandtem Blick aufrecht
auf das Tier zugeht, und einem kleinen Kind, das
auf dem Boden hockt, seine Hand ganz langsam
ausstreckt, den Kopf neigt und leise Laute von sich
gibt, wird sich das Tier sofort dem Kind zuwenden.
Denn von ihm empfängt es beruhigende Signale.
Viele Kinder haben Angst vor Beziehungen zu Erwachsenen, bei denen Hass und Liebe ständig dicht

nebeneinander liegen, vor einer Welt, in der man lernen muss, eine Person zu werden, mit all den Konflikten und Kompromissen, die damit verbunden sind. Bei den Tieren ist das anders: Wenn man sich hasst, bedroht man sich und geht auseinander. Wenn man sich liebt, umarmt man sich. Das erklärt auch, warum autistische Kinder ein Hirschgehege betreten und sogar die Tiere streicheln können, ohne sie zu beunruhigen. Die gleichen Rehe ergreifen dagegen vor einem Kind, das spricht, sofort die Flucht.

– *Warum?*

– Autistische Kinder haben panische Angst vor unseren Blicken und unseren Worten, deshalb schauen sie uns auch nie an. Da die Kinder den Tieren nicht in die Augen blicken, lassen diese sie ohne weiteres an sich heran. Deshalb ist für die autistischen Kinder die Begegnung mit den Tieren eine sehr intensive Erfahrung. Ich selbst habe einmal erlebt, wie ein Kind, das sich spontan wie ein Welpe verhielt, die Aggressivität anderer Hunde gehemmt hat. In Israel, in Eilat, gehen Psychiater und Pädagogen regelmäßig mit den kleinen Autisten und Delfinen zusammen schwimmen. Schon die Berührung mit dem Wasser vermittelt vielen dieser Kinder ein Gefühl der Sicherheit. Der Kontakt zu dem Delfin, der sehr häufig von dem Tier selbst gesucht wird, verstärkt dieses Gefühl noch. Er schwimmt um die Kinder herum, berührt sie, hebt sie hoch und versucht, mit ihnen zu kommunizieren. Dort habe ich auch autistische Kinder lächeln sehen, die im Umgang mit Menschen noch nie gelächelt hatten. Ganz im Gegenteil: Normalerweise beißen sie um sich und schlagen mit dem Kopf auf den Boden.

– *Und wie ist das mit kriminellen Kindern?*

– Haustiere haben auch in diesen Fällen eine erzieherische Wirkung. Die Kinder fühlen sich für die Tiere verantwortlich, und das bedeutet für einen Menschen, der gerade das Gesetz übertreten hat, eine radikale Einstellungsveränderung. Sie müssen für die Tiere sorgen, sie füttern, sie überwachen und ihnen sagen, was sie tun dürfen und was nicht. Abgesehen von dem Spaß, den sie haben, wenn sie ihre Arbeit gut gemacht haben, entwickeln die jugendlichen Straftäter eine liebevolle Beziehung zu dem Tier und fühlen sich sozial anerkannt.

– *Tiere werden nie sprechen können, aber der Mensch hört nicht auf, sich zu fragen, was sie denken, und er träumt davon, mit ihnen kommunizieren zu können. Manche benutzen zu diesem Zweck bereits Musik, Töne, Rhythmen oder die Informatik. Glauben Sie, dass wir eines Tages in der Lage sein werden, mit bestimmten Arten zu kommunizieren?*

– Im 17. Jahrhundert stellte sich Montaigne die Frage, ob wir nicht selbst schuld seien an der Unfähigkeit, mit den Tieren zu kommunizieren, und ob die Tiere uns nicht womöglich für komplette Idioten halten. Die moderne Technologie hilft uns dabei, immer mehr Arten zu entdecken, von deren Existenz wir bisher nichts wussten, und noch weniger von ihrer Art der Kommunikation und ihrer Lebensweise.

Mit elektronischen Geräten können wir inzwischen auch das nächtliche Leben der Tiere beobachten. Mit speziellen optischen Sonden aus Glasfasern können wir bis ins Innere eines Ameisenhaufens blicken. Man legt wilden Tieren Halsbänder um, an denen Sender befestigt sind, um ihre Bewegungen, ihre sozialen Beziehungen und ihre Aktivitäten verfolgen zu können. Die Medizin macht es mit ihren speziellen optischen Geräten inzwischen sogar möglich, einen Blick auf ihr Gehirn und ihre Sinnesorgane zu werfen. So können wir etwas über die Welt erfahren, in der sie leben. Und je mehr wir über ihre Welt wissen, umso eher kann man sich vorstellen, dass wir uns eines Tages auch mit ihnen austauschen können.

— *Auf der Ebene der Sprache?*

— Panbanisha ist eine besonders interessante Studentin an der Universität von Georgia. Das Bonobo-Weibchen ist 15 Jahre alt, in Gefangenschaft geboren und beherrscht mit Hilfe eines speziellen Computers 3000 Worte. In dem Dokumentarfilm von Pascal Picq *Der Affe, dieser Mensch* sieht man, wie Panbanisha im Wald spazieren geht. Plötzlich versetzt sie einem Hund, der neben ihr geht, ein paar Fußtritte. Sue Savage-Rumbaugh, Primatologin und Sprachforscherin, die das Experiment leitet, schimpft mit ihr. Sie sagt auf Englisch: »Panbanisha, du bist böse!« Die Angesprochene schaut wie jemand, der zu Unrecht beschuldigt wird. Einen Augenblick später blickt sie auf die Tastatur des Computers, die mit vielen Symbolen bedeckt ist. Sie drückt auf die Taste »brav«, was so viel heißen soll wie »Nein, ich bin brav«. Sue antwortet »Nein«. Panbanisha drückt noch einmal auf die Taste »brav«. Sue fordert sie auf, sich bei dem Hund zu entschuldigen, und das macht sie dann auch, indem sie ihn streichelt.

Dieses Bonobo-Weibchen ist weit davon entfernt, der Automat zu sein, für den man sie gehalten hatte. Sie drückte sich aus, ohne darum gebeten worden zu sein. Sie brachte auch ihrem kleinen Sohn diese Sprache bei und half ihrer Mutter, die diese Sprache nicht kannte, als Dolmet-

scherin. Wenn man der Primatenforscherin glauben darf, wird die Kommunikation mit diesen
Tieren in Zukunft möglich sein, was wieder einmal
unsere Vorstellung von der Grenze zwischen den
Arten erheblich in Frage stellt.

Epilog

Wie wird die Geschichte weitergehen? Werden wir ein anderes Verhältnis zu den Tieren finden? Werden die Menschen sie endlich als das sehen und akzeptieren, was sie wirklich sind?

– Wir haben uns große Mühe gegeben, uns von der Tierwelt abzusetzen und unsere Ursprünge zu verleugnen. Wir haben die Tiere wie Gegenstände betrachtet, um sie besser ausbeuten zu können. Werden wir uns jetzt wieder mit ihnen versöhnen und in unserer Beziehung zu ihnen ein neues Kapitel aufschlagen?

– PASCAL PICQ: Es ist tatsächlich höchste Zeit, dass wir uns von der jahrtausendealten Denkweise der jüdisch-christlichen Kultur befreien, die sich ausschließlich auf den Menschen konzentrierte. Selbst zu Beginn des Weltraumzeitalters haben wir immer noch eine abschätzige Vorstellung von allem, was von der Erde kommt, während der Himmel ausschließlich mit dem Erhabenen, dem Schönen und der Spiritualität in Verbindung gebracht wird. Aber wir stehen schließlich mit beiden Beinen auf dieser Erde, und es ist an der Zeit, etwas über die Schönheit der Welt der Tiere zu sagen, die uns umgibt und die auch unsere eigene ist.

– *Die Erfolge der Wissenschaften haben dazu geführt, dass sich diese Situation jetzt langsam ändert.*

– Aber es ist schwierig. Unsere Mythen bestimmen immer noch die große Wissenschaftspolitik. Man gibt immer noch beträchtliche Summen aus, um mögliche Botschaften aus dem All empfangen zu können, verschließt aber die Augen, wenn es um die heimische Tierwelt geht. Man reduziert die Tiere auf eine Masse von Molekülen und erreicht so unter anderem, dass die Kühe an BSE erkranken. Man investiert zum Beispiel 2,5 Milliarden Dollar, um eine Sonde zum Mars zu schicken, und niemand findet etwas dabei, dass man dort nach Lebensformen sucht, während man gleichzeitig unseren blauen Planeten und die Tiere, die auf ihm leben, vernichtet. Aber die Geschichte des Lebens der Tiere und unsere eigene sind eng miteinander verbunden. Das, was sich in unserer Welt ereignet hat, konnte sich so nirgendwo sonst abspielen – ganz gleich in welcher Zeit oder auf welchem der Milliarden Planeten, die noch zu entdecken sind.

– *Warum ist es so wichtig, dass der Mensch die Welt der Tiere versteht?*

– Es geht im Grunde nur darum, dass wir unseren Platz in der Natur finden. Für mich ist es wie ein Wunder, dass wir nicht die Einzigen sind, die kommunizieren können, nicht die einzigen intelligenten Lebewesen. Und das weiß man erst seit 25 Jahren, also seit einer Menschengeneration. In dieser Zeit haben die Paläoanthropologen den starken Ast freigelegt, der uns mit dem Baum der Evolution verbindet. Aber die schönste Lektion, auch wenn sie womöglich ein bisschen Angst macht, ist die Feststellung, dass es zu allen Zeiten gleichzeitig mehrere Menschenarten gegeben hat. Das war schon zur Zeit von Lucy so. Und das war noch vor nur 35000 Jahren in Europa so mit dem Neandertaler und dem Cro-Magnon-Menschen. Seitdem sind wir allein. Man hatte ursprünglich geglaubt, dass die Evolution auf uns hin ausgelegt war, aber wir sind nur die einzigen Überlebenden unserer Ahnenreihe. Das heißt, dass wir hier auf der Erde gewissermaßen nur Mieter sind, nur eine vorübergehende Erscheinung. Aber die Angst schwindet, wenn man daran denkt, dass wir auf dem besten Wege sind, unsere Brüder zu entdecken, die Schimpansen und die Bonobos. Wir sind also nicht mehr allein.

– *Wenn man sich für Tiere interessiert, bedeutet das also nicht unbedingt, dass man den Menschen den Rücken kehrt.*

– ... oder den Menschen verleugnet. Nur der Mensch kann diese schönste Geschichte der Tiere erzählen. Die Aufgabe des 21. Jahrhunderts besteht darin, den Platz des Menschen in der Natur neu zu definieren, und zwar in aller Bescheidenheit, also in wahrer Größe. Es ist an der Zeit, dass wir das Paradies, das wir nie wirklich verloren haben, wieder aufbauen. Alle großen Maler haben das irdische Paradies immer von Tieren belebt dargestellt.

– *Viele Tierarten sind bereits ausgestorben. Wird sich dieser Trend weiter fortsetzen?*

– Zweifellos. Der Tod ist Teil des Lebens und das Leben entwickelt sich weiter. Aber die größte Gefahr des Aussterbens, die wir zurzeit erleben, besteht darin, dass wir unsere Umwelt vergiften, die Wälder abholzen und immer massiver in natürliche Ökosysteme eingreifen. Wir zerstören sie und sorgen so dafür, dass Tausende von Tier- und Pflanzenarten verschwinden. Die Tatsache, dass auf der Erde schon zahlreiche Arten infolge von Naturkatastrophen ausgestorben sind, besagt nicht, dass der Mensch das Recht hat, die Natur weiterhin auszubeuten. Es ist so: Das Leben geht weiter, aber mit anderen Akteuren.

– *Was würde es für uns Menschen bedeuten, wenn der größte Teil der Tierarten aussterben würde?*

– Man weiß, dass früher alle 50 bis 100 Jahre
eine Wirbeltierart ausgestorben ist. Das Problem
besteht darin, dass sich in den letzten vier Jahrhunderten unter der alleinigen Verantwortung des
Menschen diese Entwicklung extrem beschleunigt
hat, und zwar auf durchschnittlich 2,7 Jahre, das
entspricht 151 höheren Wirbeltieren. Eine erschre-
ckende Zahl. Wenn man dann noch die Folgen bestimmter Methoden der Tierzüchter bedenkt, die
in Zusammenhang mit massiven Abholzungen und
Überweidungen stehen, wird einem klar, wie drin-
gend es nötig ist, Maßnahmen zu ergreifen, um
die Vielfalt des Lebens zu schützen. Die Pharma-
industrie hat das schon zu spüren bekommen. Die
Suche nach neuen Molekülen, die unserer Gesundheit dienen sollen und aus der Pflanzen- und Tierwelt stammen, wird zurzeit immer schwieriger, da
wir dafür gesorgt haben, dass bestimmte Pflanzen-
und Tierarten ausgestorben sind. Wenn wir die
Tierwelt und die Ökosysteme schützen, sichern wir
die Zukunft des Menschen.

– *Werden trotz dieses Massensterbens in den nächsten
Jahren oder Jahrhunderten wieder neue Tierarten entstehen?*

– Das Inventar der Tierarten ist noch lange nicht
vollständig. Das ist bei den Insekten und Würmern
offensichtlich. Aber man entdeckt darüber hinaus
auch neue Vögel und Säugetiere. Erinnern wir uns
daran, dass die Bonobos, die uns am nächsten verwandte Art, in der freien Natur erst seit 1974 beobachtet werden, also seit dem Jahr, in dem man
Lucy entdeckte. Wir stehen gerade einmal am Anfang der Geschichtsschreibung des Menschen, die
auf der Geschichte der Tiere der Gegenwart und
der Vergangenheit aufbaut.

– *Wenn der Mensch das Genom einer bestimmten Tierart*

verändert, könnte man ihn dann als Schöpfer einer neuen Spe-
zies bezeichnen?

– Nur im Labor kann der Mensch neue Varianten schaffen, und das auch nur unter der Bedingung, dass er sie in einem geschützten Milieu hält. Eine solche neue Variante hätte in der freien Natur kaum eine Überlebenschance. Man muss immer wieder laut und deutlich sagen, dass das, was die Natur erschaffen und der Mensch einmal zerstört hat, nie wieder erschaffen werden kann.

WIR SOLLTEN DIE TIERE NICHT IDEALISIEREN

– *Ist das im Ei genetisch manipulierte Tier für Sie auch ein Symbol für die zukünftigen Züchtungsmethoden und die Fortsetzung der Domestikation des Tieres durch den Menschen?*

– JEAN-PIERRE DIGARD: Ja, bis zu einem gewissen Grad ist es eine Fortsetzung der Domestikation. Aber ich hoffe doch, dass das nicht die Zukunft der Züchtung ist.

– *Warum?*

– Was mich an der Züchtung und der Domestikation interessiert, ist die Beziehung zwischen Mensch und Tier, eine Beziehung, die von gegenseitiger Neugier geprägt ist. Von alldem bleibt jedoch nur noch die ein wenig unheimliche Begegnung zwischen einem Zauberlehrling und einem ohnmächtigen Organismus, den man instrumentalisiert hat. Wir können nur hoffen, dass das alles wirklich dem Wohl der Menschheit dient und nicht zu Schäden führt, die nie wieder gutzumachen sind. Aber ich habe in diesem Zusammenhang auch Angst vor den üblen Auswüchsen der Geschäftemacherei, die kaum noch zu kontrollieren ist. Wenn alles erlaubt ist, was Geld bringt, muss man mit dem Schlimmsten rechnen. Beispiele: BSE, der so genannte Rinderwahnsinn, oder die Gefahr, dass eines Tages die Kontrolle über die gesamte Nahrungsmittelproduktion in den Händen einiger weniger multinationaler Unternehmen liegen wird, die ein Patent auf die genetisch veränderten Organismen besitzen.

– *Die Fortschritte in der Wissenschaft oder, allgemeiner ausgedrückt, die Veränderungen, die sie auf dem Gebiet der Beziehung zwischen Mensch und Tier mit sich gebracht haben, lösen bei Ihnen offensichtlich ethische Bedenken aus.*

– Wenn man bestimmte verborgene Motive des menschlichen Handelns analysiert und wenn man in diesem Zusammenhang über die Domestikation der Tiere nachdenkt, gelangt man zwangsläufig zu einer bitteren Erkenntnis. Bei einem kritischen Blick auf unsere eigenen Handlungsweisen erkennen wir, welche ehrgeizigen Ziele wir bei unseren wissenschaftlichen und technischen Arbeiten verfolgt haben und wie wir uns dabei selbst etwas vorgemacht haben. Und diese Erkenntnis zwingt uns zur Demut. Die Domestikation der Tiere, unsere Bedürfnisse, die dadurch befriedigt werden, das Vergnügen, das die Tiere uns bereiten, haben noch eine Zukunft. In der Zwischenzeit darf man jedoch die Gefahren nicht übersehen, die auf die domestizierten Tiere und damit auf uns zukommen.

– *Welche?*

– Fast überall, vor allem aber in der westlichen Welt, besteht eine zunehmende Tendenz, Züchtungen zu verfolgen, die unterm Strich nur noch Ärger bringen und Schaden anrichten. Die Verschmutzung unserer Küsten durch Öl ist mit Sicherheit eine dramatische Sache und die spektakulären Fol-

gen sind für jedermann sichtbar. Aber die fast
unmerkliche schleichende Vergiftung des Grund-
wassers durch die Gülle der Schweinezüchter ist
mindestens genauso katastrophal. Auf einer anderen Ebene werden wir Zeugen, wie die Spannungen
zwischen Befürwortern und Gegnern der Vermehrung der Haustiere immer größer werden. Das ist
schrecklich, denn dahinter verbirgt sich eine Art
von Menschenfeindlichkeit. Die Tatsache, dass sich
heute eine große Zahl unserer Zeitgenossen ausschließlich für die Tiere einsetzt, während sich andere für die Menschheit engagieren, ist meiner
Meinung nach ein Zeichen für eine moralische
Krise der Zivilisation.

– *Diese Sorge um das Leid der Menschen und der Tiere*
verbindet sich jedoch mit dem Respekt vor dem Leben an sich,
und zwar in der großen Tradition von Menschen wie Franz
von Assisi oder Mahatma Gandhi.

– Ich will das einmal genauer ausdrücken. Ich
denke an eine moralische Krise, weil dieses Engagement oft dazu führt, dass man die Sache der Menschen mit der der Tiere verwechselt. Das führt so
weit, dass man die Tiere idealisiert, um die Menschen besser zurückweisen zu können. Nachdem
man lange genug Menschen wie Tiere und bestimmte Tiere sogar besser als Menschen behandelt hat, ist es höchste Zeit, die einen und die anderen als das zu sehen, was sie wirklich sind, und
ihnen mit dem Respekt zu begegnen, den das Leben und jedes Lebewesen verdient.

– *Werden die Menschen eines Tages aufhören, Tiere zu*
verzehren?

– Das glaube ich nicht, denn der Mensch wird
immer ein Allesfresser bleiben. Wenn es aber so
weit kommen sollte, hätten die domestizierten Ar-

ten der Tiere kaum noch eine Chance zu überleben. Das ist bereits mit den Arten passiert, die heute auf dem besten Weg sind auszusterben.

– *In Indien werden Kühe nicht verzehrt. Trotzdem sind sie nicht vom Aussterben bedroht.*

– Das stimmt, aber das ist etwas anderes, denn dort ist die Kuh ein heiliges Tier und wird deshalb mit großem Respekt behandelt, so wie es dem Glauben der Hindus seit 7000 Jahren entspricht. Woanders, zum Beispiel bei den Viehzüchtern der Massai in Kenia oder den Dinkas im Sudan, isst man kein Rindfleisch mehr. Man zapft den Rindern nur Blut ab, das man mit Milch vermischt trinkt. Noch lange Zeit werden die Verhältnisse zwischen Mensch und Tier von einer Kultur zur anderen vielfältiger Natur sein. Im Guten wie im Schlechten.

WERDEN WIR ES EINES TAGES ENDLICH BEGREIFEN?

– *Selbst wenn die Vorstellung, das Tier sei eine Maschine, langsam aus der Mode kommt, glauben die meisten Leute immer noch, man würde den Menschen auf das Niveau eines Tieres herabsetzen, wenn man das Verhalten beider studiert.*

– BORIS CYRULNIK: Je mehr wir über das Leben der Tiere wissen, umso stärker betonen wir die menschliche Dimension. Ich persönlich fühle mich überhaupt nicht gedemütigt, wenn ich Möwen, Affen oder Hunde beobachte. Sie weisen uns auf den Ursprung unseres eigenen Verhaltens hin. Seit ich Tiere beobachte, weiß ich, in welcher Weise uns unser Sprachvermögen, unsere Symbolwelt und unsere Gesellschaft in die Lage versetzt haben, miteinander zu leben und auszukommen.

– *Und wenn man in einer Welt ohne Tiere leben würde?*

– Dann wäre es schwer, eine menschliche Kategorie zu unterscheiden. So wie wir uns, wenn wir in einer Welt lebten, in der alles blau wäre, den Begriff »blau« nicht vorstellen könnten. Dazu bedarf es mindestens einer anderen Farbe.

– *Wohin steuern unsere Beziehungen zu den Tieren?*

– Bis jetzt war unser Verhältnis zu den Tieren ziemlich klar. Am Anfang sind wir von ihnen gefressen worden. Mit Hilfe der Technologie haben wir nach und nach die Natur in den Griff bekommen und glauben nun, uns über sie erheben zu können. Seit das Geschirr erfunden wurde und das Halfter abgelöst hat, haben Pferde und Rinder den Menschen von der Sklavenarbeit des Pflügens befreit. Der weitere Fortschritt der Technologie des 19. Jahrhunderts hat die Tiere dann noch mehr versklavt. Das ging so weit, dass man sie schließlich nur noch als Sache betrachtet hat. Und nachdem die Technologie heute immer größere Triumphe feiert, kommen einige von uns tatsächlich auf den Gedanken, dass es durchaus vorstellbar wäre, in einer Welt ohne Tiere zu leben.

– *Glauben Sie das auch?*

– Es ist durchaus möglich, dass unsere politischen Entscheidungsträger eines Tages unsere Auswahl der Tiere begrenzen werden. Man darf aber nicht vergessen, dass sich Menschen nicht gerne zwingen lassen. Dabei ist es unerheblich, ob der Zwang von der Natur oder von der Gesellschaft ausgeht – sie reagieren dann, indem sie sich einen Ersatz suchen. Das führt dazu, dass man seit dem 20. Jahrhundert, in dem die Technologie uns weit von der sinnlichen Präsenz anderer Lebewesen entfernt hat, neue affektive Bindungen zu den Tieren entwickelt hat. Es wird also im 30. Jahrhundert

Politiker geben, den Menschen per Gesetz verbie-
ten, Kontakt mit diesen natürlichen Lebewesen aufzunehmen, die unsere schöne neue Welt verunrei-
nigen. Die künstliche Welt der Technik wird dann
unsere neue Ökologie darstellen.

   *– Aber es wird doch sicher auch Gegner dieser Doktrin
geben?*

   – Ja, Außenseiter, die sich heimlich Tiere halten,
weil sie immer noch das unverfälschte Leben lieben. Und natürlich Philosophen, die großartige
ideologische Debatten führen werden, in denen es
um das Recht geht, mit anderen Lebewesen in den
neuen, technologisch geprägten Städten zu leben.
Die neue Form der Demokratie wird im Wesentlichen aus dem Versuch bestehen, einen Kompro-
miss zwischen den divergierenden Interessen zu
finden. Auf der anderen Seite wird es eine Begren-
zung der Zahl der Tiere geben, die verzehrt werden,
weil die industrialisierte Landwirtschaft Gesund-
heitsprobleme mit sich bringt und Auswirkungen
auf die Ökologie und die Weltwirtschaft hat. Und es
wird dank der Entwicklung neuer Technologien
weniger Versuchstiere geben.

   *– Man spricht stets vom technologisch orientierten Wes-
ten. Aber man findet doch immer noch überall Völker, die mit
den Tieren und der Natur in Einklang leben?*

   – Das sind die wahren Umweltschützer des
21. Jahrhunderts. Sie haben auch ohne politische
Parteien begriffen, dass die Natur sehr sensibel ist
und dass sie seit unserem Erscheinen auf diesem
Planeten Teil unserer Evolution gewesen ist.

   *– Für einige Menschen bedeutet das Mitgefühl mit dem
Leiden der Tiere eine Verunglimpfung der menschlichen Art …*

   – Wie kann jemand einem Tier zu Hilfe eilen, wo
doch mein Kind so leidet?

– *Das ist in der Tat ein Gedanke, dem man immer wieder begegnet.*

– Ich kann einfach nicht verstehen, wie man einen Unterschied zwischen dem Leid des einen und dem des anderen machen kann, dass man die Augen vor einer Art des Leids verschließen sollte, weil es noch ein anderes gibt. Die Kinder, die leiden, werden nicht weniger leiden, weil man Tiere quält.

– *Es gibt heute allerdings bereits eine bedeutende Veränderung des Bewusstseins.*

– Als die Kaiser der Azteken oder Perser vor einigen Jahrhunderten die ersten Zoos einrichteten, wollten sie damit ihre Macht über die Natur und die Welt demonstrieren. In der Renaissance und sogar noch anlässlich der Pariser Weltausstellung im Jahre 1937 wurden nicht nur exotische Tiere, sondern auch Schwarze und Eskimos zur Schau gestellt. Heute sind aus den Zoos Tierparks geworden, in denen Arten, die vom Aussterben bedroht sind, geschützt werden. Man hat offenbar etwas begriffen: Inzwischen hat der Mensch ein Gefühl für das Leid der Tiere entwickelt.

– *Das Tier ist die Zukunft des Menschen. Das geht so weit, dass er mitunter nur noch mit Hilfe tierischer Organe überleben kann. Weckt das nicht Fantasievorstellungen des kollektiven Unbewussten aus der alten Mythologie, wo Menschen und Tiere eins waren?*

– In den Mythen zeigen uns die Zentauren und die Chimären, wie nah der Mensch dem Tier ist. Wird die enge Verbindung zwischen beiden womöglich noch enger werden? Das kann gut sein. In jedem Fall enthält diese Mythologie einen wahren Kern: Mensch und Tier gehören derselben belebten Welt an. Deshalb ist die Definition des Tieres auch ein wenig absurd. Es ist ein Nicht-Mensch, ein niederes Wesen. Das sind Definitionen, die überhaupt nicht mehr den letzten Erkenntnissen entsprechen. Die schweren Krankheiten, die gerade jetzt durch unsere Industrie ausgelöst worden sind, beweisen, dass die Barrieren zwischen den Arten gefallen sind, und zeigen damit die Einheit der belebten Welt. Trotzdem lebt jede Art in ihrer eigenen Welt, und man kann nicht alles übertragen. Im Gegenteil, jede Art ist etwas ganz Spezielles. Das Klonen erleichtert zwar die Organtransplantationen, aber es wirft gravierende ethische Fragen auf.

– *Die Tiere haben schon immer am Leben des Menschen teilgenommen und schrecklich darunter gelitten. Werden wir uns mit ihnen versöhnen können?*

– Die Tiere sind weder Maschinen noch Menschen und auch keine Idole. Ich glaube, das dritte Jahrtausend wird das Jahrtausend der Entdeckung der Welt der Tiere sein. Wir wollten ihr Fleisch verzehren und haben so etwas Soziales geschaffen, nämlich die Jagd. Aus ihren Knochen haben wir unsere ersten Werkzeuge hergestellt. Wir haben sie gemalt und Skulpturen von ihnen angefertigt, wodurch unsere ersten Glaubensbekenntnisse entstanden sind. Wir haben sie beobachtet und so unseren Platz in der Welt gefunden. Es ist jedoch das erste Mal in der Geschichte des Menschen, dass wir in der Lage sind, die geistige Welt der Tiere zu entdecken und zu verstehen. Und ich wiederhole es noch einmal: An dem Tag, an dem wir endlich akzeptieren, dass es bei den Tieren Gedanken ohne Worte gibt, werden wir großen Kummer haben, weil wir sie so sehr gedemütigt und lange Zeit lediglich als Werkzeuge missbraucht haben.